『LISTEN リッス

方に

雫境　編著

論創社

『LISTEN リッスン』の彼方に　目次

【凡例】表記について

「聾」は、固有名詞以外は基本的に「ろう」と表記しています。

障害、障碍、障がいは、固有名詞以外は基本的に「障がい」と表記しています。

ただし、「聴覚障害」については、ろう者のアイデンティティや社会における抑圧的な意識のために、このまま表記しています。

はじめに

世界には音楽が溢れている。歌手の歌声、楽器の奏でる音色、そしてレコード、ラジオ、CD、今はスマートフォンなどから音楽が流れている。さまざまな音楽があらゆる方面から流れ、人々が何気なく行き交うこの街の中で、ろう者はどのような想いを描いているのだろうか。音楽は聴覚的なものであり、空気の振動などによる音の性質から生まれ、拍子、旋律、調和などによって成り立つという。いや、そういうふうに世間がそう思っているに過ぎないのだろうか。

ろう者は音楽が聴こえないから、わからないから、嫌な過去のせいで遠くに閉じ込めているからなどで、蚊帳の外にいるのだろうか。そうでないろう者もいるけれど、身体的に精神的にどこまで心地よさに触れているかはわからない。相容れないこと、受け入れられることなどの相違の存在はあって当然だ。けれども理解してくれないというもどかしさが、いつまで経っても目の前で漂流し続けている。

それはろう者の「音楽」であり、音ではない、視覚的なるものや空間に身体、皮膚が感応するもの、胸の内で揺らぎ動くものなどだ。また手話言語の中で、非言語的なるものとその動作によって視えて出てくる「音楽」そのもの――ろう者にとって響いてくる「音楽」のありかを探して認識したい。

そんな悶えにも似た激しさから衝動へ突き詰め、映画制作への一歩は二〇一四年の夏だった。それから一年九カ月くらい経て、二〇一六年五月に映画『LISTEN リッスン』が公開された。

その映画パンフレットのイントロダクションにこう書いた。

世界には音楽が溢れている。
しかしあなたのまだ知らない音楽があるとしたら――

この映画は無音であり、言語は手話である。ろう者たちが自ら「音楽」を奏でるアート・ドキュメンタリーだ。楽器や音声は介さない。彼らは、自身の手、指、顔の表情から全身に至るまで、その肉体を余すことなく駆使しながら、視覚的に「音楽」空間を創り出していく。

彼らはおのおのに「音楽が視える」と語り、「魂から溢れ出る〝気〟のようなもの」から「音楽」を感じるという。複数の手話詩を交えながら「四季」を表現する初老の男性、木々のざわめきの中で風を歌う少女、波打つ浜辺で魂を叫ぶ女性、親密な愛情を共鳴させる夫婦……。手話言語を通じて日常的に熟達した彼らの身体表現は、「音楽とは？」という問いのさらに奥深く、人の内面から滲み出る内なる「何か」へと迫っていく。

そうやってできあがった映画は東京・渋谷アップリンクで二〇一六年五月一四日に初公開され、七月二二日まで二カ月に及ぶ、ロングランとして上映された。その後も横浜、大阪、京都などの映画館で上映された。またカフェ、多目的スペースなどでの自主上映も多く行われた。このようになるとはまったく思いもよらなかった。なぜなら映画ができた当初、ろう者だけを集めて映画を見せて議論させようとしていたのだから。

映画『LISTEN リッスン』が初上映されてから七年経つ。いまだに「ろう者の音楽」とは何かという探究は続き、対話、議論は絶えていない。本書を通して、「音楽とは？」「ろう者の音楽とは？」などという大きな、おぼろげな輪郭を佇みながら眺めてもいい。その輪郭を飛び越えて核心に向かってもいい。自分で新たな「音楽」を創り出していただけられたら幸いである。

二〇二三年四月　雫境

第一章　共振への道程

一、共振への道程――牧原依里編

牧原依里

牧原依里について

自分のことを言語化するのはとても難しい。しかも第二言語である日本語で語らなければいけないのだからなおさらだ。どこかで読んだか忘れたが、小学低学年の経験が原体験となり、自己を構成する思考の形成に影響を与えると言われているらしい。

確か小学低学年に母親と地元の区役所を訪れる機会があった。区役所の窓口に「障害××××窓口」という立て札がかけられてあり、私たちはそこに向かっていた。私はろう者の母親に「障害ってだれの？」と尋ねると、彼女は「私たちだよ」と手話で口にしたのだった。

「私たちは障害者なの？」と、とてつもない違和感と反発感を抱いたとともに、世間では「ろう者が障害」にあてはまるのだという、私と世間の間にある認識のずれに、奇妙さを感じた瞬間の強烈な感覚と、あのときの風景をいまでも鮮明に覚えている。

おそらくあのときに「自分の感覚」を追求する、私を形成する核の一つが生まれたのだと思う。

音楽について

私の家族はろう者の両親と難聴者の姉の四人だ、家の中にはいつも音楽が溢れていた。というのは、だれがどうみてもろう者である父親は、医学的にいう軽度の難聴で聴力が残っているらしく、常にヘッドフォンをつけて音楽を聴いていたからだ。さまざまな歌手のＣＤが家の棚や床の上にあちこちに散らばっていた。たまに父親のヘッドフォンを借りて音量のボリュームを最大限にして聴いてみたり、ＣＤ屋でジャケットに一目惚れして買ってもらった久保田利伸の『LA・LA・LA LOVESONG』のCDを歌詞つきで聴いてみたりした。だが私にとっては、ただのザーッとした感覚の「音」や、たまに人の声らしき抑揚や透明感のある「音」が流れているだけだった。聴者は音によって感情が揺さぶられることもあるという。私は振動から音の存在を知ることができるものの、感情を揺さぶられることはなかった（唯一「演劇実験室◎万有引力*」の公演では振動に感情が沸き立つのを感じた）。

私は、彼らが聞いたり発したりしている音そのものには直接触れることはできない。そのことが私に消化不良を起こさせていた。けれども、私と世界が違う彼らに無理やり同化したいとも思わず、耳で聴くことは小学高学年でやめた。

ただ、いつも映画や音楽のPVやMVを聴いて観ていた父親の影響で、人間のさまざまな身体表現を見るのが好きだった。確か小学高学年は、学校帰りに家でTVをつけると、たまに音楽PVのダイジェストが流れていた。ザッピングでその番組を見つけると夢中で観ていた。

小学校での音楽の授業では、アルトリコーダーが好きだった。理由は、笛に息を吹き込むと、筒の中で空気が振動する、その震えが私の指に直に伝わってくるからだ。その震えが繊細であれば繊細であるほど、心地がよい。そしてなぜかそうであればあるほど、音楽の先生からの採点の点数は高かった。時には聴者であるはずの生徒が採点で落ちることもあり、「聞こえるのになぜ」と不思議に思っていた。

だがそれはソロの場合の話で、友だちなどと一緒に揃える場合は、それなりの練習を積まなければいけなかった。何度も一緒に練習することで、視覚や身体の感覚でみんなのリズムやスピード、間をつかみ、合わせていく。そうやって聴覚的に奏でられるそのハーモニーは、私にとっていつも緊張する瞬間の連続であり、指に伝わってくる振動に心を委ねられない、その状況自体が心地よいとは思えなかった。

さらに最悪なことに、私が通っていた地元の中学校では、合唱大会が毎年開催されていた。最初の二年間は歌詞を覚え、リズムと息継ぎ、間を私の身体に身に付けさせ、本番では声を出さないで口パクでみんなに合わせていた。最後の一年間は、何かが私の中でプッツンと切れ、音楽の授業ではみんなに合わせる練習を一切放棄した。合唱大会も休んだ。翌日が修学旅行で、参加した私に友だちたちが、「合唱大会休んだのに今日来るなんてずるい!」と笑ってちゃかしてきた。そんな彼女たちに、「ずるくないよ? 私耳聞こえないから当然だと思うけど」と静かな怒りを返事した。(ちなみに当時での私たちのやりとりはすべて指文字で行っていた)そのときに、ああ、私たちの世界と違う世界に彼女たちはいる、と心の中で思った記憶がある。

いまだに網膜の中で、音楽での授業では、聴者の先生がいつも手をトントンと机で叩いてくる。見えない何かに支配されているかのように。こうでなければいけない、リズムはこうでなければいけない、と私にしつこく問いかけてくる。何を言っているのかわからない聴者の口元と叩く手が、目の前で繰り返され、私はただそれを黙って見つめているだけだった。中学を卒業して以来、聴覚的音楽には、知的好奇心からくるリサーチ以外関心をあまり持ったことがない。

だが「音楽のようなもの」には心惹かれるようで、時たまに琴線に触れることがある。最近気づいたのだが、どうもその人たちから発生する「グルーヴ」的な気配に惹かれるらしい。例えば映画でいうなら、『ウエストサイド物語』(ロバート・ワイズ、ジェローム・ロビンズ共同監督、一九六一年)、『ピナ・バウシュ 夢の教室』(アン・リンセル、ライナー・ホフマン共同監督、二〇一〇年)、そしてツァイ・ミンリャン監督『楽日』(二〇〇六年)、北野武監督『あの夏、いちばん静かな海』(一九九一年)などだ。『楽日』では、足を引きずりながら廊下を歩く映画館の受付の女性や、映画館にいる二人の男性が身体を変えてすれ違う瞬間。『あの夏、いちばん静かな海』では、ずっと歩き続けているサーフィンボードを持った男性と女性。この映画は、小学低学年のときに日本語字幕つきで観たのだが、セリフがあまりにも少なく、眠ってしまった記憶がある。それでも、あの男女が歩き続けている場面が脳裏にずっとこびりついていて、時たまにふっと頭の中に映像で蘇ってきた。大人になって改めて観たときに、こんな映画だったのかと感動したものだった。

そのような経験を小さいときから無意識に積み重ねてきた私は、おそらく私にとっての音楽の本質は「音」ではないと、どこかしらで感じてきたのだと思う。私はいつも「小さいときの私」を心の拠り所にする。何も知らなかったあの頃の小さな私が感じたこの世界への感覚。それを手掛かりにいま、この世界を生き続けている。

ろう者の音楽について

手話そのものに音楽のような〝何か〟が存在することを見出したのは、大学生のときに参加した、佐沢静枝氏による手話詩ワークショップがきっかけだった。そのときの佐沢氏は『故郷（ふるさと）』を手話詩で披露していた。彼女は、ただ日本語に手話を当てはめるといったやり方ではなく、日本語歌詞を手話の文法に翻訳し、手話そのものが心地よく見えるような表現をしていた。手話詩そのものを初めて視た私は、歌詞の「めぐりて」にあたる一節を表現した手話に、激しく感情が揺さぶられた。日本語ではうまく説明できないのだが、その情景を表した佐沢氏の表現はいまでも鮮明に脳裏に浮かび上がってくる。その表現は確かに手話（言語）なのだが、私には言語ではない〝何か〟が、「メロディのようなもの」が視えた。その経験は私にとっての覚醒体験だった。

家族がろう者なのにも関わらず、それまで手話詩を知らなかった理由は、両親含め私たちが通っていたろう学校が、聴者の主導による学校であり、手話を使うこと自体が禁止されていたこと、そして学校の授業で習う内容は、聴者の文化と歴史だけだったからだ。ろう者の文化と歴史を、私たちは学校では教えられることはなかったのだ。それゆえにろう者の芸術はなかなか発展してこなかった。（ろう者の文化と歴史、知恵などは、ろうコミュニティの中で細々と語り継がれてきた）しかし、ろう者の米内山明宏氏がアメリカから日本に手話詩を輸入し、独自にサインポエムを創り出したのをきっかけに、手話詩はろうの世界に広まることになる。それはやがて「日本ろう者劇団」から派生した役者や、第一言語が日本手話の明晴学園の授業などによって、後世のろう者たちに受け継がれ、ろう文化の一つとして根づきつつある。佐沢氏は、米内山明宏氏が日本ろう者劇団の代表だった頃に、メンバーとして所属していて、手話詩の影響を大いに受けたひとりであった。

ここでひとつ誤解のないように伝えておきたいのは、私は日本語歌詞の「めぐりて」にあたる一節を「言語で翻訳」した手話に感動したわけではない。頭の横を人差し指で一周し、そして片手のすべての指を震わせる。それをリピートしていく、佐沢氏のその表現の仕方に心が震えたのだ。近年、ろう者が手話歌に対して、「手指日本語ではなく日本手話でやってほしい」という声が上がっているが、音楽の本質はそこではない、と私は考えている。（そもそも耳で聞く音楽――言語がないメロディやハーモニー、調性などを言語で訳せるのだろうか？一曲分を言語で説明しようとしたら一冊分の分厚い本ができるだろうし、それでも説明することは不可能だ。見る概念を持たない盲者に絵について説明することと等しい行為だと考えている）なぜなら、インターネットで色々なろう者が披露する手話詩の動画を検索して探し出したが、彼らから「音楽」を感じることができなかったからだ（その「手話言語によるメッセージ」は圧倒的であったが）。私が感動を覚えたはずの手話詩はそれら動画の中にはなかった。サインポエムはアメリカなどで生まれているが、それはどちらかというと言語をベースにした詩だ。私が視たいのはその言語ではなく、非言語のベースの方だった。言語からメッセージを受け取るのではなく、言語化する前のその形の美しさを、私はそのまま見たかった。いま思えば、幼少期からさまざまな人たちの手話を見てきた。彼らが紡ぎ出す手や表情の動き、手の形と次に続く手の形のつながり、その流れや間、テンポ、呼吸といった要素が複合的に組み合わさることで、手話そのものに「声質」ならぬ「手質」が宿ることを、無意識にそういうものなのだと認識してきたように思う。言語の中の非言語という世界に、私は魅了されてきた。だが当時の私は、まだ大学生で視野が狭く、物事を深く考えていなかったこともあり、個人的な体験としてとどまっていた。

ぶつかった壁

それから時は流れ、私は映画監督を目指すようになった。学校の制作課題だった短編を撮り終え、次のテーマを何にするか考えていたとき、突然私の頭に「ろう者の音楽」というテーマが舞い降りてきた。なぜあのときに頭の中に浮かんだのか、いまでもわからないが、いいアイデアだと思った。私は映画制作を通して、大学のときに目撃したあの感動の記憶と、「ろう者の世界に本当に音楽はないのか?」という自分の疑問に向かい合えることにワクワクしていた。とはいっても、始めから本作のようなアプローチをしていたわけではない。私はどちらかというとドキュメンタリーよりも「ろう者の音楽」そのものを撮るのに関心があった。(当時は、「ろう者の音楽」というきっと私の知らない世界があるはずだ、手で奏でているろう者が世界中にいるのだ、だから撮る、とその存在を信じていたのだった。そしてそれは間違っていなかった。ただ撮るには早すぎたのだった。)

また「ろう者の音楽」を探っている途中、米内山明宏氏が聴覚的音楽を担当する佐藤慶子氏とともにサインポエムを奏でる演奏会に、観客として参加した。そこでもまた、彼が奏でるサインポエムにろう者の音楽となる根源なるものを見つけ、ひどく感動を覚えたのだった。けれども、私にとっては「言葉」が邪魔だった。その「言葉」を必要とする人もいるが、私はそれを必要としない人で、ノイズと感じてしまう側の人間だった。そ米内山氏と佐沢氏は、日本語の歌詞から日本手話の歌詞に翻訳して手話詩にしていたが、私はそうではなく、言語に依存されない、純粋にそのものを楽しむ形を見たかった。

だから、その言語に引きずられないために、手はじめに、クラシック音楽を視覚的音楽へ置き換えて映像化する「翻訳」を試みることにした。そのために聴覚的音楽についての本を読み漁り、音楽の専門家に頼んで音楽についてレクチャーいただいたりするにつれて、音楽の理論を知り、音と音の組み合わせによって協和音・

不協和音が生まれているならば、手話の手の形にもあるはずだとも思い始めた。しかし、そこには壁が待っていた。私が考えていたこの企画は聴覚的音楽をベースにするため、まずはその曲に理解のある聴者たちの協力が必要不可欠だった。ところが、聴者は手話詩によって生まれている「音楽のようなもの」を想像することができず、彼らに私が目指していることを具体的に示すことができなかった。どうにかして説明するべく、私は世界中の映像をあたってみたが、例えば『音のない世界で』（ニコラ・フィリベール監督、一九九二年）の冒頭場面や、『愛は静けさの中に』（ランダ・ヘインズ監督、一九八六年）で主人公が海を表現しているシーンなど、一部にはその片鱗が見られるものの、なかなかピタリとしたものを見つけることができなかった。そしてそれらを、手話を習得していない聴者に見せても、共感を得ることが難しかった。

そこで私は気づいた。この試みは時期尚早だったのだと。この企画をやるには、まず「ろう者の音楽」から始める必要があったのだ。私は自分の中にある体感のみで動いていて、それを他の人と共有する方法が、頭からすっかり抜け落ちてしまっていた。物事には何事にも段取りが必要だということを、人生の教訓として反省し、学んだ。（最終的にこの企画は、「ろう者の音楽」が発展してからやっと翻訳できる作業に入ることになると思うのだが、それは一〇〇年後の話になるかもしれない）

そして私がこのテーマに取り組むにあたって、さまざまなろう者たちに「ろう者の音楽」についてどう思うか取材してきた。彼らもまた、手話による視覚的音楽の存在を「わかる」と答えはしたが、「音楽」としてはこれまで追求されてきておらず、それはいまだ「音楽のようなもの」にとどまっていた。確実にあるのはわかっているのに、あと少しのところで手が届かない、その状況にやきもきした私は、ならば「ろう者の音楽」を私が自ら提示すればいいと思うに至った。けれども私は映画をつくる人だ。振付師でもないし音楽家でもない。「ろう者の音楽」をどのように構築していけばいいのか方法がわからずに、途方に暮れていた。

＊演劇実験室◎万有引力：寺山修司の死後、劇団天井桟敷の音楽・共同演出を担当していたJ・A・シーザーと劇団員で結成された劇団。

二、共振への道程――雫境編

雫境

「みる」ことと「感じる」こと

私は小さいときから「みる」ことが好きで、絵を描いたり、何かを作ったりしてできあがったのを見るのが好きだった。でも毎日そのようにしていたわけでなく、それよりも体を動かして遊ぶほうが楽しかった。小学校のときは、週末に地元のソフトボールの少年チームに属し、白いボールを追いかけた、どこにもいるような子どもだった。中学は軟式野球部に入ったものの、度重なる怪我に気持ちが少し塞ぎ始めてしまい、レギュラーになるほどうまくいかなかった。まわりが聴者しかいなく、声という、私にはつかめきれない物体が四方八方に飛んでいくし、常に身体中からセンサーを張り巡らせないと、野球部員たちについていけなかった。

野球だけでなく、授業中や人間関係でもそうだった。ろう学校ではなく一般の学校で、しかも福岡県のちょっとした田舎だったから、身近に成人のろう者がいなかったこともあり、将来像、目標は漠然としたままだった。でも美術の時間は楽しく得意だったから、デザインの仕事も悪くないなとなんとなく思った。しかしどうやったらなれるか、詳しく相談を持ちかけられる相手がいなかったし、田舎という井の中から飛び出してやってやろうという気持ちすらなかった。そういう冒険心のない少年だった。高校生のとき、父の転勤で東京に引っ越し、同世代と大学生や成人のろう者と会う機会が増えた。そのおかげで美術大学を目指そうと決めることができた。

そして大学の油画専攻に入った。絵を描き続けていると自分のしたい表現は何だろうかと行き詰まり、悩んだ。幼少・年少時代を振り返り、印象を受け、いまも残っていることを集めてみた。「みる」ことだけでなく自分のまわりから感じ取るもの、雰囲気的なものも多くあったことに気づいた。そこで絵画、写真といった平面的なもののほかに、自分の心を打つような表現を探していた。あるとき空間を表現するもの——インスタレーション、空間芸術などといったものに、興味を持ち始めた。大学内でインスタレーションの表現が流行っていたことも関係あった。空間に自分が取り囲まれ、情緒感と緊張感や、内省的、内観的など感覚を呼び出すような作品を作ってみたいと思い始めた。

あるとき日本ろう者劇団があることを知り、演技と舞台知識を学ぶ講座がたまたま開催されていた。舞台美術を製作し経験を通して考慮してみようと、少なくとも顔を知ってもらうつもりで参加した。なりゆきで役者をすることになり、同時に希望して舞台美術の大道具も手掛けた。役者になりたかったわけじゃなかったけれど、作られた空間と私と他人、観客などのさまざまな関係性を楽しめるようになった。何回か舞台に立ち続けて、日本ろう者劇団の先輩が自身のパフォーマンスのユニット・グループを立ち上げ、誘われて舞台に参加した。そのとき一緒に出演した舞踏家・鶴山欣也氏*に誘われて、舞踏という世界に引き込まれていった。その師匠が言うには、スキンヘッドだからということだけで……。

踊りという領域に踏み出して

舞台表現の面白さにのめり込み、また大道具を手掛けて何もない空間に異質、非日常を作り出し、そこにだれかの、そして自分の身体性を置くこと自体が面白くてはまり込んでいった。そのなかで舞踏という表現世界に誘われたとき、最初はその舞踏の師匠が、「二カ月後の公演のために稽古をやっているから見に来て」と紙に書いてくれた。情報伝達に紙とペンというもので、積極的にアプローチしてくれたから行ってみようという気になった。ある日、稽古場に着いてみたら、いきなり師匠の隣に座らせられた。稽古が始まったかと思ったら、師匠に身振り手振りで、群舞三人の中に入って真似してやってみろと言われて、仕方なくやってみた。そしたら、「決まりだな」と言われたような感じがしたが、いいとも否とも言えぬまま、さあ次の稽古はいつ何時だとか、どんどん予定とか決められ、流されるままに舞踏の舞台に初めて立ってしまった。

大学での講義、同期生との談話、美術の本や雑誌などから舞踏のことは知っていた。でも舞踏の舞台を観たことはなかった。だから舞踏はダンスのひとつであり、「音楽に合わせて踊る」ものと思い込んでいた。舞踏の世界に誘われたときは、音楽に合わせて踊ることができるのかという不安があったが、経験して美術表現につなげられるような素材が見つかるかもしれないという気持ちが勝っていたし、また自分のまだ知らない身体の可能性を試そうと、挑戦してみた。音楽に対して畏怖の念を抱きながら、ろう者の身体をどのように重ねられたり染まられたりしていくか、実体験してみたいという想いはあった。だから舞踏の世界に、師匠の手引きのおかげで飛び込むことはできた。

年少時代を振り返って

踊るときの音楽に対する不安とは、単純にリズム、テンポに合わなかったり、追いつけなかったりするなど、うまく踊れないのではということだった。音楽に対する畏怖の念を抱いたのは、トラウマほどではないけれど、年少時代でさまざまなことに出会い、経験を積み重ねたからだった。

ろう学校には幼稚部から小学部一年までいたのだけれども、当時は手話が禁止され、口話主義という教育のもとでなされていた。補聴器で音の聞き取り訓練、日本語の発声と口読訓練が否応なしに、毎日のように行われていた。校外、自宅でも学校の訓練の延長上にもできるように、保護者もろう学校に同伴し、その方法を学んでいた。当時の補聴器は、いまよく見かけるような耳掛け型のものではなく、耳の穴とその周辺の形に合わせて作られたイヤホンから、頼りなさそうなケーブルが伸びて、箱みたいなものにつなげた補聴器だった。大きさは服の胸ポケットに入るくらいだった。その箱は乾電池の収納、マイクの役目を持っていた。しかしその補聴器を着けていたにも関わらず、私の耳の鼓膜が震え、膜を突き破るような痛みを伴うことでしかなかった。

音の高低もわからなかったし、「音」がするのはわかっても、何の音なのかもわからなかった。母はいくら聞き取り訓練しても意味がないと、匙を投げたものだった。

ろう学校で定期的に聴力検査があり――同期は一〇人くらいで一組に五人くらいだった――私が検査を受ける順番はいつも最後だった。聴力のいい子どもが先に終え、楽しみに待ってましたとばかりに校庭に飛び出して遊び、次々に終えたほかの子もそこに加わっていくのを木造の窓枠から眺めていたものだった。音楽の時間はハーモニカを吹いたりオルガンを弾いたりした。例えば先生が体を左右に動かし、息を吸う吐く仕草を見ながらハーモニカを吹いた。最初はハーモニカの鳴る振動に興味があったが、先生の指揮に懸命に合わせようとするあまり、肺呼吸する余裕がなかったせいなのか、酸素不足気味で頭がボワーっとした思い出しかなかった。

聴者の通う一般の小学校に、本来は小学二年から入るはずだったが、ろう学校の教科の進み方の問題で小学一年から入り直した。音楽の時間でひとりずつ、歌ったりするテストがあり、私はやらなくてもいいとパスされて、同じクラスのある子にずるいと罵られた。またリコーダーを吹くテストで、先生にテンポにこだわらなくていいと言われて、音符を暗記し一曲を奏でることができた。先生がそのとき吹けなかった子に説教しているのを見て、私は嫌な気持ちになった。学校全体で合唱大会があった。先生が何を思ったのか、指揮者にさせられた。規則正しく、一定の時間にリズムを保つことができなくて、何回かやってみて、それでもうまくいかなくてやめさせられた。結果的に隣の人の口元を見ながら口パクでいいから歌いなさいと言われた。隣の人といっても、真正面から顔を見るわけでもないし、横顔の口元を見て、頑張って覚えた歌詞を思い出しながら、適当に「演技」したものだった。そうやってあまりいい気持ちもしなかったこともあり、音楽に合わせることなんてできっこない、嘲笑の目で見られてたまったものじゃないと思ったのだった。

というにも関わらず、授業、運動会などでラジオ体操やダンスがあり、みんなの動きを見ながら踊り、楽しかった。聴覚的なリズムなどで踊る感覚よりも、ある人の動きを真似てぴったりと動けるかといったスポーツ感覚だった。聴覚的な音楽とは別物だという感覚が芽生えた。他人の動きにズレなく動き、同時に止まるというゲーム的なものの刺激と、たとえばある点から他の点までの間の腕の動きと流れに、心地よさなどを感じていた。体が、音ではないものが奏でているような感覚を覚えたものだった。矛盾しているようだが、自分の中ではそうではなかった。聴くこととしての音楽と、音楽や伴奏音楽に合わせるはずのラジオ体操、ダンスなどは別物と自分なりに認識し始め、音楽よりも最初、原初的なものと感じたのかもしれなかった。

中学生のとき、ブレイクダンスが流行り、同級生と見様見真似で踊り、クラス内で、だれがテクニックがうまいかと争ったり、体育祭で応援団員として選ばれ踊ったりした経験があるので、もうすでに踊りに対する免疫がついてしまっていたのかもしれない。

舞踏を続けて

初めての舞踏公演が終わったときは、年少時代の音楽に対する嫌な経験と、流れと静止を繰り返す体の動きの心地よさという、矛盾するようなものが心の中でせめぎ合い出し、解消できないでいた。考える間もなく、師匠にまた次の舞台に誘われた。師匠が私に対して、音楽がどうこうと言わなかったし、群舞の稽古では、私だけでなくほかの人も視野に入っている一人をリーダーに仕立て、また顔や体の向きを変えて自然にリーダーが変わるなどして、タイミングに合わせることをやった。自分がリーダーになっても、音楽ではなく、振付によって変わるが、心情、言葉、カウントなどで決めることを鍛えられた。舞踏は個人、そこから派生したものなどがあり、さまざまな舞台表現がある。音楽は背景的、雰囲気的に捉えたり、音楽のリズムに合わせなかったり、無音で踊ったりすることがある。舞踏だけでなくコンテンポラリーダンスなどにも無音で踊る場面はあるのだけれども。

それから国内外で、師匠のユニット・グループの一員として、群舞で舞踏の舞台に立ち続けた。観客やほかの舞踏家に、群舞でどうしてピタリと合わせて踊ることができるのかと不思議がられたりもしたのだった。舞台作品のために稽古を何回もすることで、そこに生まれた時間感覚が自然と身につき、次の踊りの形に入る前の小さい動きとタイミングを見逃さずに覚え込むなど、自分なりに工夫してきたし、当たり前のようにやってきたから、不思議がられること自体が逆に妙な気がするのだ。音に頼らずに見ることと、その気になればまわりから雰囲気、気配を皮膚感覚でなんとなくとらえてきたことが、八歳の頃から習慣になっているから、うまく言葉で説明できない。

そして一人だけで踊る機会が多くなってきた私は、無音で踊るときもあるが、舞台に演奏者も立ち、生演奏をやってもらうことも増えてきた。聴者の舞踏家が無音で踊ることは珍しくはない。私が生演奏にこだわる理由のひとつは、演奏している人の情念、感情などの動きを生で感じ取るほうがやりやすいからだ。ほかに、劇場、観客も含めた雰囲気を感じ取って踊る一つの空間で、観客も含めてさまざまな感覚を共有できるからだ。そうやって何年も続けてきて、「私に新鮮な試みはなんだろうか。舞踏の思考・概念などを組み込んで、手話表現にも応用できるだろう」と、ぼやけた輪郭を描いていた。手話を仄めかすような小手先の踊りを取り入れてみたり、その単語を解体し意味変容させ、身体表現してみたりするなど、一〇年は続けたように思う。講師として勤めている大学で、ろう者のための舞踏講義に受講してきた人に、こういうこともあると促してみたりもした。ろう者のだれかがそういう新しい地平を切り開いてくれるのを期待したものだった。

私の「音楽」体験の根源的なところへ

そして牧原依里さんと出会いは第二章で述べるとして、牧原さんと打ち合わせ、議論をしている間に、ふと私が「ろう者の音楽」なるものを初めて感じたこととは何なのだろうと、過去を遡り始めた。そして、私の「音楽」の根源なるものといってもいいくらいの体験が、「音楽」に重ねられるのではと気づいた。脳裏から落ち葉が積み重なり、なおざりにされていた土から突然湧き水のように溢れ出てきた。

　その体験とは、小学四年生で福岡県にいたときのことだった。住んでいた家は丘の斜面にあった。そこから低地を眺めたり、田んぼの中に電車の線路が細く見えたり、さらに向こう側に小さな山脈が見渡せたりできるところだった。家の屋根から延びた奥行きのあるひさしがあった。屋根は空の明るさがわかるくらいの白いプラスチックの波板だった。空は一面中に白っぽく雲が埋まっていた。そのひさしの下で薄暗さを楽しみながら、一人で遊んでいた。まだ日が暮れていないのに、急にまわりが暗くなり始めた。生ぬるく湿った風が強くなってきた。はっとして、庭をみたら私の視野の上に異変がおきているのに気がついた。見上げると、重々しい灰色と混ざった、多くの瘤を成した雲が流れていた。自分を引きずりさらっていくような速さだった。どんよりとした空一面が一斉に動きだし、雲が形をゆっくりと変えながら速く流れていた。時間の流れに沿って変わりゆく風景を捉える視覚と、風の強弱と微妙な温度差によって感じる皮膚感覚が、身体の中に入り込むハーモニーとなった。自分という存在が消えて、そこにとどまる空気になったというか、背景に自分の体が溶け込んで一体になる錯覚を覚えた。

　また遡って思い出すと、三歳から小学一年まで、電車とバスを乗り継いで、ろう学校に一時間くらいかけて通っていたときだった。満員電車のためドアのそばに立ち、窓から流れゆく風景を眺めていた。線路に沿って並んでいた電線が、流動的になだらかに低くなり、また高くなったかと思うと、突然電柱という縦の線が過ぎ、リズミカルに繰り返すのを見るのが楽しかった。昭和の時代で、線路と軒並が近いところが多かったから、家壁、瓦の屋根、塀、金網、波板の屋根などがうねったり、激しく大きな段差を打ったり、そのシルエットを小刻みに縦に揺らしたり、目まぐるしく色が変わったり、朝日とその影が緩急をつけて変わったりしていた。また激しく瞬くかと思ったら、突然田んぼや、穏やかな揺らぎを誘う若い稲などという、静かな拡がりもあった。視線を落とせば、石ころ、枕木、分岐する軌条などの動きも飽きなかった。そんなリズムとメロディに似た高揚と鎮静感が、小さな身体のうちに織り込まれてきたように思えなくもなかった。

そのときは、まだこれが「音楽」だと思いもしなかった。年少ということもあり、小学校の音楽の時間で、楽譜に合わせて音を鳴らす、歌うこととしか学んでいなかったし、音楽は聴覚だけのものだと思っていた。しかしそれらの事象が目で見る「音楽」そのものであり、時間軸における感覚が、その頃から身に染み込んできたのだろう。

また、家族の中で私だけろう者であった。昭和のテレビといえばブラウン管だった。家族が茶の間でテレビを習慣的につけて、週ごとにヒットした歌のランキング、新曲発表などの紹介といった歌番組などをみていた。当時はほとんど日本語字幕がなかったが、ランクインしたばかりの曲や新曲紹介などのときだけ、歌詞の字幕がつくことはあった。私はどんな内容かは理解したものの、音楽よりも詩として読んでいたに過ぎなかった。ブラウン管の中で喜怒哀楽に彩られている。かすかな丸みを帯びたガラス板に触れても、その奥に触れそうにもない。そんな虚構な世界に憧憬を抱いたり、嫌気が差したりしたものだった。私のまわりに音が溢れているのに、聴覚的音楽を経験もしていないし、どんなふうに聴いて、どんなふうに感じるかは理解できない。それでも、私は歌っている顔、振付、カメラのアングル、パンの動きなどを、一連のパフォーマンスとして、「見る音楽」を見て楽しんでいた。豊かな表情をもって流れてゆく雲の動きを見た経験と重なって、時間の流れに沿って表現する世界を見ることは、そのときは「ろう者の音楽」という言葉で認識する自覚はなかったけれど、私の中で言語化されていない、単に風景として、「音楽世界」を築き始めていたかもしれない。

そのように回想した。音ではなく視覚、皮膚感覚、体感で「音楽のようなもの」をろう者に確実性に向かって味わってもらいたい、そして感受し、内なる「音楽」を身体に持って表現できるはずだと考えた。音楽に対しては、私には別世界であり、届きそうになく、踏み入れられそうにない領域である。それは聴覚的なもの、生理的に経験しえない、概念、知識といった机上の理論でしか知りえないからである。そして、さまざまなろう者の内なる「音楽」を、実際に自分の目で見て可能性を探究し始めた。

＊鶴山欣也（つるやま・きんや）舞踏家。一九六八〜二〇二〇年。一九八四年より、宮城聰に師事、演劇を学ぶ。一九八九年「大駱駝艦」に入団、麿赤兒に師事、一九九四年末退団までのすべての作品に参加。一九九二年プロジェクト「若衆」シリーズの演出を始める。一九九五年渡独、ベルリンを中心に活動。ドイツ国立劇場（STATSOPERA）にてモーリス・ベジャール作品『コンクール』に出演。ピーター・グリーナウェイ映画『枕草子（The Pillow Book）』にメッセンジャー役で出演。一九九七年帰国後、「舞踏工房 若衆（YAN-SHU）」再始動し海外を中心に活動。二〇〇五年と二〇〇七年トロント舞台芸術ドラ賞にノミネート。二〇〇六年より詩人としても活動を開始。没後に『西に向かう 鶴山欣也詩集』が刊行された。

第二章　二人の化学反応から

雫境

雫境は、あるデパートのエスカレータで下るとき、下方に母娘らしい二人が手話でやりとりしているのを見かけた。娘のほうに見覚えがあり、二〇年ほど前に一緒に芝居の舞台に立ったことがある、佐沢静枝*さんだった。久しぶりということもあって、彼女の肩をトントンと叩いた。彼女がちょうどよかったといわんばかりに、「三田の福祉会館で、詳しいことはわからないけど何かろう者の集まりで、音楽について勉強会があるので参加してみない？」ということを聞いた。そのとき雫境は、海底に少しずつ積もった砂が、その底下から沸騰してきて、海水の重みに抗いながらフワーッと暴れるように、期待がこみ上げてきた。これまで聴者主導でろう者のための音楽のワークショップがあったけれど、ろう者が主導することは、雫境にとっては初めて聞いたからだった。すかさず参加するよと伝えた。佐沢さんは「スケジュールなど確認してから連絡するね」と。

それから数日後にその勉強会にろう者が何人か集まっていた。進行役は牧原依里だった。それが牧原と雫境の最初の出会いだった。

牧原は、クラシック音楽という聴覚的音楽から視覚的音楽への翻訳と映像化を目指すべく、ろう者に何人か呼びかけて勉強会を開いていた。翻訳するために、楽譜の読み方、特にクラシック音楽はどんなものかなど、知識を得る必要があった。それらを踏まえたうえで、クラシック音楽を翻訳して、ろう者自身が表現してみることだった。しかしその勉強会は、クラシックに詳しい聴者、参加するろう者の都合もあって、定期的に行うことは難しかった。毎日のように研究を継続して、理解を充分に深めてからでないと、クラシックから翻訳したろう者の表現は難しい。雫境も踊るとはいうものの、聴覚的音楽に合わせて踊ることはないし、知識さえも持ち合わせていなかったから、はじめから学ぶほかなかったのだ。しかし二、三回行われたその翻訳の勉強会は、いつしか消えていった。

雫境は牧原に、「手話による教養大学」の舞踊講義で身体表現として舞踏を教えていると話し、次の年に牧原はろう者の表現の手掛かりを探るために受講した。牧原は講義を受けている間に、頭の中にじわりと何かが浸透しはじめ、彼なら「ろう者の音楽」をさらに昇華させていけるのではないかという直感がはたらいた。講義が終わった後、牧原が迷ったように「あの……」と雫境に話しかけたが、ほかの受講生がいたせいなのか、結局やめてしまった。そのとき雫境は、牧原が何かを伝えたいだろうけれど、まだ内容が整理されていないなとただ思った。

次の講義が終わったとき、牧原は雫境に、「一緒に映画を作らないか」と単刀直入に持ちかけた。雫境は学生時代に映像・映画を作ってみたかったけどうまくいかなくて、半ば諦めていたことがあった。だから映画を作らないかと言われたときは、少し躊躇した。しかし作りたい気持ちが勝ってしまい、すぐにいいよと答えるところだった。気を取り直した雫境は「話を聞いてから考えるよ」と言った。

ある日打ち合わせで、雫境が牧原に深く聞いていくと、映画の内容はまだそのときは地盤が固まっていなく、ぬかるみの上を歩くような話だった。でも牧原の言わんとすることをなんとなく感覚的につかめた。ろう者が舞台上で「音楽」を表現できると思い続けていた雫境もまた、牧原から映像化という手段を得ることで、新たな枝が芽生えていくように、着想を得た。

雫境は振付家として手伝うよと言ったが、牧原は共同監督としてお願いしますと強く言った。雫境は共同監督ということをいったん断ったが、牧原はしぶとく引き下がらなかった。雫境は渋々同意した。そうやって、共同監督として映画製作への第一歩となった。

一カ月間ほど、牧原と雫境は何度も意見を交えてきた。牧原は手話の中から、雫境はろう者の身体性と時間性から、醸し出されるものに着目していたという、原初的に感じたことが互いに違っていた。それら二つの領域から、共通性が見出されそうな箇所がいくつか交わっていった。二つのベクトルがぶつかり合い、一つのベクトルを産みだしていった。二人の考えてきたことが化学反応を起こしたかのようだった。しかしテーブルを挟んでの話だけでは、筋書きだけでは、先が見えにくい。なぜなら「ろう者の音楽」は理論、定義などが、まだ出てきていないからだった。ろう者個人そのもの、またその体の個性的な動きが素材であり、忽然と立ち現れては消える感覚的なものであるから、言葉では説明できないからだった。実際にろう者に表現をやらせてみないとわからない部分が大きすぎたのだった。だからとりあえず、即興的にやってもらっているのを撮影してみてから考えてみようと決めた。

そうやって二人の共振から、「ろう者の音楽」をテーゼにした映画の探求が始まった。

＊佐沢静枝：『LISTEN リッスン』でカフェの場面でカップルとして出演。

第三章　撮影と編集のあいだで

雫境

出演者の選択について

牧原依里と雫境は、出演者はだれにするかを話し合って、何人かをピックアップした。「音楽」はだれの中にもある――それを体現するために、人前での表現に慣れている人ばかり出ている「プロ」的な映像にはしたくなかったし、それはこの作品にとって意味を持たないと判断した。舞台俳優、踊りで表現している人ばかりだとおもしろくないし、素人が自然に醸し出されるもののリアリティを捉えたい、という考えがすぐに一致した。だれでも楽しめるはずである、「ろう者の音楽」の敷居を高くしたくなかった。また、「いまの日本のろう者」を示すためにも、一般人の出演は必要不可欠だったし、なくてはならないものだった。彼らの身体性と感情、そして映画的文法といった、ろう者と聴者の間に共通するものを交えていくことによって、二つの世界の狭間と根底に共通しているものを表現していった。

そして二人の身近な範囲から出演者を探し始めた。「手、顔の動き」や「振付」などを頭の中で構想しても、絵コンテに描こうとして少しはできても、最後まで思い描くことはできない。なぜなら、演者の顔の表情と体の動きの独特性、思いもよらない表現が出てくる可能性があるからだ。また実際に撮ってその映像を見るほうが構想、想像よりも確かな感触がつかめ、次の段階に進みやすいからでもあった。少しでも得た感触から確かな存在という地盤を探し出し、それに未来が見えぬ植物の種を蒔くような感覚だった。そうして何人か決めて依頼しスケジュールを調整し、撮影を始めた。初めからろう者一五人と決めたわけでなく、撮影し、編集しながら、「やっぱりあの人にお願いしよう」、「こういう表現ならだれかいる？ 友だちに聞いてみよう」などで進めたら、一五人になった。

筋書き、台本について

台本、筋書きははじめからなかった。その場次第で即興的に進めて、撮影しながら映像を構成するという作業を軸にした。筋書きはなかった。先章で記したように、映画全体の構成が想定できなかったからだった。ろう者たちのあいだで交わす会話、手話芝居[1]、サインポエム[2]などのなかで醸し出された音楽のようなものを、牧原にかぎらずまわりの何人かのろう者も感じとっている。もちろん心地よいとか、かわいらしいとか、かっこいいなどといった人それぞれの好みがある。そのなかで、ちょっとした、ほんの短い時間のなかで感じとらえて気分が高揚される。その音楽のようなものが、一瞬のうちに立ち去るものもある。それらの刹那な時空を引き延ばしたり、繰り返したりして「音楽」を作り出していくのも、方法の一つではなかろうか。

演者のもつ身体性とアイデンティティを、すなわちその人の生い立ち、生きてきた環境から身に染みこんできている感覚を、古びた箪笥の引き出しを壊れないように引っ張り出すように、呼び覚ませるかもしれないと考えていった。

演者たちとの対話から

ろうの演者に対し、いかにして手話という言語の仕組みを解体し、手話という「かたち」の意味を変えて、手などを動かせ、身体の内なる側から情念を出させるかをいろいろと演者に試させた。また、言語的と非言語的という二つの領域の間を、音楽的に往き来するようなところから、その人の持っている感情、感覚などをいかに汲み出すか。二人は出演者に説明し理解してもらうように努め、試行錯誤した。もちろんそういった音楽的な表現をクローズアップした作品、それに対する学問的な研究、批評や論説などは、ろうの世界にも、一般的な世間にも出ていない。だから浅い沼地を、底に足が少し安定しているところを見つけながら、というか微かな感触を感じながら歩くようなものだった。

一方で、出演者たちは、初めは戸惑っていた。なかにはダンスは普遍的な音楽、リズム、メロディに合わせてやるもの……という先入観があり、抵抗を持つ者もいた。「「聴こえ」もしないのに、なぜ音楽？」という出演者からの無言の問いかけが、牧原と雫境の前に立ちはだかっていた。

それでも「ろう者の音楽」の存在のありどころに、いまだ明確な形でなくとも確信を持っていた二人は、諦めずにさまざまな方法でレクチャーしていった。こういうもの、こんなふうにやってみて、など説明するのに精一杯だった。理屈なんか考えずに気持ちを優先にして、体で動いてみてと指示もした。

例えば、手話の中には手で形を作り、静止しただけでは意味を持たないものがあり、その形がたいてい決まった方向に移動してはじめて、言語としての意味を持つものがある。そのため、手話という意味のある「手型」を解体し、手のある形から別の形の間の動線を遊ぶようにずらしたり、手が移動する時間の長さと速度を変えたり、ささいな動きの差異を起こしたり、「間」の変化を生み出したりすることによって、言葉にならない表現を出演者に出させそうとした。そして手の形と表示するその人の個性的な顔や、体の雰囲気によって、豊穣なる非言語的な世界観を生み出すものを……。

ただ、気をつけなければならなかったのは、顔の表情であった。日本手話における顔の表情は、文法の大事な要素である。表情を出すと言語化されやすく、直接的なメッセージになってしまう危険があった。くわえて、目や顎の動き、そして顔の表情など多種多様な要素を絡み合わせることで、「ろう者の音楽」への導きを築きつつ、純粋に「音楽」的なるものを見出せるか実験的に行おうとした。

「ろう者の音楽」の確信へ

ともすると、聴者、すなわち手話を知らない人から見れば、これはただのパフォーマンスだとか、日本語に手話を対応させたいわゆる「手話歌」の一種として受けとられるかもしれない。手話が日本語に合わせた簡易的コミュニケーションツールだと認識している聴者はいまだに多く、こうした誤解は避けがたいのが現状だ。しかし手話とは、米の言語学者ノーム・チョムスキーが明言しているように、音声言語と同等の複雑さ・豊かさを有する「視覚言語」である。そしてろう者とは、その独自の構造を有する手話言語を母語とした、言語的少数者にほかならない。つまり本来、日本語と手話という異なる文法の言語を同時に使用することは不可能であり、ましてや従来の「手話歌」のように音声と併用して使用される手話表現は、視覚言語としては不完全だ。この点において、「手話歌」を「ろう者の音楽」というには矛盾と違和感がある。

牧原と雫境は、日本手話を使用しているろう者の表現から手話特有の「間」を感じとり、それは特に異なる言語の使用者――すなわち日本語話者に囲まれることから、音声言語のそれとはまったく別種のリズムであることを経験として知っている。ならば、日本の歌が日本語のリズムから生まれるのと同様に、手話もまたその独特の「間」から音楽が生まれるはずだ。そして、それこそが、ほかでもない「ろう者の音楽」と呼べるものであるという確信が二人にはあった。また、ろう者と聴者の目のズレをどう埋めるかも、二人は深く話し合った。聴者の観客に対しては、「ろう者の音楽」の意味を追体験させることに比重を置くべく、作中で説明的なアプローチはせず、舞台経験のない一般人も出演させようということに一致した。

撮影・編集風景

二人は撮影場所を話し合って決めたり、依頼した演者の希望に合わせたりした。希望に合わせたのは、その演者が慣れている、馴染みやすい環境にいたほうが、想いが溢れ出し表現しやすいだろうと考えたからだ。そうやってもの怖気ずに表現してくれたものだった。場所の雰囲気と合わずうまく撮影できなかったものもいくつかはあった。カメラは一眼レフデジタルカメラを二台のみ用意し、無音映画にすると初めから決めていたので、マイクはもちろん用意しなかった。二台のカメラを二人でそれぞれ違うアングルで撮影した。あんまりカメラを移動したり、ズーム撮影したりするなど撮影技法に凝ったりすると、演者の細かい表現を見失いやすいから、固定撮影をメインにした。

演者の表現を一発で終わらせたり、何回も繰り返しさせたりするなど、素材をかき集めるように撮影した。自然に出てくる雰囲気、空気感みたいなものの一瞬を逃さないように、撮影を心がけていた。

映像編集は牧原一人で行った。かき集めた映像素材をつなげてみて、よくなかったら取り止めてはまた別の映像をつなげてみるという作業を繰り返した。雫境は時折牧原に呼ばれて、製作途中の映像を見ながら微調整しただけだった。牧原は視覚上の「不協和音」にならないように、組み合わせていた。違う場面へのつながり、流れに気を使ったり、いったん別の画面に転換してみたりするなどして、映画全体がまとまるように作業を行った。そんな牧原の作業は、雫境には、オーケストラの作曲を編み出しているように見えた。

注

1　手話芝居：手話で台詞を言う芝居。ろう演劇とも言われる。

2　サインポエム：全般的に、手話で表現された詩にあたる。高度な表現では手の形、動きから韻を踏むものがあり、日本語に翻訳されにくいものが多い。テキストとして翻訳できたとしても、サインポエムで感じられる空間性、時間性、質感などの面白みが半減するか、なくなってしまうものが多い。英語の歌詞の日本語訳を元の曲に合わせると大変な作業になることと、同じようなものだ。

第四章　二〇一六年『LISTENリッスン』が上映されて

一、映画『LISTEN リッスン』の上映へ

雫境

映画『LISTEN リッスン』が完成できたら、地域センターや公民館などの部屋を借りてろう者のみに呼びかけて上映し、議論させるつもりだった。ろう者の音楽は何か、ろう者の持っている音楽的なものに気づいてもらい、考えてもらうことが最大の目的だった。

映画『LISTEN リッスン』を撮影・編集している間に、牧原はアップリンクで映画配給ワークショップを受講していた。あるとき牧原は、昼間に映画『LISTEN リッスン』の撮影を行い、その夜にワークショップへ行った。カメラ用の大きな三脚、見るからに重そうな荷物を担いでいたから、何か訊かれてもおかしくない状態だった。そこでアップリンクの浅井隆さんに気づかれ、できた映画を見せろとか言われ、完成前の映像を見せたら、アップリンクで上映してみたらと提案された。

牧原が雫境に確認し、ろう者だけでなく興味のある人にも観てもらう方針に変えた。そんな経過から、アップリンク渋谷（二〇二一年五月二〇日に閉鎖）で上映することになった。制作・宣伝などはすべてアップリンクに任せたわけでなく、牧原がスタッフを何人か集めて運営を行った。チラシ、ポスター、パンフレットなどの製作を行ったり、宣伝方法を話し合って実施したり、アフタートークに登壇してもらいたい人をリストアップしてお願いしたり、トークのための手話通訳者の確保をしたりするなどを行った。

アップリンクで上映する前に、あるスタジオを借りて出演者とその家族、関係者など身内的に上映会を行った。出演者に撮影前に意図を理解させたこともあり、上映後は「なるほど」という雰囲気が出てきた。後から出演者の佐沢さんから聞いたことだが、家に帰ったら自分の子ども（ろう者）が、映画の白い服の六人組の「音楽」を真似て再現していたことに驚いたそうだ。

図1　『LISTEN リッスン』が一般公開される前に配布したチラシ

図2　追加印刷されたチラシ

試写会、上映を前に、多くが理解できないと言われたり、批判されたりするだろうと想定していた。だが、牧原と雫境はこれまで二人で討論してきたこと、撮影・編集から見い出したことなどによって、完全にではないが確信を持ち、気後れすることはなかった。

映画『LISTEN リッスン』が上映された後に、映画館を出た観客の反応はさまざまで、それは当然なことだった。単純に「新しい、面白い」、「よかった」と「リズムがズレている」、「なぜ音楽をつけないの」などといった賛否両論が渦巻くなかで、「モヤモヤしていたものが見えてきてうれしくなった」、「小さいときにあのような表現をしていたことを思い出して、懐かしく思えた」など感想を述べたろう者がいて、それだけで二人は救われた気分だった。

本書の「はじめに」に書いたように、アップリンク渋谷で上映期間は二カ月に及んだのだが、当初は二週間の予定だった。関心と反響があり、期間が延長されたことと、東京以外の地域でもどんどん上映されたことは、私たちにとっては驚きだった。

二、映画パンフレットに掲載された寄稿集

『LISTEN リッスン』が上映されたときに発行したパンフレットに掲載された寄稿を掲載する。当時に受けたさまざまな印象や所感があり、私自身にも気づかせてくれたことが多くあった。

（一）「ろう者の音楽」の世界へ

手話通訳教師　木村晴美

「音楽」とは広辞苑によれば、「音による芸術」である。ちょっとザンネンだ。「言語」も、ひと昔前までは「言語とは音声である」と定義されていた。さすがにいまではそういうことを言う言語学者はいないだろう。もしいまだにそんなことを言う人がいたらアタシが天誅を下してやる……ちょっと言いすぎか。それはさておき、「音による芸術」ではない今回の作品『LISTEN リッスン』。まったくの無音である。BGMもない。ろう者の内部に宿る「音」を、視覚を通して感じさせることをモチーフにした作品である。このような作品は、かつてどこにも存在しなかった。「えっ、ろう者の内部に宿る「音」って何だ？」と突っ込むのはやめてくれ。正直にいうと、内部に宿る「音」はあると自覚するものの、自分にはそれをうまく説明できる力がない。クヤシイ。でも、『LISTEN リッスン』は、それを作品の中で具現化してくれた。拍手喝采だ！

ウン十年前のろう学校の音楽の授業で、「発音が悪い」、「もっと声を出して」、「リズムが合わない」などといわれ、先生が後ろを振り向いたすきに、ケツをけとばしてやれたらどんなにすっきりすることかと思っていたが、なにぶん在学中は優等生のフリをしていたから、心の中で「コノヤロー」というだけにとどめておいた。でも、ギャラに目がくらんで『四季の歌』や『手のひらに太陽を』を手話で歌わされ、内心、「なんでそんな

ことをしなくっちゃいけないんだ」と思いつつも、手話の歌を指導していた時期がチョットだけあったことは白状しておこう。でも、手話コーラスだとか手話の歌というのは、見ていてメッチャ居心地が悪いし、「聞こえる人の音楽との融合」とかいうものは、実際のところ、聞こえる人だけが酔っていて、ろう者は醒めていることが多い。だから、今回の『LISTEN リッスン』の登場は、とてもウレシイ。口だけ文句をいっているアタシと違って、監督の二人、牧原依里さんと雫境さんは「ろう者の音楽」を世に問いかけた。「音による芸術」ではない、型破りの、ちょっと口を悪く言えば常識ハズレなこの作品の本質を見抜ける人は、ホンモノのアーティストだと言おう。

(二) 響存

宮城教育大学教授　松﨑丈

人は歌い、踊って音楽を楽しむ。民族音楽学者の小泉文夫の話によると、文字を持たない民族はあるが、歌を歌わない民族はないという。なぜ人は歌い、踊るのだろうか。人と人が呼吸を合わせ、調子を合わせ、互いに歌い、踊ることで、共鳴し、共感することができる。心理学では「人格」と訳されるパーソナリティ(personality)の原語の意味に「反響する」とある。人と人は歌い、踊ることで、お互いに反響し合い、共に存在しているのだと実感する。哲学者の鈴木亮はこれを「響存」という。これは歌や踊りだけではない。例えば、平安時代に謳われた歌謡集『梁塵秘抄』でもこういう一句がある。「遊ぶ子どもの声聞けば我が身さへこそ動(ゆる)がるれ」。ろう者なら「遊ぶ子どもの身体見れば我が身さへこそ動がるれ」だろう。このように人と人は、身体と外界との間を循環するエネルギーによって湧きあがる情動を媒介に、身体で響存する。「響存」とは、人と人とが共同して生きていくためのもっとも基本的事柄ではないかと考えられている。だから人は共に歌い、踊る。

それではろう者は歌い、踊ることができるだろうか。ろう者は、日本手話の話者であるだけでなく、日本手話の歌い手にもなれるだろうか。かつてろう児の音楽教育は呼吸のコントロール、発音のリズムやイントネーションなど言語指導と機能的に関係するものと位置づけられていた。その一方で、個々のきこえが異なるろう児に対してどのように配慮して指導するのかについては不十分なままであり、非常に難しい教科として現在も方法論が議論されている。しかし、ここでいう音楽とは耳と口を使うものだと、当然の如く前提しているのではなかったか。この映画で六〇代のろう者俳優が「音楽が嫌いだった」と述懐している。いま、ろう者が主体となる音楽とは何かについて考えるときが、ようやくやってきたと感じている。

「LISTEN」。これは音声に限らず有形無形の対象に傾注して心で聴くという意味である。音声情報が入ってくるという意味の「HEAR」とは異なる。この映画では二つの「LISTEN」が起きている。まず、映画に登場するろうの演者は、さまざまな風景——共に歌うろう者たち、静かに流れる河川、力強さを秘めた樹木、さまざまな草木の生えた庭、無人の住宅街、古家の和室、夕陽の海辺、喫茶店、桜の並木……と自身の身体との間を循環するエネルギーの息吹、テンポやダイナミズムを聴き、歌い手の身体と風景が共振して視覚的な音楽空間を創り出す。そして、そうして創り出された音楽を私たちが聴き、感じ、楽しむ。さらに、多彩な歌い手による音楽空間の映像が幾重にも重なりあうことで、これまで疎遠だった音楽はかく奥深く豊かなものなのか——と深く感動させられる。とりわけ独自の言語体系を持つ日本手話によって洗練された「手」の優雅さ、「運動」の躍動感、「空間」の繊細さを巧みに駆使して生き生きと歌うさまは、人間としての回復と新たな音楽文化の高揚を強く感じさせる。ろう者はきっと抑圧でちぢこまっていた身体が解きほぐされ、演者と「響存」し、心地よく音楽を感じるにちがいない。そして、音楽を「LISTEN」できる身体を取り戻し、人や自然と歌って踊れる身体へと回復していくだろう。ろう者によるろう者のための音楽文化の幕開けである。

教育は人類の智慧と歴史で築かれた文化を伝える役割を担っている。音楽教育も然りである。ろう児の音楽教育も『LISTEN リッスン』のようにろう者を主体とした音楽の文化を伝えるときが近づいている。教育に携わる私たちは、人類にとっての音楽とは何かを根源的に問い直し、音楽教育の題材として積極的に取り込んで実践する必要があるだろう。ある言語学者は、「聴くという行為は、相手のおかれた状況に、想像力をもって積極的に入りこむことであり、自分とはべつな評価基準を理解しようと努めることである」という。今後、聴者の音楽文化も含めて人間の音楽についてどのように見識を深めていくのか、教育者として問われている。

この映画を通して、ろう者の「歌う手」や「踊る身体」に内在する音楽を「LISTEN」し、「響存」する人々が全世界に広がっていくことを願ってやまない。

（二）音・響（音は聴くものか？）

コントラバス奏者　齋藤徹

ろう（聾）の人たちと共演して数年になります。多くの教えやきっかけをいただいて、私の人生は本当に豊かになりました。感謝しています。音楽家とろうの人たちが共同作業するなんて思ってもいませんでした。「タツノオトシゴ」は、普段は聞こえないけれど、海に入ると耳とは別の器官で聴くことができるという説にちなんで、誇りを持って「聾」という言葉を使っているということも初めて教わりました。

彼らとの共演は深くつながっていると実感できます。事前に伝えなければ、彼らがろうであることを最後まで気づかない聴衆は多くいます。

では、聞こえるとはいったい何なのでしょう？聞こえる同士でいくら会話を重ねても、聞きたいことしか聞こえず、完全に誤解していることは多々あります。それに対し、舞台に立ってイノチガケでつながろうとしているろうのダンサー・俳優たちとは、聞こえなくても十二分に伝わります。手話通訳も時には邪魔なくらいなのです。

白川静さんの説によると、「音」という言葉は、水を張った神器で、神に願いを託し、その水の表面がわずかに揺れることで神の答えを「見」る、嘘をつくと「はり・辛」で入れ墨の刑になる、ということが起源だそうです。音は見るもの！なのです。懸命な願いを込めて答えを「待ち」、見守るものだったのです。暗、闇などの漢字に音が使われているのも納得できます。

「ミラーニューロン」という学説を、近年イタリアの科学者が唱えています。身近な例で言うと、「もらい泣き」、「もらい笑い」です。バンジージャンプをする人に付けたカメラの映像を見ると、身がすくんだりしますよね。あれです。見ている人と同じ神経がまるで「鏡」のように動くという説です。

ダンサーを見ながら演奏すると、ダンサーと同じ神経が発火していることは実感してきました。自然に身体が揺れるのです。逆に演奏者を見ていると、ダンサーも聴衆も演奏する神経・筋肉が動くわけです。演奏しているのです。凝視してしまうと、特別な「意味」が生じてしまい、「説明」してしまいがちですが、「半眼微笑」で、焦点を合わさずにボーッと見ることは、他ジャンルの人とコラボレーションするときに、大事なヒントになります。目をつぶって自分の世界に入り込んではモッタイナイ。

音楽は音が止んだときに始まる、というやや逆説的なことを考えることもあります。聴いているときは、音と一緒に流れていて、音が終わったときに、自分がどこにいて、何をしているか初めて気づくのです。そこで音楽あるいは沈黙が初めて立ち現れ、「自分」を発見する。横に流れていた時の流れが停まるのです。

雑音に満ちた音楽を演奏することがあります。何十年もイヤって言うほど練習し、世界中で演奏し、楽器、弓、松脂などなどすべてを厳選に厳選を重ねた果てに出す音が「雑音」。楽器に初めて触れる人とあまり違わない音を出しています。それは、雑音が雑音であればあるほど、終わった後の沈黙が深まるからなのだと推察します。その沈黙を得るために雑音を出す。すなわち、音が終わったときに、本当の（沈黙の）「音楽」がはじまるのです。

「音楽」になろうとしている「何か」が身体の中にあって、外部から刺激され（刺激は音楽であっても、詩でも、美術でも、ダンスであってもいいのです。）「音楽」になっていくと想像すると楽しいです。大事なのは「音楽」になろうとしている何か、なのです。

視点を変えてみます。人間の身体の七〇％は水分だそうです。この水分が揺れる。揺れは伝わり、共振する。蛍の点滅がいつの間にか同期し、ばらばらに動いていたメトロノームがいつしか同期して同じように振れるということは、不思議ですが事実です。

「揺れる」とは「混ざる」ことだとも言えます。沈殿せずに反応を起こすこと、すなわち、変わること。これこそが「生きる」ことの原則なのかもしれません。美は乱調にあり。

演奏家の身体の中の水の揺れが、ダンサー・聴衆の身体の中の水の揺れを引き起こし、同期し、化学反応を起こし、フィードバックしあって、その時・その場・その人たちでしか起こりえない空間を創造する。ここでは、音の聴取によるコミュニケーションが必須だということはないでしょう。

伝えたい気持ち、求める気持ちが溢れ、そうせずにはいられない情熱があれば、伝わらないわけはない。

揺れ・振動を考えると、色も振動です。音の旋律・ハーモニー・リズム・音色は、色の旋律・ハーモニー・リズム・色彩と変わらない。身体も音も色も同じ。

「響」という漢字は、人二人が向き合って座っている。そこに共鳴が起こる。共鳴は、共鳴を生み、巻き込み、無限に、永遠に拡がっていきます。そこでしか起こりえないことが、「それゆえに」永遠につながっていく。そこに、音も色も身体も区別はないのです。身体の中の水の中心「血液」は、海の塩分濃度と同じ。命の源である海でつながっているのですから、これ以上に強いつながりはありえません。

（四）振動を超えて内なる宇宙に広がる音楽

筑波大学図書館情報メディア系准教授　松原 正樹

音楽学者クリストファー・スモールが提唱したミュージッキングという概念によれば、「音楽はコト（行為の過程）であってモノ（作品）ではない」と定義されている。それまで音楽は物理現象としての振動、あるいは楽譜構造が内包する意味として分析されることが多かったが、演奏者や聴取者など音楽に関わるすべての人々の心の中にも、光を当てるようになった。

このことは、音楽が音以外も通じて万人にひらかれていることも示しており、聴覚障害者も例外ではない。「聴覚障害があるからといって音楽を受け入れないものではない」という主張は、これまで認知科学、音楽療法、障害科学、言語発達など幅広い分野において示唆されてきた。音楽界を見ても、偉大な作曲家のベートーヴェンやスメタナをはじめ、最近ではグラミー賞を受賞した演奏家のエヴェリン・グレニーなど、聴覚障害を持つ音楽家は存在する。

私が健聴者と聴覚障害者の音楽認知の研究を進めていくうえでわかったことは、音楽の感じ方は聴力レベルと必ずしも関係があるとは言えず、むしろ音楽経験の有無に影響を受けることが多いということだ。健聴者と同様に心で描く音楽のイメージは一人ひとり異なり、学習や発達とともに変化する余地がある。

ところで、日本でも二〇一六年四月から、障害者差別解消法が施行されたのは記憶に新しいだろう。インクルーシブ教育という概念が提案されているように、障害のある・なしに関わらず、一人ひとりだれもが違うことを前提に、「みんな一緒に」教育を受ける機会が増える。そして全員が異なるという考えの前では、差異をなくす方向ではなく、全体の共通部分を見いだす方向で動いていきたい。自ずと音楽という文脈が、聴こえに関わらず、みんな一緒に楽しめる行為であることに気づくだろう。

最後に、この映画はろう者のパフォーマンスを介して音楽がひらかれていることを、映像によって見事に表現している。最初は視覚から共感覚的に音楽を感じるかもしれないし、身体が反応して動き出したくなるのを感じるかもしれない。そして、徐々に瞑想状態に入り、自分のまわりとスクリーンの中の区別がなくなっていく。きっと、ジョン・ケージの『四分三三秒』に代表されるように、聴取者の内なる音楽に耳を傾けることができるようになるだろう。そこで得られる音楽体験は人間の核であると確信する。

本作の続編を期待するならば、インクルーシブな音楽表現を挙げる。聴覚障害者と健聴者が同じ空間にいるときの一人ひとりが持つ音楽表現は、どのようなものになるのだろうか。また、そのとき、視聴者である私たちが感じる音楽体験はどのようなものになるのだろうか。今後の展開も楽しみである。

三、アフタートーク・対談ハイライト集、二〇一六年

手元にあるかぎりのトークの動画記録を元にして、興味深い、重要性の高い部分を雫境の独断で選択した。「ろう者のオンガク」について、いまだに牧原が中心となって議論し続けられており、まだ少ないのだが、ウェブで報告書が公表されるなどといった、ほんの少しだけ一歩踏み出したばかりである。そのため、それ以前の発生と過程を垣間見るように読んでいただくと幸いである。渋谷アップリンクでのトークは三〇~四五分、象の鼻テラスでのトークショーは約二時間だった。動画記録がなかったトークは掲載できなかった。深くお詫びします。

（牧原依里、雫境）

（一）「自分の音楽を踊っていた」横尾友美（ろう者）

牧原　横尾さんと最初に会ったのは中学時代。そのときはあまり深く会話をすることはありませんでした。その後、お互い大学生になり、全国ろう学生懇談会という集まりがありました。一般の大学に通っている聴覚障害、ろう学生が集まって、いろいろな悩みなどを相談する場です。そこで久しぶりに横尾さんと再会したのです。一〇年ぐらい前になりますか。そのときに、横尾さんの手話の話しぶりというか動きが、たいへん興味深かったことを覚えています。非常に特徴的で独特、不思議だなと思っていました。そして今回この『LISTEN リッスン』を作ろうと思ったときに、横尾さんのことがすぐ思い浮かびました。ぜひ出演してもらいたいと思ったんです。そのことを彼女にメールすると、即答でＯＫの返事をいただきましたね。本当に嬉しかったんで

す。ところで、横尾さんにとって音楽とは、どういうものですか？

横尾　大学生のとき、自分流の踊りをやっていたんですが、社会人になり、もうやっていませんでした。ところがオファーを受けて、眠っていたそのときの感覚が蘇ってきました。そのころは、印象に残った踊りなどの表現を真似して、友だちと踊っていました。学生時代を思い出し、それがふつふつと湧き出てきたような気持ちになりました。

私にとっての音楽は、うまく説明できないんですが、小さいときから映画が好きでした。中国版『ロミオとジュリエット』っていう映画（ロニー・ユー監督、一九九五年）があり、亡くなったレスリー・チャンという俳優が出ていました。「さようならも言わずに　旅立ってしまった」っていう歌（『逢いたくて、逢えなくて』）があるんですが、その表情が本当に印象的でした。こんな感じです（悲しそうに歌う動き）。それからもう一つ、アフリカの踊りです。アフリカの伝統的な踊りにすごく心惹かれたんです。小さいときから興味を持っていました。そういったものが、私の中で音楽となっていると思います。

©deafbirdproduction 2016

牧原　そしてアフリカ音楽では、楽器の演奏でも楽器でもなく、演奏者に惹かれるそうですが？

横尾　そうです。ろう者のなかには、太鼓を叩いて振動を楽しむ方が多いかもしれませんが、私はそれには興味がなかったんです。それよりも、太鼓を叩いている人の豊かな動きとか、表情ですね。あるいはたばこを吸う姿、自転車で風を感じること、木が並んでいる様子、自然のもの、人々の動き、そういったものに音楽を感じます。太鼓の響きは、むしろ私にとってうるさく感じてしまうんですね。それよりも、太鼓を叩いている演奏者、楽器を奏でている人の仕草、様子、人物の表情にいつも惹かれていました。音ではない何かに惹かれる、この映画にヒントが隠れているような気がします。

例えば、六人で出ているシーンでも、一人ひとりの持っているリズムが、六人で共鳴し合って合わさって、一つの形になっていて、まさにこれが音楽だと感じました。楽器ではなく人間ですね。六人の人物が集まって、そこから何か音楽として流れてくるようなもの、人が持っている響きやリズムなど、音楽のようなものが流れてくるのを見たいと思っていたので、やっとこの映画の中に、そのヒントが集約されてるように感じました。そういったろう者の音楽を、実際に取り上げて撮影して、映画という形にした牧原監督は、素晴らしいと思います。

これまで音楽といえば、聴者が聞くものというふうに思っていました。でも自分の中では、なんというか、音楽ではない、でも、リズムのようなものを感じるものがある。「これを音楽と言うのかな、なんだろう」っていうところがありますが……。

牧原　『LISTEN リッスン』で表現したような「ろう者の音楽」は、もともとあるものだと思うんですね。私が大学生のときに音楽家の佐藤慶子さんと、この映画にも出演されている米内山明宏さんのお二人が行ったパフォーマンスを拝見しました。ろう者の音楽性と音楽的なものを私たちよりも先に、すでに見出していたんですね。このようにろう者の中に音楽性を見出す動きが前からあったものの、映画という形で打ち出したのは、おそらくこの作品が初めてだと思います。横尾さんは、映画に出演される前と後で、心境の変化はありましたか？

横尾　これまでは、だれかに見せることを意識することはなく、自分の中から湧き出てくるものでただ踊る、自分の中の音楽のようなものはあったんです。でも、一般の聴者の言う音楽ではなかったので、「何か違う」、「一般の音楽とは自分のものは違う」と思っていました。個人的に自分の「音楽」を奏でているようなこと、踊ることはあった。でも、外に出して披露することはありませんでした。ところがこの映画に出演させていただいてから、自分の持っていた体の動きというか、自分の中の「音楽」をもっと自由に出していい、表現していいんだと思うようになり、解放されたような気持ち、積極的な気持ちになりました。ほかの出演者もおそらく同様だと思います。私たちが持っているものを外に出してもいいことに気づいたのが、非常に大きな変化だと思います。

出演のオファーをいただいてから、完成まで三年ぐらいかかったと思います。毎日映画製作に関わるパワー、夜遅くまで忙しかったと思いますし、すごいと思うんです。宣伝も大変だったと思います。お二人を突き動かすエネルギーはどこから出てくるんでしょうか。

牧原　雫境さんいかがですか。

雫境　私はずっと踊り、舞踏で活動してきたんですが、これまでは聴者に合わせるという形が多かったんです。また、聴者の作ってきた前例を踏襲することが多かったんです。ただ、音楽はあるけれど、それを意識しないで自分なりの動きを表現してきました。そして「こういった形でろう者としてのダンスができるのではないか、表現できるのではないか」という思いを、少しずつ積み重ねてきました。そんなときに、牧原さんから音楽の映画を作りたいという話をもらいました。その音楽と踊りの類似点と、「自分の体の中を流れている時間も含めて表現できるのでは」と考えてきました。ろう者の中にそれぞれ「音楽」がありますが、それを表に出すことはしておらず、「それを引き出したい」と思いました。牧原さんとこれをつくることで、「みんなに引き出してほしい、それを伝えたい」という思いで、映画製作に関わってきました。

牧原　本当にそうですね。動機として私を突き動かしたものは、明日死ぬかもしれないからとにかくやるという一心でこれまできました。いつもそう思っています。結果がどうなってもいいように、とにかく精一杯やろうと思ってやってきました。疑問に思ったこと、気になったことは、すぐ実行に移すタイプなんです。三年前から、決めた以上は途中でやめずにとにかく頑張ってやろうと、続けてこられました。性格ですね。

私は、小学三年から一般の聴者の学校に移りましたが、それ以前はろう学校に通っていました。私にとって、ろう学校時代の音楽はつまらないものでした。地元の聴者の学校に通っているときも、当然音楽の時間があり、合唱するときも口パクでやりすごしていました。そういったとき、何か納得いかないものがあったんです。聴者は楽しめるかもしれませんが、その中で「口パクでいい」って言われるろう者にとって、「この音楽との関わり方は何なんだ」と思っていたんです。そうではなく、ろう者なりの音楽ってあると思っていました。このまま聴者のやり方に合わせた音楽につきあわされていいのかどうか、非常に疑問がありました。ろう学校でも一般の学校でも、ほかのろう者も同じような経験をしていると思います。

音楽についてろう者たちに聞くと、やはりあまりいい思い出を持っていないようです。家の中では好きな音楽を聴いたりして、自分の声を自由に出して楽しんでる人もいますが、外に出るとそれは恥ずかしくて言えないようです。どうしても聴者の音楽ありきで、その中でろう者がつきあわされているところがあったと思います。見ていただいた方々にお伝えしたいのは、この映画で「ろう者の音楽がこれだ」と言うつもりはまったくないということです。私たち二人が考え、作った音楽の一つに過ぎないのです。出演者も何人かいますが、それぞれの持っている音楽を表現してもらったつもりです。ここからが始まりだと思います。ろう者の音楽は、それぞれのろう者の中に眠っていて、表に出て知られることはありませんでした。今後、発展できるといいなと思います。ですから、みなさんの中にある音楽を引き出してもらう。それぞれの音楽があっていいと思うんです。それがどんどん出てきて、ちがう音楽がたくさん出てくる。そこで話ができて、もっとろう者としても、音楽について話をするきっかけに、この映画がなってくれればうれしいです。雫境さんどうですか?

雫境　ろう者に対してはそうですね。映画を作って終わりというのは嫌ですね。例えば、だれかがこれを見て、違う音楽の映画を作っても構わないと思います。ろう者の音楽というのは決まったものではありません。いろんな音楽があっていいと思うんですね。聴者の世界にもいろんなものがあります。ロックとかヒップホップとかいろんな音楽があって、好き嫌いがあります。ろう者の世界も同じはずです。一人ひとり違ったものがある。好みが違う。ですので、その一つひとつがいろんなところでできて、これを超えるような映画がでてくると、なおさら嬉しいですね。

牧原　本当にそう思います。火つけ的な意味合いに、この映画がなればいいということですね。それから、出演されていたもう一人、岡本彩さんという髪の長い女性と、横尾さんがお二人で踊っているシーンもありました。その呼吸が非常にうまく合っていたと思うんですが、あれはどうやってできたんですか。

横尾　本当に岡本さんとは不思議ですね。中学生のころから親しくしているんです。目と目が合って、自然にお互いに阿吽《あうん》の呼吸で、目を合わせるとお互いに合った動きができる。昔からなんです。そういう関係で、本当に不思議です。二人それぞれの韻律があって、何か自然にうまく共鳴するんですね。

二〇一六年五月十四日　於：渋谷アップリンク

（牧原依里、雫境）

（二）「サインポエムと音楽」佐沢静枝（手話講師）

牧原　佐沢さんは『LISTEN リッスン』の中で、ご夫婦で出演されています。見ていただいて、ご感想はどうでしょうか。

佐沢　改めて大きな画面で見ると、夫婦の愛を歌ったものなので、ちょっと恥ずかしいという気持ちはあります。でもこの『LISTEN リッスン』全編を通して、ろう者の中にもそれぞれの音楽が存在するということを感じました。

牧原　「ろうの音楽は何か」と問いかけるために作ったものです。ある意味ではアート作品として。ろう者の代表として作ったわけではなく、ろう者の中の個人として、こういった見方があることを示したかったんです。佐沢さんは雫境さんの古いお知り合いだそうですが、私から出演のお願いをしました。私がサインポエムを知ったきっかけの人でもあり、印象深い人だったからです。

まずサインポエムについてお話しします。サインポエムはアメリカとヨーロッパから始まったものです。特にアメリカでは、手話を中心に言葉の韻を踏んでいくものです。ですから音楽とは少し違うんです。例えばこの手の形（しぐさをする――親指と人差し指を軽く曲げた「C」の形で他の指は握っている）がありますね。これは一つの手話の音韻です。これを耳の後ろに当てると「補聴器」という意味になります。次にこのように、その手の形のまま体の前に持っていき、動かしていきます。これは全体としては、補聴器を外してろうとしての道を歩いていく、という意味の詩になります。韻を踏みながら表現していきます。一方でフランスでは、レヴェント・ベシュカルデシュさんという方が有名で（サインネームは、肩のところに二本の指を置く形）、彼が表現するフランスの手話の詩はアメリカとは違う印象があります。身体表現を兼ねているような、こんな表現（しぐさをする）。言語だけではなく、身体表現も兼ねているようなものなので、サインポエムは、なかなか定義しづらいのです。

あるワークショップに佐沢さんに来ていただいて、そこで三つのサインポエムを披露していただきました。一つは宮沢賢治の『雨ニモマケズ』。これは日本語の詩を手話に翻訳したものです。二つ目は童謡の翻訳。三つ目はレヴェント・ベシュカルデシュさんがやっていたものを、佐沢さんがやってくれました。この三つのサインポエムを見て、鳥肌が立つような、手話という言語だけではない、何か心地よさを感じたんですね。音楽のようなものを感じたんです。この映画を作るにあたって、そういったきっかけを与えてくださった佐沢さんには、ぜひ出演いただきたいと思って、お願いした経緯があります。『LISTEN リッスン』の試写会のときに、息子さんも一緒に見ていただいたようで、すごく面白い話をうかがったんですが。

佐沢　家族と一緒に視聴しました。息子は小学校四年生で、帰宅後、日記に、「不思議な映画を見ました。気持ちがフワフワとなるような映画を見ました」と書いていたんです。そして、映画に何度も出てきた動きを、息子が家でずっとやり続けているんです。すごく印象に残ったんですね。この音楽の中のリズムを子どもが感じて、覚えて、家の中で表現して、同じように音楽を奏でたということです。一つの音楽の感覚、音感を子どもに与えてくれたようで、すごく感謝しています。

牧原　出演の裏話もおうかがいしたいです。

©deafbirdproduction 2016

佐沢　私は詩がすごく好きなんです。でもその詩を手話に直訳すると、なかなかその感動が伝わらないと思っていました。日本語で書かれた詩を、手話でも同じように感じられる翻訳の仕方がないかと考えていたんです。そういったときに、お二人からお話をいただきました。まず、雫境さんから、「こういうことを表現してほしい」という文章をいただいたんです。それを主人と話し合って、口げんかもしながら、「こうなんじゃないかな」と試しにつくったものを、ビデオに撮って雫境さんに送りました。でも、違ったんですよね。

雫境　経緯からお話ししたいと思います。佐沢さんはお忙しい方なので、なかなか会う機会が持てなかったんです。そのため、やってもらいたい雰囲気を書いてメールで伝えたんです。ただそれも、普通の文章として送るのではなくて、例えば、ある単語を書いて、少し行間を空けてもう一つ単語を書いていく、一枚の紙の中に絵を描くような形で、日本語を書いて送ったんです。それで、どんな表現をしてくれるかと期待して待っていました。実際に最初に動画を送ってもらったときには、想像してたのと違ったんですね。というのも、日本語でイメージを伝えてしまったために、日本語に引っ張られた表現になってしまっていた。日本語で説明することをやめて、佐沢さんにはこうしてほしいというふうに、男性役と女性役両方を、私が例として演じた動画を送ったんです。それで、意図するところをわかっていただいて、表現してもらいました。それがすごくよかったです。

佐沢 手話はすごく魅力的なものですが、翻訳が入ると、なかなか難しいところがありますよね。

牧原 この映画は、出演してくださった方の表現は、ほとんどその方にお任せしています。ただ佐沢さんと野崎さんに関しては、私たちから、わりと細かい振付をつくってからお願いしました。それでもご夫婦のなかでいろいろ、議論もしながら検討されたと聞きました。ほかの出演者は即興、自分で表現をしてくださる方が多かったですね。サインポエムを、音楽としてとらえたきっかけは、どんなことだったんでしょうか。

佐沢 大学のときに見たビデオで、エラ・メイ・レンツさんという女性がいました。アメリカ人のろう者で、サインポエムの先駆者として有名な方です。『Eye Music』というポエムを見たのですが、走っている車の後ろの席で寝そべっている状態から見える電線が楽譜のように見えて、手話で音楽を奏でるような表現をされていたのですね。その映像を見て、胸を揺さぶるような感動と心地よさを感じました。中三までろう学校で育ってきたんですが、補聴器をつけて音を聴くという観念にとらわれて、音楽は「音」だと思い込んでいました。しかしエラさんのサインポエムを見て、「私の中に音がなくても、音楽があるんだ」と認識するようになりました。そして、アメリカでエラさんに会い、『踊る一二人のお姫さま』を見せていただいたのです。一二人の姫が夜ベッドに横たわる様子、王さまが部屋を出た後、次々とリズミカルに起き上がり、地下につながるお城の階段をくだって、王子さまが乗っている一二艘のボートにのり込み、ボートをこぎながら、辿り着いた島で愛を奏でるといったシーンでした。臨場感あふれる表現を手話で見事に表現されていて、琴線を揺さぶられる感動を覚えました。「ろうの音楽」というものがあるとそのときに実感したんです。

今回の映画も、いろんな音楽があるというきっかけになったと思います。日本の文化には侘び寂びがあります。それをうまく表したのが、『LISTEN リッスン』の中の米内山明宏さんの『四季』というサインポエムだと思います。たいへん印象に残っているサインポエムの一つです。

また、牧原さんもおっしゃっていたレヴェント・ベシュカルデシュという方がいらっしゃいます。フランスのろう者の演出家で、来日して演出した作品に出演させていただきました。一緒に飲んだ機会に、『紅』というサインポエムをやっていただき、それにも感銘をうけました。フランスの手話で、このように（動いてみせる）、戦争で血が流れる様子の「紅」、真っ赤に燃える夕日の「紅」、燃えるような恋心の「紅」を、真っ赤な風景が見えるほど見事に表現されていました。

牧原 佐沢さんが、今後に期待することは何でしょうか。

佐沢 いままでろう学校で音楽といえば、音を聞くことを求められていました。ですが、見る音楽があるということ。それを子どもたちにも感じていただきたいと思います。子どもたちが自分たちの音楽を作って、新しい可能性が広がっていけばいいと思っています。

二〇一六年五月十五日　於：渋谷アップリンク

（牧原依里、雫境）

（三）「ろう者の音楽の可能性」　松原正樹（筑波大学図書館情報メディア系准教授）

松原 インクルーシブという言葉は、わりと最近提唱された言葉で、似たような言葉としてインテグレートという言葉をご存知の方も多いと思います。従来、障害のある方と障害のない方を、別々の学校で教育することが行われていましたが、一九八〇～九〇年代に、一緒の学校で教育を行うという考えが生まれました。それがインテグレートという考えです。

ただこれは、単に同じ場所で教育を受ける環境を用意しただけで、教育の内容とか、普段の生活行動が一緒の環境ではなかったんです。例えば、「特別支援教室」として、普通教室と分けて教育を受けるなど、音楽の授業などは聞こえる方の授業を中心に行われていたので、音が聞こえない方々にとってはどのように接していいかわからないというのが、それまでのインテグレートでした。代わってインクルーシブというのは、「だれでもみんな含めて」っていう意味合いがある、インクルージョン（包摂）という言葉です。場所は同じですが、教育の内容が一人ひとり違うのが前提なのが、インクルーシブなんですね。だから、インクルーシブ教育は、聴覚障害の方、視覚障害の方、自閉症スペクトラム障害の方、いろんな障害の方が同じ場所に一同に介して授業を受けるというものです。

「じゃあ、どうやって授業をするのか」という疑問を持つ方もいらっしゃるかもしれませんが、一人ひとりの個性はそれぞれ異なるという前提で行うので、課題設定がそれぞれ違い、取り組む内容も違う。だけど取り組んでいるうちに、例えば共通のものが出てくるんじゃないか、共通のものを一緒にやって、違うところは、あの人はA、こっちの人はBをやるというかたちで、自由に授業を受けるというものです。

どうしてそうするのか。聴者でも、聞こえ方はそれぞれ違うんです。私はその研究をずっとしていますが、一人ひとり耳の聞こえ方、見え方が違います。それは、経験をもとに、聞こうとしているもの、見ようとしているものがそれぞれ違うからです。いま目の前には、この眼鏡のフレームがあり、当然メガネのフレームは目に入ってますけど、無視して、みなさんの顔を一人ひとり見ようとしてます。音でも、いま空調の雑音が流れているんですが、そういうのはとっぱらって私の話を聞いていると思います。聞こえ方も耳の形でも違うし、それまでの経験でも違うので、やはり、そういうことをふまえて、一人ひとりの教育をしようというのが、インクルーシブという言葉です。ちょっと長くなりました。

雫境　この映画にどんな感想をお持ちですか。

松原　今回二回目なんです。初めて見たときは、まず映画の構成がふだん見ている映画と異なっていたので、次は何が来るんだろう、この後どうなるんだろうって、展開をずっと予測することに注力して、気づいたら終わっていたというのが正直なところでした。今回二回目に見て、「次にこれがくる」というのがわかっているので、そういう意味では、とっても内容がすんなり入ったと思います。特に一回目のときは、もっと手話のことがわかっていれば、きっと手話の動きの違いがわかるのかなと思っていたんですけど、二回目は、手話が完全にわかってるわけじゃないんですが、すんなりと、春夏秋冬のポエムとか、親子夫婦が二人でやっている動きそのものを伝えたいことは、何となくわかって、これは手話の問題ではないということがわかりました。なので、手話がわからない、わかるというものではない。伝えたい、表現したいものが何であるか。その身体から発せられているメッセージが何であるかを感じ取るという意味では、聞こえない方も聞こえる方も、みんなたぶんそれぞれ感じることができるんじゃないのかと感じました。

牧原　つまり、一回目には、情報がたくさん一挙にきたという感じだったんですね。その流れがわかってから、少し整理しながら、順序立てて見ることができたと。観客からも同じような感想をいただくことがあります。最初見たときには、整理ができず、情報がたくさんどんどん流れてきて、次の展開を予想したり、「これは手話なのか手話ではないのか」と判断したりすることなどに集中しがちです。二回目は、それがわかってくると少し落ち着いて見ることができたと。初老の男性から四季の話があったという話をしましたが、一回目でもその意味を理解できる人もいれば、わからなかったという人もいます。自分自身の生い立ちや経験によってそれぞれの感じ方がさまざまだと思います。

松原　一回目のときは、私は、途中から自分の心臓とか呼吸とか、自分の発している音楽についてどんどん集中するようになって、わりと瞑想に近い形で鑑賞したんですけど、こちらで体験しているそのものが、音は鳴っていないんですが、すごく音楽的だったので、自分にとって、聴くことってなんだろうと自問自答する時間になりました。

雫境　ありがとうございます。三回目に見たときには、また違う見方になるのではないでしょうか。

松原　はい、そうだと思います。

雫境　映画の中で、先ほど話に出た初老の男性のインタビュー場面がありました。そこで、ろう学校で受けた音楽教育について語っていました。とても辛いものだった、嫌な授業だったということです。現在のろう学校の音楽教育はどうなっているのか、私たちはずいぶん前に卒業しているので、変わってるところがあるかもしれません。いまのろう学校の音楽教育についてお話しいただけますか。

松原　私は工学者、工学部出身ですが、まだ技術が追いついてないと思います。例えばメガネ。メガネが開発されなかったら、視力の悪い方々は同じように社会参加することができない。耳に関しても目に関しても、技術的な支援があれば、同じように音楽でも、音は必要ないかもしれません。反復するとか、真似るとか、受け答えをするとか、そういう音楽のもっと根本的なことを、楽器か、それとも楽器みたいな何か、システム、あるいは身体表現かもしれませんが、そういったことを使えば、聴力の程度がさまざまであっても、授業で何か展開できたかなと感じています。

牧原　そうですね、いまも、当時と似たような授業が行われているという話を聞きます。相変わらずあの授業をやっていると残念に思っています。ろう学校の音楽の先生は、聞こえる環境で音楽の勉強をしてきて、ろう学校に赴任します。ですから先生自身も、教え方に非常に戸惑っていると思うんです。音楽の授業をどのように進めていこうかと、暗中模索している。だから、教え方について、もっともっと議論が必要だと思います。

私は、音楽といっても音にこだわる必要はないのではないかと思っています。

松原　そもそも音楽の起源とか成り立ちも、音が絶対ってわけではないですよね。日本語ですと、音を楽しむイメージの言葉になってしまっているので、音がないといけないとか、音で楽しまなきゃいけないと思うことが多いと思うんです。もともとアルス、アート、ミュージック、ミューズの語源を紐解いていくと、根本的にあるものは、宇宙とか人間とか森羅万象をいかに物理的数学的に表現するかから、音楽も発展してきているので、そういう意味だと、音にはこだわる必要ないと感じました。

雫境　そうですね。語源のミューズという言葉ですが、英語でミュージック、美術館はミュージアムという言葉で、語頭が共通しているわけで、この二つは何か関係あるんだろうなと思っていました。ミュージックは音を聞く、ミュージアムはものを見るということですから、聞くだけではなく見るとか、さまざまなものが入ってくるんだろうと思います。

松原　日本語で五感をつかさどる言葉って、もともと一つでしたよね。例えば、香りを楽しむときに、聞くっていいますよね。人間は、見るとか聞くとか嗅ぐっていうのは、境目がないないはずだったんです。言葉が発達するにつれて、音だから耳で聞いてる、光だから目で感じてると、後からそう決めて感じている。もっと五感を開いていけば、あらゆるチャンネルっていうんですけど、あらゆる感覚で物事を感じることができるんじゃないのかと思います。

牧原　そうですね。ただ『LISTEN リッスン』は、ろう者の音楽という意味を込めています。本当は音楽という言葉を使うのもどうかなと思ったんです。つまり聴者が聴いているような音楽ではないんですね。ろう者は、これまでの生活の中で、手話のリズムやさまざまな動きなどを音楽的要素として感じてきました。ろう者の世界では、それにふさわしい言葉がない。だけど、実際には、括弧つきではありますが、それぞれのろう者の中に「音楽」があるんです。それを今回こういう映画という形で表現しました。だから、みなさんが思っていた一般的な音を中心とする音楽という意味とは違う。そこは理解していただく必要があるかなと思います。

雫境　今後のろう学校の音楽教育のあり方、ろう教育の中での音楽というものについて、松原先生は何かご意見がありますか。

松原　今日こちらでみなさんがご覧になったような、動きの中に入っている表現というのは音楽的なものですよね。例えば、相手の何かをもらってアレンジして返すというのは、いわゆるイミテーション（マネ）。それは音楽演奏でもあります。一人で感情を爆発的に表現するのも音楽で、自然のもの、四季みたいなものを表現するのも音楽です。そういうことで可能性を広げていけば、ろう者の方々も、こういう形で、身体表現で何か音楽的なものを体験することはできると思います。

　私が、さらに将来的にやってもらえるといいと思っているのは、ろう者と聞こえる人も一緒になって、そういった身体表現をやってみるとか、楽器をやってみるとか、どっちもやってみるといいと思うんですね。お互い何か情報を保障する仕組みをつくって、例えば身体表現の方は、身体表現に伴って音が鳴る仕組みをつくったら、目の見えない方、耳の聞こえる方も楽しんで、体も動かすようになるでしょう。あるいは、今回の映画の中には、手話の動きのタイミングを少しずらすことで、そこに音楽的な表現が入っているんで、手話の認識みたいな仕組みも必要になると思いますし、そういった技術を開発していくと、みんなが一緒に楽しむ、勉強することができるんじゃないかなと思いました。

牧原　今後の可能性について、お話しいただきました。そのためには、やはり、ろう者の中でしっかりと、概念の一致が必要だと思うんですね。ろう者同士の中で考えが揺らいだままだと、聴者と一緒にやったときに、結局、聴者主導に陥りやすくなってしまうと思います。だからまずはその考え、ろう者としての音楽はどういったものなのかというものを、今回をきっかけにたくさん出していただいて、ろう者の間でたくさん議論をするっていうことも必要だと思います。

二〇一六年五月十六日　於：渋谷アップリンク

（四）「アートよりも根源的なもの」ヴィヴィアン佐藤（美術家）

（牧原依里、雫境）

ヴィヴィアン　最初に試写会で観せていただきました。三カ月くらい前でしたかしらね。お化粧しないでスッピンで観に行きました。（笑）

牧原　なんとそうでしたか。

ヴィヴィアン　非常に豊かな印象を受けました。最初の印象は、前例のない、どの映画にも似ていない独自のスタイルを感じました。その映画の「内容」と、映画自体の「表現」の仕方、その成り立ち、関係です。素晴らしく両者が一致している。むしろ映画の「表現」自体が、その「内容」よりも雄弁に言いたい本質を語っている。その点がとても感動したところです。

それで、簡単な話になると、障がいがある、なしというようなわかりやすい線引きではなくて、そもそも個人が聴こえていると思われている音は、その音域や音量の程度など、どの程度聴こえているのか。もしくは体調やさまざまな要因でどう変化するのか。もしくは個人と個人の間でどのように聴こえているのか。聴こえている差はどのようなものか。それは間主観的な問題もはらみます。同じ音や光は、個々人の間で、まったく同じものを感じているとはかぎりません。それは永遠に証明できません。

そもそも人間が聴くことができる音域は、宇宙に存在する音の中でも、本当にごくわずかな波長の幅でもあるし、目に見える光線も、本当にごくわずかな領域です。空気がなければ音は存在しません。その中で、あなたがここまで見えて、あなたはここまでしか見えないという単なる狭い線引きではなく、個々人によって非常に微細な固有のグラデーションがかかって、それも刻一刻変化していると思うのです。

先ほど話したように、私はスッピンで試写を観させていただきました。経験上、お化粧をしていないときとしているときとでは、観え方がまったく変わってくるのです。人間というのは一個体の中で、すでに複合的な生命体であり、毎日毎日生まれ変わるというか、細胞レベルでも常に変化しています。

例えば同じ映画でも、一〇年前と五年前と今日見たときと、毎回異なって見えるという経験は、だれにでもあると思います。そのように、私もこのような派手な格好と厚いお化粧をして鑑賞すると、まったく違うところに意識が向いたり、対象物が違うように見えてきたりします。さまざまなものが鑑賞者にも作用しているのです。受け手も、同時に蠢き、移ろいゆく。その表現者も鑑賞者にも内在する、複雑な有機的な豊かさに気づかせられました。

雫境　すっぴんとかメイクをしてるとかで気持ちが変わるという話でいえば、例えばコンタクトだったりメガネだったりでも少し変わりますよね。私は舞踏で、白塗りをして踊ることが多いんですが、化粧しないで踊るときもあり、やはり気持ちの違いがあります。衣装にも関連してきますね。気持ちが変わるのはすごくよくわかります。

アートとしてこの映画を観るというのは、一般のお客さまにとっては難しいのかなと思うときもあります。私が大学生だったときに、小さな映画館でアート系映画がたくさんあり、よく観ました。そのとき、お客さまは本当に少なくて、客席にポツポツといるような感じだったんですが、アメリカで人気の映画とかはすごく満員になりますよね。これは何か違いがあるんだろうと思いました。

牧原　そういう意味で言いますと、人間としての美術とは何か。ということに深く向かいあう人が少ないのではないかと思います。この映画の場合は、音楽のようなもの。でも私は音楽が何なのかわからないんですね。音楽は音があって、みたいな定義があると思うんです。でもそうじゃなくて、別の見方で、それは音楽なのか、音楽の本質とは何か、ということも、聴者であるヴィヴィアンさんにとって、どういうお考えをお持ちなのか、お聞きしたいと思います。

ヴィヴィアン　アメリカ映画のようなものは、その映画鑑賞自体が目的ではなくて、例えばデートであったり、家庭サービスであったり、そういった対外的な人間関係が目的の鑑賞態度が多いのかもしれません。エンタテインメントとして。

　しかし、この作品のようなアート色の強い映画は、作品それ自体を観に行く態度があるのではないでしょうか。「映像とは何か」という本質に近づくような話だと思います。ですから、擦り減りにくいし、消費されにくい。理解するのにも時間がかかるだろうし、何度でも異なった見解を持つことができると思うのです。この映画の場合、一応ドキュメンタリー映画というジャンルになるのでしょうか。

牧原　そうですねえ。近いというかドキュメンタリーかな。

ヴィヴィアン　結局どっちでもいいのですよね。（笑）

牧原　はっきり分ける考えはなくて、アートとドキュメンタリーも一緒に混ざっているような感じでもあります。

ヴィヴィアン　楽屋でも話していましたが、便宜上、美術史的に映画というものが七番目に現れた芸術と言われています。要するに「第七芸術」です。まずは「建築」があって、「彫刻」、「絵画」、それが動かない空間の芸術。そのほかに「音楽」とそれから「文学」、「詩（歌）」ですね。それから、「舞踊」もしくは「演技」という時間の芸術があります。映画というのは、その六個が全部統合されたもので、あくまでも便宜上の分類なのです。この映画を見ていると、その四、五、六の「音楽」と「詩」と「舞踊」が浮上するように思えます。「音楽」と「詩」と「舞踊」が同義語になって、一括りになってしまっているのです。もともと便宜上分けたのは、後から解釈されたものです。映画が誕生するはるか前の古代に、人類の表現において、「音楽」「詩」「舞踊」は元々ひとつのものだったのかもしれないのです。この作品を見ると、何かそういった直感が生まれるのです。

話は変わりますが、私はこう見えてもアウトドア派で滝登りとかするのですよ。（笑）

牧原　そうなんですか意外です。

ヴィヴィアン　女装ではしませんけれど。そうすると滝の音が非常に複雑でフラクタルというか、近い距離のところと中くらいの距離、そして遠い距離の水音、それから微細な自然の水以外の音などが微妙に合わさり、混ざり調和し、時には反発し、全体として大きなうねりが生まれます。自然界には非常に複雑な構造があることに気づかされます。その全体の流れは決まった周期ではありません。そして、倍音のような音も感じられます。自然界の複雑な法則や揺らぎを発見できるのです。

しかし東京に戻ってくると、そもそも都会の音は非常に狭い音域しかないと言われていますが、一度自然の中で滝の複雑な音に触れる経験のせいで、感覚が覚醒された自分に気づかされるのです。一時耳が自然界の複雑な音に慣れ、都会音の中でさえ複雑性を感じることができるのです。

この映画も、一度観ることによって、障がいの線引きの曖昧さや無意味さを理解し、領域の複雑さの問題に気づかされます。こちら側と向こう側みたいな二元論ではなく、その中の限りない豊かさであったり、複雑性、非常に細かい分類であったりグラデーション、そういったものが急に見えてくるのです。この映画を見ることで気づいたことと、自然の中での滝のそばで気づいた経験とが、とても似ていると思いました。

牧原　非常に深いお話をしていただき、うれしいです。映画を製作するときに、ヴィヴィアンさんがおっしゃったような複雑さを始めから考えたわけではないんです。出演された方も、そう思ってやったわけではありません。一人の高齢の男の方に手話の歌、サインポエムをやっていただいていたんですが、その方は三〇年ぐらい前から、自分の気持ちをポエムとして表現をしている。同じ内容を何回も舞台などで表現していますが、それは音楽とは思っていらっしゃらないそうです。自分の気持ちを自分の人生経験をただ表しているだけと。でも私たちが見ると、とても感動するというか。

その方は米内山明宏さんです。手話で表した場面がありますが、それ以外のものも見えるというか。聴者で手話がわからない人にとっては、この動きだけで何か伝わる、見てわかるという感想をいただくこともあります。手話から生まれるものもありますし、逆に手話ではなく、体の動きから生まれるものもあるということですよね。また、手話の持つ意味をとっぱらってしまって生まれるものもあります。そういうふうに表現が混ぜこぜになっています。このようにさまざまな表現が入り込んだ多くの情報が出てくると、部分的に意味を捉えたり、説明しにくい感覚的なものを捉えたりするものになっているということです。目的は何かというよりも、私たちが見て、出演者については、「何か持ってる」、「この人いいね」って選んだ結果、みんなすごく自然に表してくれて、この映画ができたという感じです。ですから人間というのは面白いなと思います。一人ひとりによって本当に違って、でも結果的にいろんなものが混ざった結果、一つの作品とまとまるということで、おもしろいなと思いました。

ヴィヴィアン　現代舞踊のピナ・バウシュの振付で、何か似た解釈の文章を読んだことがあります。例えばある仕草など、言語も同じだと思いますが、一対一で何か確固たる意味が対応しているわけではなく、もっと複雑な、なんというのでしょうか、意味作用は一対一の関係ではないのですよね。例えば光によって影が映し出されるけれども、その物体は、ある方向ではある影を作るが、ほかの方向からの光だったらまったく違う影が映し出される。

牧原　ピナ・バウシュといえば、手話を使った踊りがあるんですよ。知らなかったんですが、初めて見たときに、これ手話?何これ?って思ったんです。手話といっても、国が違うので当然わからないというのもあるんですが、こういう動きから、こういうような感じの動きをしていってとかね（身振りする）。

ヴィヴィアン　わかる、わかる。ありますね。みんなで列になって。

牧原　繰り返すんですよね。

ヴィヴィアン　あれ、そうなんだ。

牧原　そうなんですよ。フランスの手話から作られた作品なんですよね（ピナ・バウシュ『カーネーション』一九八二年。ガーシュウィン『The Man I Love』の歌詞を手話で示しながら踊っている）。

ヴィヴィアン　そうなんですか。

牧原　口角を上げてニコッと笑って、この動きをする。この動きの「間」ですかね。腕や肩などの動作が普通の踊りとは違うって思って。手話の言語を連想する。何でこう思ったんだろうと調べてみたら、これは手話からきていたということでした。聴者から見たらどうしてって思うことはあるかもしれないんですが、手話というのはちゃんとした言語なので、国によって手話が違っても、間とか動きで少し通じるものがあるのかなと。

ヴィヴィアン　正確にその意味が一対一で対応しなくとも、何か通じるものがあるというか。複数の意味作用が同時に背後から起き上がる。

牧原　そうなんです。手話の意味をなしているわけではなく、なんでしょう、雰囲気、間と言うか。手話を使う人の特性を利用すればすぐわかるんでしょうか。言語とはっきり出しているわけではないんです。でも、芸術として手話の一部を切り取って表現をする。聴者もろう者も一緒に見られるというか。

ヴィヴィアン　ピナ・バウシュの場合も、徐々にたくさんの人が同じ動きをやり出しますよね。オーケストラのチューニングみたいな印象を受けます。

この映画の場面で、最初少ない人数から徐々に踊りだして、同じ動きを波のように重ねていく。そうすると動きの倍音というのか。元の一個一個の音の合計二個の音だけではなく、加算されて、倍音のような、後ろから立ち上がってくるものがある。そういう目に見えないうねりのようなものが、明らかに群舞の背後から立ち上がってくるのがわかります。それがすごく面白く、まさに音楽なんですよね。見ていてもとても不思議な体験です。

牧原　倍音というのは知りませんでした。聴者からはそう見えるのかなあと。

ヴィヴィアン　1＋1が2じゃなくて、1＋1が4とか5ぐらいになるのです。もしくは累乗。元々発しないものが、そこにないものが立ち上がってくるのが見える。そういう体験をしました。

あとこの映画で面白かったのが後半、海辺で女の子が一人佇みます。そのときに、波の音が突然、私には聴こえてきたのです。映画にはその音は入っていません。しかし明らかに波の音が聴こえてきて、それは、何でしょうかね。過去の私の記憶の引出しからなのでしょうか。

牧原　耳栓をすると心臓の音が聞こえるらしいですが、聞こえますか。

ヴィヴィアン　心臓の音も聞こえますが、血流や、血の流れの音とかも。

牧原　なるほど、海の貝殻を耳に当てると海の音が聞こえるといいますが、実際自分の鼓動の音が聞こえるらしいんですよね。自分の心臓の音と海の情景が重なって、聞こえるみたいです。

ヴィヴィアン　さらに、この映画がとても面白いなと思ったのは、とても日常生活的というか、生きるというところにすごく寄り添っている。映画はそこにそっと触れてるというのでしょうか。

例えば、いわゆる演劇は舞台の上だけで演技が始まって、演技が終われば演目が終わる。音楽も演奏が始まれば演目が始まるし、演奏が終われば演目が終わります。映画も上映が始まれば……。そのような、始まりがあって終わりがあるというような、そういう決めごとでアートは成り立っているのですが、そもそもアートがなぜ生まれたのかということですよ。この作品には始まりや終わりがありません。アートより先に、フォークロア的というか、もっと生活に根づいたものを感じます。一般的な踊りでいえば、例えば、田植えの仕草とかそういった労働の動きですよね。そういった動きの発生の仕方が、人間にとって「本物」で正解なのです。アートはその「本物」に対峙したときに、「偽物」だから負けるのです。要するに、フォークロア的な作者不在の本物の前には敗北する。そもそもアートは自然発生的に生まれたものではないのです。逆説的ですがアートのその存在意義というのは、負けること、敗北することなのではないかと思ったりします。負けることが悪いことではなく。

　この映画における踊りや動きというものが、アートよりももっと根源的なところ、生活や生きるというところ。そこに触れています。そこに根差しているという感じがします。アート以前のものというのでしょうか。

牧原　音楽も芸術も同じものですが、表現する以前の衝動ですね。心の衝動。形になる前に受けた衝動から言語だったり、踊りになったり、歌になったりするなどいろいろな芸術の表現があると思うんです。そのようなベースがあって表現をするのかと。だからだれもが皆、心の衝動は持ってると思うんですよね。

二〇一六年五月十七日　於：渋谷アップリンク

（牧原依里、雫境）

（五）「ケニアのろう者と『LISTEN リッスン』」吉田優貴（フィールドワーカー）

牧原　アスファルトが動いていくシーンがすごく印象的だった、というお話がありましたね？
吉田　そうですね。以前ケニアで、ろう（聾）の子たちが踊っているのを見て、「何でこの子たちは踊れるの？」と思ったんです。その調査当時、私がいたろう学校では、音楽の授業を見たことはあまりありませんでした。一応科目としてはあって、いわゆる楽典ですが、四分音符とか八分音符とか、拍の長さと記号を結びつける授業を一回だけ見たことがあるんですが、そのくらいでした。
　そんな環境でありながら、ろうの子たちがわっと出てきて、何人も集まって、すごく楽しそうに踊っちゃう。またしばらく経って、ろう学校の中だけじゃなくて、生徒の帰省先の村で、ろう児と聴児が入り混じって、かなりにぎやかに踊っているのを目撃して、「どういうことなんだろう、どうして一緒に踊れるようになるんだろう」と考えたときに、思い出したことがあります。
ケニアから帰ってきたころに、トランペットをほんの一瞬だけ習いました。ジャズの曲を練習していたとき、トランペットの先生が、「日本人はリズム感がないと言われるけど、普通に歩きますよね」とおっしゃったんですね。「歩く」と言っても色々な歩き方があって、それは二足歩行だけではなくて、松葉杖をつくとか、這うとか、全部を含めてですが、「歩いていればリズムをとっているはずだ」とその先生はおっしゃった。そこでハッとしたんですね。音大を出ている先生で、楽器を教える立場の人が、（人の外側にある）音ではなくて、「歩くリズム」ということをキーワードのようにおっしゃったんです。
それが頭にあったものですから、今回の映画を見て、アスファルトが動いているというのはとても印象的でした。そこまで意識されていなかったかもしれないですけど、歩くとか地面と接して動くというか、そういうことも、音に縛られない音楽のあり方の一つのヒントになるんじゃないかなと思いました。

牧原　そうですね。立つだけでも、音楽を感じますね。

雫境　アスファルトが流れていくシーンを見ると、非常に心地いいものを感じます。それだけではなくて、電車の中から見た外の景色が流れていきますよね。線路のそばに、人が入れないようにする柵がありますね。それが高くなったり低くなったりするなど、窓の外の景色が変わっていくのが非常に興味深いです。新幹線は高速ですから、防護壁が作られています。ずっと同じ高さだったのが急に高くなったり、その壁が突然なくなり遠景が広がったりする。見える景色の変化が非常に音楽的だと思います。
ろうの子どもだけでなく、子どもというのは電車が好きですよね。電車に乗ったときはずっと窓の外を眺めています。トンネルに入る、地下鉄だと、すごくつまらなそうにしている。まさにそれですよね。やはり子どものほうが素直に、そういったものを、聞こえるとか何とかではなく、素直に体に受け入れているのではないかと思います。

前にお話ししましたが、ろうのお母さんとろうの息子さんが一緒に映画を見てくださいました。帰るときに、息子さんが、六人でダンスをしているところの真似をして、踊っていたと言うんですね。それを見たお母さんは、非常に驚いたと。「こんなにすぐに覚えて」と思っていたそうです。

牧原　その様子を見て、そのお母さんが、「この映画を見に来て成功したと思った」とおっしゃったんですね。ちょっと意味がわからなかったんですけど、おそらく、ろう者の音楽というか音のない音楽がある。その子どもが真似してすぐにやったということは、音のない音楽が存在するということの証明になったという意味かと捉えています。

日本は、アフリカと比べて、音楽の概念というか、みなさんの持っている定義がとても狭い気がします。もっともっと音楽というのはもっと広い意味があり、自由で構わないと思うんです。いまのアフリカのお話を聞いて、日本と音楽の捉え方、感覚の違いというものを感じました。

吉田　一つおもしろい例があります。ケニアの聴者の話ですけど、私が調査していたところは、キリスト教徒が非常に多いところで、毎週日曜日になると教会に行くのが習慣化していました。日曜礼拝で讃美歌を歌うんですが、とてもにぎやかなんですよね。私自身はクリスチャンではないのですが、出身の大学がキリスト教系だったもので、礼拝にもちょこちょこ参加したことがあるんですが、日本の場合、讃美歌を歌うときは非常に静かでおとなしいんです。でも、ケニアで経験した讃美歌は非常ににぎやかでした。そのにぎやかさというのが、音だけではないんです。

まず直立不動で歌うということはほとんどありません。それに、日本だとオルガンなどの伴奏がまずあって、それに合わせて歌うという感じだと思うんですけど、ケニアの場合はまったく逆で、まず歌い手が足踏みと手拍子を始めて、まわりも立って手拍子をしている。すでに音だけではなくて、動きとしてにぎやかになっている。それでもまだ楽器は始まらないんです。まずそうやって歌い手が足踏みしたりとか、手拍子をしたりしながら、歌声は始まっているのに、楽器は始まらない。楽器の演奏者たちが、人の歌声の音程に自分の演奏を合わせようとしているんです。つまり、人間が足踏みを始めて、声を出して、後から楽器の音がついてくる。最後まで楽器がついてこられないこともありました。楽器といっても、メロディだけではなくて、ドラムの人が、歌っている人のリズムに合わせているんです。

日本の音楽教育の中では、もちろん、日本の音楽教育を全否定するつもりはまったくないですが、ただ、どうしても、音などの人の身体の外にあるものに、人が合わせていくという形の音楽経験のほうが主流なのではないかと思いました。そういう違いがはっきりとあります。

雫境　最初、音楽に合わせるということに、私も抵抗があったんですね。舞踏の稽古は、あまり音楽に合わせる必要がなかったんです。ほかの人と同じような動き、踊りをしますが、それは一緒にやる人の空気を読んで、音楽に合わせてというよりも、呼吸を合わせながら動きをとっていく。そしてその空間を同じような動きで動いて、ということをずっとやってきました。一人で舞台で踊るときには、私が音楽に合わせるのではなく、演奏家のほうが私に合わせるということをしていました。そういったことをやっていると、ろう者というのも十分踊りができるのでは、と感じはじめていたんです。

その頃、牧原さんに会って、ろう者の音楽をテーマに映画を作りたいということでしたので、ぜひそれはやってみたいと思って、この映画の制作につながっていくんです。

牧原　本当にそうですね。やはりろう者と聴者が感じるものとは違うと思うんですね。ろう者もそれぞれの生い立ち、経験などが違います。

私の両親はろう者です。家族もろう者で、手話で育っています。なので、この人は手話を使う、使わないとか、幼いころから使っている人とそうでない人などと捉えたり、感じ取ったりしています。そして手話の動きもそれぞれ特徴がありますね。たとえば、日本とアメリカ、アフリカも手話の言語が違います。手話の動かし方の特徴も違います。日本の手話は指先をひらひらとする、こうした指先の細かい動きが多いように思います。アメリカはもう少し、もっとリズミカルといいますか。それから、指文字という、英語のアルファベットを指で表すものがあって、もっとテンポよくメリハリのある、パキパキとした表現をします。

世界中に、同じろう者でも、もちろん手話は違うんですが、そこで育った文化に影響されているんだと思いました。ちなみに、アフリカのろう者の手話はどういう感じですかね？

吉田　そうですね。私は日本手話をまったく知らないので、申し訳ないと思います。ケニアで私が見た手話は、もちろん個人差はありますけど、繊細さ、細かい動き、指先の細やかさは、あまり見たことがないように思います。ただ、子どもの手話ばかり見ていたからかもしれません。内緒話をするときに、ささっと手を小さく動かすのはあると思うんですが。なかなか、はっきりとしたことは言えません。

今日までに『LISTEN リッスン』を四回くらい拝見して、毎回発見があって、これからも何回も見たいくらいですが、今日改めて思ったのが、踊っているときも、指先、手の先、腕ですね。指先までの動きが非常に繊細だなと思いました。映画にあった踊りの中で、手の表現というのは非常に重要に思えます。もちろん体も動いていますが。私がケニアでろうの子どもたちのダンスを見て思ったのは、ケニアの子たちの場合、腰を振るとか、膝の屈伸運動とか、下半身の動きが中心だったように思います。

今日改めて思ったのが、白い衣装の人たちが踊っているシーンが何回もあったんですが、動きがシンクロするというか、ほとんど同じ動きをみんなで共有していく。シェアしていくというか、そういう動きだったと思うんですが、それが印象的でした。ケニアのろう児と聴児が入り混じって踊っていたときは、もっと動きがバラバラで、時々シンクロする。例えば、駅の雑踏、ラッシュとかに見られるような、もっとそれよりも、表現としては、ガチャガチャしているというか。もっといい表現があればと、さっき映画を見ながら言葉を探していたんですけど見つからないです。

『LISTEN リッスン』を見ていると、つい、うとうと眠りたくなるような、そんな心地よさがあります。夜に鑑賞するのがおすすめですね。それこそ「バックグラウンド・ミュージック」みたいな感覚で見ながら、そのまま眠りたいというシーンがいくつもありました。ケニアの子どもたちの踊りは、夜に見ると目が冴えちゃう、頭が冴えちゃうというか、そういう騒がしさ、にぎやかさがあります。そういう違いが、ひょっとすると手話にもあるんじゃないのかなと思いました。

牧原　日本だけではなく、外国でも、みなさんろう者はそれぞれの国の手話を使っていて、それぞれ違います。ですから何か、民族音楽に近いような、そういった捉え方もできるのではと思います。

吉田　以前、専門外のある大きな研究会で発表したことがあります。前もって、発表タイトルと要旨を提出することになっていて、私は「ケニアのろうの子どものダンス」というキーワードを入れました。その研究会では、発表プログラムを組むにあたって、それぞれ発表者がより大きなテーマにカテゴライズされて、発表の順番が決められることになっていました。運営側が似たようなテーマと思われる人たちを各グループに割り振ってしまうんですね。

発表タイトルと要旨を提出するときに自分でそのカテゴリーを希望できるので、私は「民族音楽」というカテゴリーを選んで出したんですよ。「民族音楽」にしっかり丸をつけて出したのに、できあがったプログラムを見たら、「聴覚障害者の音楽教育」の枠に放り込まれていたんです。

さらに、その枠で発表していた人が、ろう者のみなさんが現実には反発していることを、嬉々として語っていたんです。「声を出して歌う練習をこれだけしたら、耳が聞こえなくても音楽を楽しめるんですよ」と言っていて。私の発表はその人のすぐ後だったものですから、完全に浮いてしまいまして。

だけど、発表が終わってから、一人ため息つきながらトボトボ歩いていたら、音大を出たという若手の人が走り寄ってきてくれて、「私も常々音楽を音中心に考えることに関して違和感を覚えている」とおっしゃってくださったんです。だから、もちろん、日本で音楽を専門にしている人の中でも、気づいている人はたくさんいるはずなんです。ただ、比喩的になりますが、その声はまだまだ小さい。だから、『LISTEN リッスン』を色々な人に見てほしいと思います。

牧原 ありがとうございます。本当にそうだと思います。ろう学校や音楽の先生にもぜひ見ていただきたいと思います。

音楽のあり方というのは、聴者の中だけで考えるのではなく、ろう者も音楽のあり方を考えて、聴者とろう者と一緒に議論するべきだと思います。音楽はこれまで聴者中心に話が進められてきたので、どうしてもろう者は抑圧的に押しつけられたものとして受け取っています。そうでなくろう者からの「音楽」とは何かを、ぜひこの映画をきっかけに議論していただいて、もっともっと色々な意味での音楽が進んでいったり、広まっていったりするといいと思います。

吉田 そうですね。人間の音楽って何なんだろう、ということですよね。色々な人と考えていきたいなと思います。

二〇一六年五月一八日　於：渋谷アップリンク

(六)「諦めなければ何でもできる」アツキヨ（佐々木厚、中村清美。音楽ユニット）

（牧原依里、雫境、司会：菱山久美）

司会 私は、特に冒頭の赤い布がはためいているシーンや、芝生の映像とか、そういうところもすごく印象に残っています。そうしたものからも音を想像したり、感じたりしていらっしゃるんだろうなと思って、私も自分なりの音を考えながら見させていただいたんです。牧原監督は生まれつき、ろうということで、そのなかで、どういうふうに音を感じてらっしゃるのかを改めて疑問に思ったのと、環境的に音楽に触れる機会が多かったのか、まずはその二点をうかがいたいです。

牧原　「音楽を想像して音楽というものを感じているんですか」と一般の方からよく聞かれますが、そうではないんです。私は耳が聞こえません。聞こえないと言っても、まったく聞こえないのではなく、音は入ってくるんですが、聴者が捉える音楽の音とは違うんですね。そういうものでろう者なりの捉え方をしていても、聞こえ方もそれぞれ違いますので、うまくそこを説明できないところなんですね。例えばテレビとか映画で歌手の動きなどを見てきました。ただその音楽を耳で聞くということはないですね。

司会　私はラジオ局で会社員をしていて（注：二〇一六年イベント開催時）、どうしたらろうの方にも音楽を届けられるだろうとずっと思ってきて、このトークを企画しました。けれども、映画を見て、ろうのみなさんの中に音楽は存在するということが感じられ、聴者の音楽をベースに考えていたという固定概念に気づかされて、すごく新しい世界を知るきっかけになったと思っています。雫境監督には、どういう経緯でこの映画に関わられたのか、おうかがいしてもよろしいでしょうか。

雫境　私の舞踏の舞台の音楽は、ＢＧＭのように使っていますが、それよりも自分の感情を表現しています。ろうのダンス・踊りとして、なにかがあるだろうと考えてきました。そして、牧原監督と出会い、映画として作ってみないかという提案をいただきました。そのときに、ろう者の音楽とそれまでやってきた踊りが共通するなと感じて、一緒に作ることになりました。

司会　出演者の中には、初めて音楽を表現することにトライした方もいるということなんですが、どのようにそういう方にはアドバイスをされたのでしょうか。手話と言語と言語じゃないものが混じっていると思うんですけれども、そこはどういうふうにアレンジされたのかうかがえますか。

雫境　おっしゃったように、手話と手話ではないものがまざっています。私たちは、いつも自分の経験、人生経験で感じたことを表わしてほしいとお願いしました。手の動きなどは、少しこちらからもアレンジしたものもありますが、なるべく自然な形で表現してもらうようにしました。

司会　アツキヨの二人にお伺いします。お二人は、キヨさんがろう者でアッシさんが聴者で、アッシさんが作る音楽に、キヨさんがサインボーカルというオリジナルの形で演奏をされているということですが、キヨさんから見て、この作品はいかがでしたか。

キヨ　私は音楽ユニットをやっていますので、音のない映画、音のない音楽というのがすごいと思いました。とにかく映画を見て、素晴らしい、すごいと思いました。一般的な音楽とは違うというイメージを持ちました。私はサインボーカルをやっていますが、サインボーカルは、聞こえる人が音楽に合わせて、子どもからお年寄りまで一緒に歌って踊って楽しめるようなものとして作りました。そして覚えた動きが手話になっているところから、「手話って面白いな」と手話に興味を持ってもらえるきっかけになったらうれしいと思って、手話を学べるオリジナルの表現で作っています。聴こえない人に対しては、あっちゃん（アッシ）が作る歌詞に対して、彼が作った歌詞の意味を翻訳するイメージで、手話に置き換えて、聞こえない人でも、私のパフォーマンスを見て、その歌詞の世界観がイメージをしやすいように作る努力をしています。その表現をサインボーカルと言っています。

司会　ありがとうございます。アッシさんはどう感じられましたか。

アッシ　キヨは相方であり、妻ですから、多少なりとも聴こえない人に対する理解はある程度あるのですが、聴こえる人がいきなりこの映画を見て、どう思うのかなと思ったのが率直な感想です。ろう者の方が感じる音楽、というよりは、まずろう者はこういう人だというのを、健聴者がわかるような内容だったかなと。いきなり健聴者がこれを見て、伝えたいことを理解するには、ハードルが高いような感じがしました。僕も、相方と出会ったことによって、初めてろう者の方がこういう人なんだと知ったんですが、健聴者は自分自身が一歩踏み出していかないと、なかなかそういう方と触れ合う機会はないと思うので、まずはろう者とこういう世界という、日常生活の面で知ってもらいたいというのがありました。

司会　キヨさんも牧原監督も、サインポエムには接してきたということなんですけれども、その後の感じ方が違ったのではないですか。

牧原　そうですね。サインポエムという言葉は人によって捉え方は違っていて、意味の幅が広いと思います。私が思っているのは、音がない、手話だけの詩です。手話も韻を踏むことができます。そしてそれをもとに表現されたのがサインポエムであると理解しています。私がサインポエムを見たときに、やっている方は手話で語ってるんですが、音楽的なものに見えたんです。でもそれは音楽ではない。詩として、手話という言語を使って表現されていたものです。私の場合は、手話という言葉、言語をそれそのものではなく、見えない動きと言うんでしょうか、手話の語りの中に、リズムのようなメロディのような、またその動きとか呼吸、非言語的な部分が見えたんですね。手話にもそういった非言語的で音楽的な要素があるんだということを発見しました。

司会　そんなふうに、それぞれの形で音楽というものにアプローチしてきた四人の方にとって、ろう者と聴者の音楽に共通するものにもフォーカスしていきたいです。みなさんそれぞれにとって、「音楽とは」をズバリおうかがいできますか。また、聴者とろう者の音楽それぞれに共通するものがあるとしたら何なのかという、二点をお一人ずつお答えいただけますでしょうか。

牧原　ろう者聴者関係なく共通するものと言うと、やはり「魂」という一言に尽きると思うんですね。でもずいぶん深いところに行ってしまう感じですが、私個人の経験、これまで見聞きしてきたもの、自分が関わってきたもののなかで、音楽的なものを私なりに感じています。ただ私の感じる音楽が、必ずしもほかの人と同じではなく、みなさんそれぞれ異なる経験を持っているので、やはり違う音楽を持っているんだと思います。音楽というのはこれまで聴者、聞こえる人が主導で行われてきたので、本当に音楽というものが何なのかについて、これからもっと議論が必要だと思います。質問に対して、あまり簡単に答えにくい感じなのですみません。

雫境　情景が変わっていくもの、例えば雲とか、雨を見たときに音楽的に感じます。また聴者の歌手ですね、見ていて、何というのでしょうかオーラみたいなものが出ているような歌い方ですね。聴こえなくても、その表情とかそういったものから、音楽だなと感じます。ろう者と聴者に共通するその音楽とは何かというと、あまり区別することにこだわる必要はないと思います。人間として自然に生まれてくる、感情とかありますよね。その生まれてきたものを表現するというのが、音楽だけではなく、芸術だったり建築だったり色々ありますが、元をたどっていけば同じだと思います。人間として自然に生まれるものが、共通していると思います。

司会　キヨさんはいかがですか。

キヨ　専門学校（ろう学校の専攻科）に入るまでは、一般の学校に通っていました。ですので、普通に音楽の授業がありました。私は小さい頃から音楽が好きで、歌うことが大好きでした。そして、自分なりに自由に楽しんで歌っていました。ある日、音楽の授業で、「キヨちゃん音が外れてるよ」って指摘されたんです。そのとき初めて音楽には、それぞれ決まった音があるんだということを知ったんです。だから歌の言葉にも、それぞれ音が決まっていて、つまり聞こえる人は、決まった音に合わせて歌を歌わなければならないんだ、それを知って、可哀想って思ったんですね。逆に。（会場笑）

私は聞こえませんから、そんな決まった音など関係なく、自由に好きなように歌を歌う楽しみが私にはあると思ったんです。それから先ほど牧原監督がおっしゃっていた、音楽は魂、魂を支えるものだと、本当にそうだと思います。私があっちゃんと出逢ったきっかけは、手話で音楽を表現したくて、隣で歌を歌ってくれる人を探していた時期があったのです。その相手探しに都内のストリートミュージシャンを見て探し回ったのですが、その一人として、あっちゃんと出逢ったのです。私は耳が聞こえないから、あっちゃんの歌が上手なのか下手なのかがわからないんですね。ただ彼が歌っている姿を見て、彼の歌声の魂が心に伝わってきて、こういう歌を歌う人と一緒に音楽をやりたいと思い、声をかけたのがきっかけだったんです。後日、まわりの人に彼の歌声について聞くと、幸い彼は歌が上手だったのでよかったです。もし、あっちゃんの歌が下手だったら、ちょっと残念な音楽ユニットになっていたかもしれませんけれどね。

司会　いいお話が聞けたなと思います。そんなお話を受けて、アッシさんはいかがでしょうか。

アッシ　褒められたのか、けなされたのかはわかりませんけれどもね。みなさんが素晴らしいコメントをして、最後が僕でいいんでしょうかね。でもまあ音楽は僕にとっては本当になくてはならないもので、音楽にすごく助けられていままで生きてこれたので、音楽がなかったらもう死んでるなって言う。みなさんがおっしゃられたように、やはり共通するものって魂なんですかね。いかがですか？（会場笑）どう思われます？

司会　私も音楽が好きな人間の一人なんですが、一人で部屋にいるときでも、空間に彩りみたいなものが加わるような気持ちになるなど、音楽には、暗く沈んでいる人の気持を変える力があると思います。なので、この映画によって、聴者ろう者に関わらず、「自分には音楽が楽しめない」と思っていた方が、少しでも「音楽って楽しいかも」って思ってもらえるきっかけになったら嬉しいなと思います。そして、ろう者と聴者が音楽を共に楽しむということについても、今後どういう可能性があるのか、うかがってみたいんです。牧原監督はこの映画を作って、どういう人に見てほしいとか、何かを感じてほしいという、お気持ちはあるんでしょうか。

牧原　私が映画を制作したときに、こういう人に見てほしいというのは特に考えてはいないんですね。なので、本当に自由に見ていただければと思います。例えばこの映画は私に合わないとか、いいとか、色々自由な受け止め方をしていただきたいと思います。そしてそれぞれ感想を持ち帰っていただいたことが、何か今後のみなさんのきっかけになれば幸いです。

司会　雫境監督は、聴者の方と一緒にパフォーマンスされることもあるということですが。ろう者と聴者がともに音楽を表現することに関していかがですか。

雫境　私は舞踏で聴者の人と一緒に踊ることもあります。一緒に合わせて踊ることもありますが、何が大事かと言いますと、呼吸なんですね。呼吸を合わせる、気持ちを合わせることが基本となります。共演者と動きをきちっと合わせるということではないんです。ただどちらかが動き出したら、同じように動く。それは相手の呼吸とかを感じて、一緒に踊るということですね。ですからお互いの呼吸のわずかな一致と、気持ちを表せればそれでいいときもある。そういう合わせるということには、聴者ろう者の区別はないと思うんです。

映画製作でどういったことを伝えたいかというのは、音があるとかないとかよりも、視覚的な音楽を我々は重視して作ったということです。実際に映画が完成して、私たちはこれを音楽と感じるんですけれども、みなさんはどう思うのかということを逆に問いたいと思います。もちろんこれは音楽じゃないと言う人は当然いると思います。まったくさまざまな異なる意見を出していただきたいです。さまざまな感想を持っていただければ嬉しいです。

司会　お二人（アツキヨ）が今後世の中に伝えていきたいこともありましたら、ぜひお聞かせください。

キヨ　小中学校で講演ライブをさせていただくことが多いのですが、子どもたちに「夢をもってほしい」、また、「諦めなければ何でもできる」というテーマで行っています。私は耳が聞こえないけれども、あっちゃん（アツシ）が作った曲の一部を実際にボーカルとして歌っています。いまでも、音程がわからないため、健常者のように上手には歌うことはできませんが、好きなこと、やりたいことを、諦めないで頑張って練習すれば、耳が聞こえない私でも、このぐらいまでは歌えるようになった、つまり「夢をあきらめないで頑張って！」ということを子どもたちに伝える活動を、今後も二人で音楽を通して続けていきたいと思っています。

司会　アツシさんはもうおっしゃることがないということなので（笑）、ありがとうございました。私もろう者の音楽というのが、ロックとかジャズとかと並列で一つのジャンルみたいに、ろう者も聴者も関係なく楽しめたら、面白いなと思いました。同じ映画を見ていても、みなさんの頭の中で思い描いている音というのはたぶん全員一人ひとり違うんだと思うんですが、それでもこの場を共有できていること自体に意味があるんじゃないかと思っています。今後、映画館であったりライブコンサート会場だったり、そういったところでも、聴者ろう者を超えた「場の共有」ができる機会が増えていけばいいなと思っています。

二〇一六年五月十九日　於：渋谷アップリンク

（牧原依里、雫境）

（七）「言葉にできない甘美なしぐさ、胎動」吉増剛造（詩人）

雫境　日本語の詩は言語ですよね。そして、音楽は非言語。絵とかも入るんでしょうが、非言語と言語というのがあるんです。でも、二つだけではないと思うんです。そして、その二つ、言語と非言語のはざまを何か漂流するような、さまようような、そういうことについて、吉増先生の考え方をおうかがいしたいと思いました。

そしてもう一つ、吉増先生の詩を読むとですね、言語ではあるんですが、その言葉の選び方、そしてつなぎ方が、ほかにはないんです。それを見ると、何かイメージが浮かぶ。すごく想像ができるんですね。リズムであったり、それから疾走感であったり、そういう感じがすごくある。その言葉の選び方も、本当にすばらしいなと思って、大好きなんです。

そのような言葉の操り方といいますか、その紙に乗せたその言葉は、普通に文章を書いている、そういう詩じゃないんです。いろんな形、余白を残したなかに、言葉が、手書きの文字があったり、また、句読点の点のほうが最初に、なんと文章の最初に来たりするんですね。それがすごく面白いなあと思ったんです。音より、何か視覚的なイメージがわいてくる、そういうような詩なんですね。それが大好きなんです。

そして、手話もですね、手話として、アートという、そういう世界をつくれるんじゃないかなと思ったわけです。

牧原　手話は聴者の言葉をそのまま記号化したものだと思っている人もいると思うんですが、言語です。言語と非言語の間にさまざまなものを表していく。今回はそういう表現をされている先生との共通性があると思い、トークに来ていただきたくて、お願いをしました。ご感想をおうかがいしたいんですが、いかがでしょうか。

吉増　（しばらく手話のような身振りをしたあとに）声、出したくないな……。でも、いま拝見して、違う声を出しますけど、夢の作品……。もう一人の僕にいわせました、夢の「映画」っていっちゃいけなくって。これは、「夢の作品」だなと思いました。そして、最後のところで、僕もまたお母さんのお腹の中にいて、ああいうゆりかごの前の根源的なだれかの子宮の中で、ああ、ああしたことをしていたなって。最後のところで思い出してました。

全編が胎動している。「にくづき」に「台」という字の「胎動」。だから常に空気のように、揺れているし、ゆりかごの中にいる。そうしたら最後になると、ああ、僕も、僕も七十七になって、おふくろが九十五。僕も彼女のお腹の中でああいうふうにしてたんだなあ、そういうふうにしていたんだなと。

そういう、これは、ゴダールやベケットや、僕、ずいぶん一緒にやりましたけど、大野一雄さんに見せたら、嫉妬するだろうなあ。そういう、「映画」といっちゃいけない、「作品」といってもいけないかな。そうしたものに出会いましたね。

四月の二五日にこの席で、この映画を拝見したんですよね。そのときに、ほとんど衝撃で惑乱してしまって、私には語る資格がない、手話もできない、いまから、手話をやることもできない。そうした感情の状態のまま、今日ここでもう一度、お二人の監督の話を聞いたあとで、拝見しますと、「夢の出来事」っていったほうがいいかな。非常に深いもの。例えば、貧しい私の記憶の中から出しますが、いろんなことも用意してきましたけども……。

奄美の徳之島というところに、そこにぜひ行ってみてください。先代の朝潮、胸毛の朝潮、その出身の浜がありましてね。そこに小さな土俵があるんですよ。そこによく行って、そこで、「ああ、朝潮さん、ここで最後の浜辺のことを思い出したんだな」と。ここで、別に相手がいるわけじゃなくて、こんなふうにして、体をうねらせてたんだなあと思うと、そういう、こう始原的ともいっちゃいけないんだな。見ている途中で、「この映画を、ぜひ沖縄や先島や奄美の人たちの体の感覚に、見せてあげてください」なんて思いましたけれども、それを遥かに超えてしまった。うん、とても、とても大事な、うん。まさか自分で、自分で胎児のときがこうだったんだろうなっていうところにぶつかるとは思いませんでした。まずはそういう、まあショックともいえない、ここまで、ここまで命で歩いてきてよかったなという経験でした。

牧原　懐かしいという感覚を持ってくださった観客もたくさんいらっしゃいました。ただ「懐かしいというのは、なんだろう」と不思議に思うことがあります。

この映画は、私の頭の中にあるものをつくったというわけではないんです。みなさんが気ままにやっているのをそのまま撮って、こうなったわけです。ですから、私も編集で一〇〇回以上見たにもかかわらず、見るたびに新しい発見があったんですね。寝る前に思い出して、自分の好きな場面がリフレインするような、そんな感覚があるんです。自分がつくった作品なのに、何か自分の作品ではないような。みなさんそれぞれが持ってるものの何かと、つながってるような感じがするんですね。

いま吉増先生がおっしゃってくれたことは、本当にうれしいです。二人の力というよりは、本当に、出演者のみなさんの力だと思います。また、見てくださるみなさんの力もあるんだと思います。

吉増　小さい女の子が、こう空気を渡すようなしぐさをするじゃないですか。それでしぐさが渡っていくっていうか、しぐさの空気が渡っていく。そして、渡されて、こうやって（身振り）動いていくじゃないですか。それから、カフェで若い二人がなんかランデブーをしているときのシーンなんか、素晴らしいね。

あんなふうにして、だから、私たちは、――僕は自動的に統合失調症っていわれるくらい、聴覚が逆に鋭すぎるんですけど、逆にそれはおんなじことで――、あの、聞こえてることを、あるいはこの症状っていうのを、消そうとしてるのかもしれない。あるいは外国に行って、外国語をどうしても習おうとしないってことは、聴覚を消そうとしているんですよ。視覚も消そうとしているし、聴覚も消そうとしている。

その消そうとしている、ぎりぎりの言語の最後のところにある響きを小声で聞くのが、詩人です。詩人の仕事ですからね。それ、それがこの、「作品」といっちゃいけない、「映画」といっちゃいけない。このみなさんの「胎動」によって、新しい「胎動」をつくり出したんだなあ。それによって、とても途方もないことが開いたような気がしました。

僕が用意してきた言葉、あとで紹介しますけれども、ジョン・キーツという、イギリスの天才詩人、若くして死んだ詩人がいます。その人が、「聞こえない音楽を聴く」っていう言い方をするんですよ。聞こえない音楽を聴く。そこまで耳を持っていかなければだめだって。

そのキーツぐらいのところまできました。そのキーツを、サミュエル・ベケットって人は、非常によく読んでいる。だからさっきベケットの名前出しましたけれども、この胎動に比較しうるものがあるとしたら、ベケットに『フィルム』(一九六四年)っていう映像作品があるんですけどね、これがまったく無言の作品です。それに比べることができるような、そういう要素もあります。

だから、そうした、いまちょっと難しいこといいましたけれども、そうした、意図してじゃなくて、本当に、その何の助けもなくて、こういうしぐさをしているときに、そのしぐさの線と波動と空気が写っている。それが写っていますよね。素晴らしいですね。

牧原　そんなにいいお話をしていただけて、本当にありがとうございます。

吉増　いま、僕、出たばっかりの本で、それを引いてるんですけどね。あの、演劇関係者なんていうのは、べケットっていうとそっち（演劇）の方ばっかり見ているんだけども、読んでたら、ベケットがキーツをとても大事に読んでいるシーンにぶつかった。それでキーツを読んだら、やっぱりキーツもこうした、人ばっかりじゃなくて動物も持ってるような、カピバラなんかが持ってるような生命のしぐさ、命のしぐさみたいなことね。それがね、シェイクスピアにもあるけども、キーツにあるんですよ。で、ベケットはこういうことというの。「苔の上にしゃがみこんで、花びらをおしつぶして、唇を舐めて、両手をこすり合わせながら、最後の滴りの時間を数えている。こういうキーツが僕は好きなんだ」ってベケットはいいます。

こういうことはベケットの芝居にもあるの。こういう、こういうねえ、崇高なまでの甘美さ、甘い美しさが、この作品の中にあるじゃないですか。あえて名づけようとすれば、「その甘い美しさと、しっとりしたなめかな濃い緑の豊かさが……」、いいね、それにキーツの倦怠感がいいんだよ。

そういうなんか、もう、本当にちょっと、たまにどうしたらいいかわかんなくなって、こう、走り回ったりしてるでしょ。そうするとカメラも一緒になってこうやって走り回って、こう、そのとおりに、甘美に甘美に走り回ってきた。

こういう、こういう始原的なものが、何か技術化された映画もそうだけどさ、映画も音とシーンとかをぶつけていい加減につくっちゃうし、まあ、舞踏もそうですよね。そういうものに比べて、こうした、こうしたものに、こうした出来事に出会うっていうことは、こういうキーツの持ってるもの、あるいはベケットの持ってるものです。最後にもう一人、アメリカの詩人を引きますけどね。そうした、うん、もっとも遠いものの胎動に近いものだと私は思いました。

牧原　ありがとうございます。

吉増　僕は、それから一カ月間考えてて、「僕には資格がないな」と思いながら。そして以前、アメリカに行ってるときに、英語をまったく拒否して、そうして、英語はまったく話さないようになっていった。そうすることが言語の始原に近づくことだっていうことが、解析してみれば、ありました。そのときにぶつかったのが、エミリー・ディキンスンっていう、五〇数年の生涯で、ほとんど家の外に出なかった詩人です。発表もまったくしない。この作品は似てますよね。人に見てもらうためにやるもんじゃない。そうじゃない詩を書いていたエミリー・ディキンスンも、本当に最高の詩人になりました。その人の詩の中に、このみなさんの、この甘美なしぐさに似てるなと思った箇所が、短い詩、六、七行ぐらいの詩があるから、紹介しますね。

「もしもわたしが一人の心の傷を癒すことができるならば、わたしが生きていくのは無駄ではない。

もしわたしがたった一人の人の命の苦しみを和らげて、一人の苦痛をさますことができるならば、」

その次の三行なんですよ。

「気を失ったコマドリを」

英語ではロビンというんです。

「コマドリを、巣に戻すことができるなら、私の生きるのは無駄ではない。」

この巣に戻すときに、エミリーは、こういう、（両手を開いて持ち上げるようにして）こういうしぐさが偏在してます。

だからみなさん、今日はエミリーの、英語ではなくて、英語ももう最後にはコオロギの音がするようだ、なんていってるような詩、大変な詩人です。ギリギリんところまでいった詩人。その人がいってます。

「私が生きているのが無駄ではないのは、この手が、コマドリを、気を失ったコマドリを、こうやって抱えていって、巣に戻してあげることができるならば、私が生きているのは無駄ではない」

そのときに、このエミリーの手は、この映画の女の子たちの、子どもたちのしぐさをしてます。

それはね、沖縄のおばあちゃんたちのあの手のしぐさだって、僕は思うな。（カチャーシーの身振り）真似よう、真似ようとして、こういう素晴らしいしぐさがあるじゃないですか。ほとんどこう波を持ち上げるようかなしぐさね。そういうしぐさに近いものが、偏在してますね。

雫境　はい。たしかにろう者は言語として、魂が手に宿ってるわけです。それがずっと続くわけです。手で波を表したりするのも、自分の魂を込めてこう動かすわけですね。ですから、先生のいうことには、本当に通じるものがあると思います。

牧原　少々話がそれるのかもしれないんですが、いま思い出したことです。映画で青い服を着た、また最後の海で踊る女性がいます。一般人でダンサーではないんです。彼女の踊りを見ていると、「なんだろう」というのがあったんですね。彼女の場合、お母さんもろうなんです。ハワイのダンスをしてるということで、それを見て覚えたんだろうと思ったんです。きいてみたら、そうじゃなくて、お母さんの踊りを見てこれはいいなと想像しながら自分流に踊るような感じなんですね。

人間というのは何か、未分化で心の中の何かよくわからないけど、その動きが何かずっとこう脈々と息づいているのかなと、過去から現在と息づいてきてるのかなと、そういうようなそんな感覚があるんですが。

吉増　(後ろに映し出される音声自動変換の文字を見ながら) 面白いなあ、こうやって字が出てくるの (笑い)。私たちは目が見えるじゃないですか。

僕は友だちに教わって、この人の真似してんだけど、ボスニア (ユーゴスラビア) かな。ユジェン・バフチャル (Evgen Bavcar, 1946-) っていって、昔は目が見えたらしいんですけど、幼い頃からだんだんだん目が見えなくなった写真家がいるんですよ。目が見えない写真家。僕も写真家だけども、盲目の写真家っていわれたことがあるけど。バフチャルの写真に特徴的なのがね、目が見えないから、結局、写真に写しても、触りにいくわけですよ、こうやって (身振り) さあ。そうすると写真に手が写る。それがいいんですよ。

それでいま思い出しましたけど、私たちは、僕もずいぶんやるけれども、目をこうふさぐこと、耳をふさぐこと、器官をどんどんどんどんふさいでいかなきゃいけない。だから、健何とか者っていわれるけれども、それで差別されるけども、こちらもそれを一生懸命やって、それをやらなきゃいけません。

この甘美なところ。いや、うらやましいなあ。カフェで、二人でやってるあの間合いもよくて。一つひとつ、一つひとつの時間がもっと長ければいい、もっと長ければいいっていうくらい甘美で、連続性があって、胎動がありますね。そう思った。だから最初見たときに、これ何時間の映画でしたか、倍ぐらいの長さに感じたけれども、今日はものすごく短く感じました。

とても、とても得がたい経験をみなさんと一緒にしました。僕の場合は、最初に見たときの衝撃で、それから一カ月あって、その一カ月の間、やっぱり、ほっといても脳は考えてんですよね。いろんなことを考えている。そして、今日見たら、これは私も、もしかするとお袋でさえも、お袋のお袋でさえも、胎内にいたときのような、そうした、うん、しぐさだけじゃないなあ、胎動としかいいようがないんだな。

だからプラトンは、『ティマイオス』の中で、これをコーラって名づけてる。コーラっていうのは、場所のない場所のことですけどね。子宮の中というようなことなんだ。そういう、そういうものに通底するような。本当に根の底のしぐさみたいな。そうすると、生命がこうやって震えてるようなもんですよね。そういうものに近い、と思いました。

牧原　本当にうれしいです。そういっていただけて。この映画をきっかけに、何か変わったのであればありがたいなと。

吉増　映画といってはいけない。例えば詩といってみたり、舞踏といってみたり、映画っていってみたり、写真といってみたり、そのとき、どんどんどんどんレッテルが貼られちゃうわけじゃないですか。これ、これというレッテルを貼らせないようにしないと。どんどんレッテルをはがして、それが、聞こえないとか、見えないということなんですよ。どんどんレッテルをはがして、今度は新しいレッテルをどう貼るか。これは大変だけど、それをやり続けることが甘美な生命の胎動なんですよ、ね。

牧原　何といえばいいのかな、この「映画」じゃだめなんですね。「作品」もだめなんですね。とても難しいんですが、「ジャンルは何」って聞かれると、本当に答えられないんです。「これ映画？」って聞かれても、なかなか答えられない。なんていえばいいのか、ほんとに難しいんですよね。ですから仕方がないので、アート・ドキュメンタリーというふうに名づけたんです。名前つけるのは、本当に難しいです。

言葉って怖いと思います、本当に。ある言葉、一つの言葉があると何か意味とつなげられてしまう。もうそれで既成概念が作られ、そのまま広がってしまうと、こういう意味なんだとなってしまうと怖いので。それはろう者も同じですね。手話にこだわりすぎて、何かこう、何か見方が狭くなるっていうのは、本当に怖いことだと思います。意味を求めるのではなく、ただ感じてほしいと、そう思ってます。

雫境　そうですね。私は大学生のときに絵を勉強してたんです。いまもやってますけども、境界線というテーマで作品をつくり続けています。その境界線を作るきっかけは何なのかは、深い話になりますが、いま、牧原監督がいったように、言葉を決めてしまうと、凝り固まってしまう。範囲が狭くなる。しかし、その範囲の外側との境界や間（あいだ）、何か小さな境界があるか、それとも別に、大きな境界があるのか。何かそういう問題を感じているわけですね。ですから、踊りでもそうなんですね。そういうふうに感じながら表現をしてるので、お話の内容は非常に、いま、感じるところがありました。

吉増　こうやって、名づけないように、踊らない音楽を、聞こえないもののほうに、それを普段からしなきゃいけない。考えてみると、聞こえてくるのは、意味あるものばかりに囲まれてるわけですからね。今日は、本当に素晴らしい経験でした。

二〇一六年五月二〇日　於：渋谷アップリンク

（八）「リッスンとサウンドスケープ」ササマユウコ（音楽家）

（牧原依里、雫境）

ササマ　今日はこの映画を、一つの五八分間のサウンドスケープ、「音風景」と捉え直して、監督のお二人と一緒に「きく」ことや「LISTEN」というタイトルについても考えてみたいと思います。なぜ私がサウンドスケープに取り組んでいるかというと、二〇一一年の東日本大震災のときに、社会を包み込んだ「想定外」や「自粛」という言葉から、自分自身と社会、音楽との関わり方を見直してみたかったんですね。しばらく音も出せない時期が続きまして、そんなときに本棚にあった『音さがしの本』という、カナダの作曲家マリー・シェーファーと弘前大学の今田匡彦先生が、日本の子どもたちに向けた音のワークショップの本を手に取りました。そこで目に入った一言が、「音楽とは何か、何が音楽か」だったんです。そのシェーファーが『世界の調律』の中で提唱したサウンドスケープ論も含めて、内側からもう一度、「音楽とはなんぞや」というところから始まって、音を通して世界と関わり直すという活動を、この五年やってきました。

それでちょうど去年の暮れあたりから、なんとなくまた自然に自分の中から音が出始めていて。即興演奏だったり、海外のダンサーとの非言語コミュニケーション実験や、障がいのある方たちと一緒に太鼓を叩いたりとか、そういう関わり直しをいまちょうどしている最中なんです。『世界の調律』も最終章の「沈黙」にたどり着いて……。耳を内側からだんだん外に開いて、また最後に沈黙、内側に戻っていく、ちょうどその時期に『LISTEN リッスン』が登場したという、私にとってもすごくタイムリーな作品でした。

なので、今日はまず「きく」こと、耳から世界を捉え直すという考え方が、そもそも音楽が哲学や数学と同じ場所にあった時代の、「考え方としての音楽」にも非常に通じる作品だということを意識して、お話ししたいです。まず、この映画には『LISTEN リッスン』というタイトルがついてますが、なぜそのタイトルをつけたかということと、お二人がその言葉に込めたものを教えてください。

牧原　実はタイトルとして「アンチ・リッスン」という案が出ました。矛盾するかもしれませんが、実質、『LISTEN リッスン』はろう者のための作品。ろう者の音楽を作り、ろう者の世界にも音楽があるかもしれないということを、聴者にも知ってほしかった。「アンチ・リッスン」にしてしまうと、聴者を拒否してしまう、ろう者だけに向けたものになってしまうのではないかということで、その案はなくなったんです。

すごくいろいろ悩んで、いろんな案を出して、もう言葉ではなくてイラストにしようか絵にしようかとか、「アイ・リッスン（I listen）」はどうかという案が出ました。この「アイ」というのは私「I」と見る「eye」、両方の意味が込められるので「アイ・リッスン」もいいかなという案も出ました。その後もいろいろと話し合って、結局シンプルな「リッスン」がいいだろうということになりました。やはりタイトルからいろんなものが決まる、見られ方も決まってしまうと思うんです。おそらく聴者にとっては、音楽というと「音」と思われるかもしれません。それでもタイトルとして「リッスン」は幅広く包括的な意味が持てると思ったのです。例えば受け身で「聞く（見る）」こともあれば、自分から聴きに行く、自分からそれを得るという意味も込められるし、そもそもリッスンという動詞は聴者のものなのか？　と思うんです。

雫境　本当に簡単には決まりませんでした。例えばロゴにしようといくつか作ってみたんですけれども、やっぱりタイトルとしては合わない。ロゴにしてしまうと、何と読めばいいかわからないという問題も出ます。結局このシンプルな「リッスン」というタイトルに落ち着いたわけです。私としては、この「リッスン」というタイトルで、でもこの映画には音はないわけで、この矛盾をどう思うか、問いかけたいという意図もありました。

牧原　私は、「リッスン」にそれほどこだわりはなかったんですね。タイトルは何でもいいという中の一つという感じです。ただ「リッスン」は、いろんな人がさまざまな見方ができるという意味で、この作品を表わしているとも思います。

ササマ　まさにそうですね。例えば先ほどお話しした『世界の調律』の中には、「鳴り響く森羅万象に耳を開け！」という一節があるんです。それは実際に鳴っている音に耳を開けということに加えて、もともと哲学や数学の場所にあった音楽のように、全身の感覚を研ぎ澄ませて、もっと世界と積極的に自分の内側から関わり直そうと。サウンドスケープが提唱された四〇年前の世界は、ちょうど米ソ冷戦で不安定になっていたり、環境破壊が進んでいたり、非常にバランスが崩れ始めていた。その危機感を音楽家が世界へ問いかけた「きく」でもありました。

今日、（会場で配られた）耳栓をされた方で、無音状態になった方はいなかったと思うんですね。というのは、ジョン・ケージという現代音楽家が、みなさんよくご存知かと思いますが『四分三三秒』という無音の曲を作る前に、まったく響きのない部屋に入ってみて、そこで気づいたのが自分の体内の音だったんです。聴者であるケージが耳を塞ぐことで気づいていった。今日もおそらく聞こえる方たちが耳栓をしたときに、自分の呼吸や鼓動であるとか、ちょっと不思議な体内の音が聞こえたんじゃないかと思います。映画が終わって耳栓を外したときも、この部屋のサウンドスケープの聞こえ方が変わったのではないかと思います。

私は二度目ですが、今日はちょっと聞き方を変えてみました。耳栓をした状態で自分の内側の音に意識を向けて、映像のろう者たちの動きと、自分の鼓動やリンパ液の流れるような音を重ね合わせてみると、なかなか面白かったです。体の中にまず流れている音というか音楽というか、それは聞こえる、聞こえないはもちろん関係なくて。心臓が動いて生きている、私たちみんなが持っている身体感覚が響き合うことも、サウンドスケープではないかと思いました。

私は聞こえない世界というのがわからないので、本当に好奇心で質問しますが、耳の穴の感覚というか、例えば冷たい水が中に入ってきたとか、だれかに息を吹きかけられたとか、そういった感覚を「きく」と捉えていたりしますか？

牧原　それはないですね。振動として「聞く」ことはあるんですが、もともと聞くという経験は聴者とろう者でまったく違うものです。やはり聴者とろう者では異なっていてそこでズレが生じると思うんですね。私個人の感覚としては、だれかが何か壁を叩いたときに、鼓膜が震える感覚はあります。ただそれが聞くということなのかどうかわかりません。おそらくそれは自分自身の経験とも関わりがあると思うんです。もしかしたら幼い頃から、それが聞くことだと言われていれば、聞くという感覚で捉えるのかもしれません。しかしそういった経験がないので、鼓膜が揺れる感覚を聞くことなのかどうかというのがわからないんです。

雫境　私の場合は肌、皮膚感覚として振動を感じます。耳の鼓膜が震えているという感じはしませんね。まったくしません。鼓膜を意識するのは、飛行機に乗ったとき、圧力で耳が痛くなるときぐらいです。みなさんの中に耳栓をしてご覧になった方がいると思います。心臓の音が聞こえた、脈の音が聞こえたという感想をいただいて、それを初めて知って驚いたんです。私は小さいときから補聴器をせずに暮らしていました。だから音以外の感覚を使ってさまざまな情報を得てきたんですね。

ササマ　たぶん聞こえる人たちも、自分の鼓膜が震えた感覚はほとんど経験していないと思います。むしろ耳の存在というのは、普段忘れられている。それくらい無頓着なものだと思っています。イヤホンで塞いで、あえて自分で鼓膜を傷つけてしまうようなことも起きる。聞く感覚を意識して持たないと、耳は無防備に世界に広がっているものなのですね。むしろこの映画を通して、あらためて耳の存在に気づくということもあったと思います。

　ピアノを弾く人間としては、手の動き、ほとんどの音楽の演奏が手の仕事であると言う音楽学者もいますし、手話というものと、音楽の楽器を演奏する手の仕事、その共通性も感じながら見ていました。指先が作り出す

「間」や空気感であるなど、そこにある音楽性にも共感がある。手話を練習する、習得していく過程は、楽器の演奏技術を身につけていく過程と似ているとも思いますが……。どういうふうに自分の心の内と指先をつなげていきますか？

雫境　練習方法というか、言語学者ではないので詳しいことはわかりませんが、手話に関しては、小さいときに手話の環境があれば、自然と身につくものです。そこで話されている手話を見て、自然に覚えます。手話は手を使いますが、実は手だけではないんです。眉の動き、目のふるまい、または上半身の動き、緩急、間、そういったものも手話には含まれます。ですので、ろう者が手話を見るときは、手だけを見ているのではなく、上半身全体を見ているんですね。ろう者にはいろいろな背景があって、手話を獲得する背景もさまざまです。ろう者の集まりの中に入って自然に獲得する。つまり練習をするという意識はなくて、自然と身についたという人が多いんじゃないでしょうか。

感情、内なるものを手話にのせることを練習するとおっしゃっていたんですが、もしかしたらそれは、小さいときからピアノを弾き続けて、自分の感情を自然にピアノで出せるという人と同じような感覚かもしれません。後になって練習して表現するというのと、またちょっと違うんじゃないかなと思いました。

ササマ　かつて、耳の聞こえる人が聞こえない役を演じるときの手話に、違和感を覚えるとおっしゃっていた方がいます。それは、例えばピアノを弾けない人が、弾く演技をしているときに感じるのと似たような感覚なのかもしれない。その違和感が何かは、私の中でまだ答えが出ていないのですが……。おそらく映画に出演されたろうのみなさんは、表現力と言いますか、表現とも違うのか……、とにかく私にはダンスには見えなかったんです。やはり「演奏」に見えました。音楽として見ていたからか……。例えば聞こえる人が手話で同じことをすると、なんとなくダンスのように見えてしまうかもしれない。音楽として「きこえてくる」のは何だろうと、これからまだ時間をかけて考えたいと思っています。

質問者A　世界中の手話、サインランゲージは同じですか？

雫境　違います。音声言語も国によって違うように、その国の文化生活が違っていて、例えば日本だと箸でものを食べますよね。でもアメリカでは箸は使わない、手話でこれが「eat」（やってみせる）。日本の場合、お箸を持って食べるという手話なんです。そのように、生活背景も絡み合うので、各国の手話は違います。いま表したような簡単なことだけではなくて、音韻も国によって違います。アメリカ手話と日本手話でも違います。音声言語が違うのと同じようなことですね。この映画は、日本のろう者に出演をお願いしているので、ろう者のリズムで表わしています。おそらくほかの国では、手話のリズムとか間が違ってくるんだと思います。アメリカの音楽でラップってありますよね。そのしゃべりのリズムというのは、英語のリズムだと思います。でも日本はそういったリズムではなく、例えば演歌とか、やはりそこの文化が言語には結びついています。手話も同様です。

ササマ　それはやっぱり音楽と同じと言うか、音楽も世界中の文化背景で違ってくるのと同じですよね。

質問者B　出演者の方はすごく印象的だったんですが、その方がやっている場所や風景も、とても印象的だったんです。どんなところでやっているかとか、カメラが固定だったりぐるぐる回ったりとか、その方がそこでやるというのは、どういうふうにお決めになったのかと。やっているのを見て、この風景の中でやってもらおうなのか、出演者の方がここでやりたいという感じだったのかもおうかがいしたいです。

雫境　出演者の方にお願いするときに、相手と、イメージに合う場所とかそういったことを話し合いました。カメラを固定がいいか、動かしたらいいかは演者のイメージに合わせて考えました。試しに撮ってみたり、カメラの使い方を考えてみたりして、その後にお願いすることもありました。やはり演者のイメージに合わせて決めることのほうが多かったです。すべてを意図的に決めたわけではありません。

牧原　たまたま撮った場所というのもあります。なにか移動してるときに、この場所がいい、いま撮りたいと思って撮った場所もあります。偶然が重なってできた結果でもあるんです。
例えば服の色もそうです。その人に合わせて準備したものもあれば、その人が着てきたものですごく合っているから、そのまま撮ってしまったこともあります。ただ風景では、やはりその人のイメージ、感覚に合わせて考えたところが多くあります。例えば出演者で横尾友美さん、青い洋服を着ていた横尾さんは、元々何か海のイメージを私が持っていたんですね。彼女に話すと、自分も青が好きでそういったイメージがあるというので、海を選びました。なので、見ている方のイメージと、本人の何か共通するものがあるのかもしれません。撮り方も同じですね。こう撮ったほうがいいか悪いか、その場の感覚でやっていたこともあります。

ササマ　すごく面白い話です。即興性は音楽とも通じるところです。「サウンドスケープだなあ」と思って見ていた場面も、風だったり海だったり、自分のまわりにある環境とも共鳴し合っている感じがしました。いくつもの関係性が見えてくるというか。一人で演奏している方と複数で出ている方、またそこに聞こえてくるもの、見えてくるものが違っている。何回観ても、観るたびにいろんな発見がある作品だと思いました。

二〇一六年五月二一日　於：渋谷アップリンク

（牧原依里、雫境）

（九）「音はいらない」大橋ひろえ（俳優）

大橋　まず注目したのは、撮り方、画面の撮り方ですね。みなさんもご覧になって思ったと思うんですが、全身を撮っていたり、上半身を撮っていたりした場面が多かったと思います。これは、聴者とは違う表現ですね。たとえば、聴者の映画だと、髪の毛をアップにして、髪の揺れを撮っていたり、顔だけのズームにしたり、細かいところをアップにしていくと思います。でもこの映画だと、一部をアップするというところはほとんどなかったですね。やはり心の中の音楽を伝えたいという気持ちが、聴者よりももっと伝わりました。表現の細かいところ、目の動きだったり髪の流れだったり、すべてが引いた画面の中で見られるんですね。すごくおもしろいです。

音楽にはロックとか色々とありますね。そういうイメージの中でも面白かったです。ろうのあるある話ですけど、音楽が嫌いと思う人が多い、確かにそうなんですよね。私は小学校から高校まで聴者の学校に通っていました。普通の学校の音楽の授業を受けていたんです。その授業がまったくわからなくて、辛い思いをしていました。そういった想いはすごく共感しました。でも、ジョン・レノンの『イマジン』に出会って、そのイメージ映像を見たときに、ものすごく感動を覚えたんですね。たとえば、ピアノを弾く様子であったり、表情であったり、またその風景であったり、その音楽映像を見たときに、ものすごく感動した。そこから、手話の音楽、手話歌というところに入っていったんです。なので、人によって、何かきっかけさえあれば、音楽に目覚めるろう者も多いんじゃないのかなと思いました。改めてこの『LISTEN リッスン』を見て、すごく共感する部分があって、よかったです。

もう一つ、白い服を着た何人かの方が、表現をする場面がありましたよね。あそこで少し考えたんですが、一人ひとりリズムが違うんです。一人ひとりが音楽を楽しんでいるんですよね。それがすごくわかるんです。見ていて、すごく感じるものがありました。私も舞台に立って、ミュージックダンスというものをやっています。聴者、ろう者が一緒にやっています。そうすると、やはり音楽をつけて、音楽に、音に合わせて全員が一緒にやる、同じ動きをしなければいけなかったんですね。私はダンスは大好きなんですけど、大勢でやるダンスというのは、何か心の中にすごく不安をいつも持ちながら、不安がつきまといながらやっているんですね。この不安というのは、みんなと動きが合っているか、音と動きが遅れていないか、いつもそれがつきまといながら踊っているんです。でも、この映画の白い服を着た方たちは、一人ひとり違うリズムでやっているけれども、音楽として成立しているんです。すごくうらやましかったです。

私自身は、ダンスの中で解放感をもってやれたら、すごく気持ちいいだろうなと思っていたんですよね。そうなると、逆に、ダンスというのは幅が狭くなってしまう。例えば、ジャズとかヒップホップとかバレエとか色々なものがありますが、もし解放感を求めるとすると、すごく狭くなって、コンテンポラリーダンスになってしまう。それは私が一番苦手とするところなんです。でも、どちらも難しいなと思いつつ、考えていたんですが、今回の映画を見て、私自身、新たな課題を得られたなと思いました。

牧原　六人が集団で踊っているところですが、こういった動きがありました（動いて見せる）。そのきっかけというのが、そのグループの中の二人と一緒にオーストラリアに行ったことがあり、そのときに生まれた表現なんですね。その表現をいかにうまくやるかみんなで繰り返して、盛り上がったという経緯があります。その六人にその決まった動きだけを繰り返し踊ることをやってもらうようにお願いしました。

形だけ教えて、リズムなどのほかは出演者のみなさんにおまかせしました。最初は、お互いの様子を見ながらやっていたんですが、だんだんと解放感のある表現になっていった。コミュニケーション、自分だけではなく、お互いに、アイコンタクトを取りながら……、いえ、お互いに視線を合わせてはいないので、リズムを色々なところから感じとって、お互いに合わせながら、共鳴していったんだなと。私たちは出演者を信じて撮影を行いました。まかせた結果、さまざまな表現が出てきたんですけど、一人ひとりの音楽の感じ方も違う部分があるのかなと思いました。

音楽というと「音」と思われることが多いと思います。でも、ろう者の音楽を表す言葉がまだないので、一応「音楽」という言葉を使って表現しています。私たちが作ったのは「ろう者の音楽」だと。これが定義であると絞るのではなく、みなさんに感じていただきたいと思います。音楽という言葉を使うと、これは音楽じゃないと誤解されてしまうといけない、そういった怖さがあることをわかったうえで使っています。

大橋　確かにそうですね。音楽という言葉、やはり言葉はすごく難しいと思います。私も聴者のいる一般の学校に通っていました。そのときに、音楽という言葉は「音」に「楽しむ」ですよね。聴者は、音を聞いて楽しむことができますから、音楽という言葉を使うのかもしれません。でも、私たちは、「音」「学」というイメージです。私たちは音を学ばなければいけない。つまり音楽を楽しむ以前の話の問題である。なので、音を学び続けなければいけない苦しさがあるわけです。でも、この映画ではそうではない。心の中から出たものを表現するという楽しさが伝わってくるので、すごくよかったと思います。

雫境　そうですね。出演者に音楽を表してほしいと言ったときに、「音の音楽」という先入観がすごく入っていて、いままでの音の音楽を表現すると思っていたみたいです。そうではなくて、ろうの音楽を作りたいと話をしたら、驚いた人もいたんです。そして理解をしてもらい、出演してもらったという経緯があります。

牧原　音楽の経験はすごく影響があると思うんです。私は親がろう者ということもあって、小さいころから色々な人たちの手話を見てきました。手話の形によって、心地よい表現もあれば、そうではないものもあります。心地よさというのが、音楽的な表現だと思っています。出演者は全員ろう者なので、「ろう者の音楽」という名のもとで撮影をしました。自分が思う心地よさというのは、日常生活の中でも地続きにあるものだと思います。私は編集を担当しまして、繰り返し見ていると、色々と新たな発見が出てくる。出演者本人自身が気づいていない部分も映し出されていたように思います。

大橋　映画の編集をされたということですよね。わざわざ、音をなしにして撮られたのは、どうしてですか？

牧原　私は、自分の中に音楽というのがあると思っていました。ただ、いままで確証が持てずにきていたんですね。とあるときに、音声言語の詩や聴者の音楽とはまた異なる、サインポエムを見たときにすごく感動して、どうしてこんなに心が揺さぶられるのだろうと思ったのがきっかけです。音楽のようなものがあるんじゃないのかと、そのサインポエムを見て、思うようになったんです。

聴者の音楽の心地よさと、ろう者の音楽の心地よさ。聴者の音楽をろう者の音楽に翻訳したいと思うようになった。でも聴者の人たちには、ろう者の音楽がわかってもらえなかった。その結果、ろう者の音楽がないかと映像を探したんですけど、ほとんどなくて。それなら、私が作ってみようということになりました。

雫境　初めから音を録らないと考えていたわけではないんです。ただ録音する作業は頭になかった。カメラに収めた動画データに、音の波形みたいなものが入っている状態でしかなかった。私たちには無意味だったのでそのデータを削除しました。アップリンクさんから配給していただけるというお話をいただいて、「音のない」というコピーがついて、「あ、音がないんだ」、「無音なんだ」ということに気づきました（笑）。

大橋　いまお話しされたことは自然なことだと思います。私も舞台を作るときに演出などをやっていますが、はじめから音を使わずに進めています。ただ、聴者の人もまわりにも多くいます。「音がないのはなぜなのか?」、「音楽はどうしますか?」と聞かれるんですね。「あれ、この舞台に音楽は必要? 効果音は必要?」それを聞かれて、必要なのかなと思って、「いらないいんじゃない」と答えると、聞こえる人たちは、「いや、絶対に必要です」と言うんですね。つまり、置かれている環境が違うわけです。聴者の人たちが舞台を作るとなると、必ず音が、当然そこにあると思っている。私はずっと「音楽はいらない、音はいらない」と言い続けてきたんです。今回この『LISTEN リッスン』という無音の映画が認められるということで、「ああこんな時代がやっときたんだ」と思いました。いまお二人が言ったことは、本当に自然なことだと思います。ろう者のありのまま、自然なことを見せられる場ができたことで、すごくよかった、幸せなことだと思います。

二〇一六年五月二十二日　於：渋谷アップリンク

（一〇）「共鳴、共振すること」田口ランディ（作家）

（牧原依里、雫境）

牧原　さて今回のこの映画『LISTEN リッスン』は、ろう者としての生い立ち、環境、身体の条件、経験などいろんなものを持っている人たちが表現しています。それは、田口さんとのお話とも関わりがあるのではないかと思い、今回お招きしました。今回の映画に関して、ご感想などをふまえて、おうかがいできればと思います。

田口　私は『手話の世界へ』（晶文社）という本を読んで、手話に興味を持ちました。著者のオリヴァー・サックスは脳神経科の医師で、医療ジャーナリストとしても活躍しています。さまざまな症状の患者さんのことを、ヒューマニズムと、科学的な視点から描いている素晴らしい作家なんです。代表作には『妻と帽子を間違えた男』や、映画にもなった『レナードの朝』という作品があります。彼の書いた『手話の世界へ』は実に素晴らしい。私はこの本を読んで、手話への考え方が一八〇度変わりました。こんなに面白い言語があるのか、この言語は私が知らなかった世界を表現しているって。私の講演に手話通訳の方が来てくださると、私の話がどう表現されるのかを見るのが楽しいです。ただ手話通訳が入ると、お客さんはみんな手話通訳の方を見ちゃう（笑）。牧原さんがろう者の映画をつくられたというので、どんな作品だろうとドキドキしながら観たんですよ。私の感想を『LISTEN リッスン』風に表現してみたいんですけど、いいですか？

雫境　面白そうですね。

田口　（体で表現しています）

牧原　すごかったですね。

田口　伝わった？

雫境　はい。わかりました。

牧原　映画を見た後の感情が伝わってきましたね。これまでのゲストの中でこういった表現をしていただいたのは初めてかもしれません。吉増剛造さんが少し表現してくれました。

田口　吉増さんはやるでしょう（笑）。吉増さんとは何度か対談させていただいたことがあるんですよ。初めて吉増さんとお会いしたときに、スタンドマイクが壊れたんです。立ってお話をするはずだったんですけど、スタンドマイクがどうしても上がらない。スタンドマイクの位置がこのへん（膝のところ）にあったんですね。そうしたら吉増さんが、「今日はこのままやりましょう」と。「これは面白いから、こういうかたちでしゃべったら、いつもと違う話ができるかもしれない」と言って、二人でずっとこうして（屈み込んだ状態）対談をしたんです。そういう方なんですよ。ですから、吉増さんが先に（トークに）来ているのを知っていたので、負けないように（笑）、今日はちょっとパフォーマンスをしてみました。

牧原　ありがとうございます。そうだったんですね（笑）。

音楽という言葉ですが、音楽というものを定義づける、決めつけるというんでしょうか。それがなかなか難しい。今回の映画は、音楽というタイトルをつけてはいるんですけれども、今回伝えるために、あえて音楽という言葉を選んでいるんです。体の衝動、感情なり、舞踏なり、いろんな表現のかたちがあるんですけど、それ以前のものというのでしょうか。見て伝わる、体が動きだすというもの。例えば子どもの場合、体を動かしたりしますよね。声を出しながら。そんな感じたままの動きが大切だと思うんですね。そういう意味で、大人にもそれを求めていくんですが、大人の場合は「この意味は何だろうか？」と、一つひとつ考えてしまうんですね。子どもは純粋にそれを見て、感動する、それを受けとめるというところなんですが、今回、田口さんにこんな表現をしてもらって、本当に嬉しく思っています。

田口　子どもなんで（笑）。表現って、子どもの部分が残っていないとできなくなっちゃうよね。子どもみたいにワクワクするというのが、表現の原点だと思う。じゃないと仕事をしていてつらくなっちゃうから。この映画での音楽……ということは、私も監督と同じように感じています。私たちが普段聴いている音楽、音、メロディ、リズム、そういうものは、実は、体に響きかけて、情動を引き出している波動です。喜び、悲しみ、体が感じている何か。手話を使う人たちは身体が感じている情動で会話をしている。だからとってもイキイキして見える。手話が表現する情動をさらに強くしたものが、この映画に描かれているんじゃないかと思う。

雫境　ろうの人と会うと、もちろん手話で話しますよね。手話の単語と単語、その間にいい動きがあるんですね。それを、ほんの少しの短い時間なんですが、それを選んで大きくフォーカスしたいと思い、映画として出しています。私自身の環境は、家にあるテレビを見て、その中に、もちろん音楽は入っていますよね。そのときに、顔の表情ですとか、何でしょうか、体の動き、自然に出てくる体の動き、本当に小さいものなんですが、その動きをよく見ていました。音を排除して、その身体の動きというものも音楽の一つではないかと感じていたことが、小さい頃からありました。

牧原　振動、音以外にも、何か水のようなものではないかと話したことがあるんですね。人間というのは水と関わりが深いと思う。

雫境　水というのは、人間が生きるうえで必要なものですよね。地球上、水に関わるものは多いですよね。もちろん海もそうですし、水が含まれています。人間も水分でできています。人間の六〇％は水分だと言われています。

例えば水は、雨が降るなど、水たまりのようにどんどん水がたまって大きくなっていきますよね。それがつながって大きな池になったりします。風が吹けば、水面に波がたちます。大きい規模になると、海の大きな波になりますよね。また、晴れればその水が気化して水蒸気になり、また雲になって、雨が降る。その雨が川に流れている。というように循環していますよね。常に水というものが循環して、地球上で必要なものになっていますよね。人間同士の場合、お互いに水を持っているわけです。共振したりとか、共鳴したりとか。これは水との深い関わりがあるのではないかと。

田口　一〇〇個のメトロノームをバラバラに動かして、メトロノーム共振器現象を実験している先生がいるんです。バラバラに動いていたのに、一〇分もしないうちに全部一緒の動きに共振し始めるんですよ。人間も、それぞれが出している波動で共振し合う。それが体の中の水のせいなのか感情のせいなのか、それとももっと微細なものなのかはわかりませんが……。例えば人間はただこうやって生きているだけでもかなりの電磁波を出しているんです。電気信号で神経に情報を送っているからね。だからいろんな位相で振動しているのかもしれません。さまざまに共鳴し合っているんだと思います。

最初に白いお洋服を着た人たちが、四、五人で踊っていますよね。あの方たちの動きをよく見ていますとね、最初は割とバラバラなんですけど、どんどんどんどん共振していくんです。最後にぴったり合ってくる。あれは面白い。すごいですよね。そういうことが、この映画の中には何カ所もある。二人の動きが最初はずれているんだけど、そのうちぴったりと合ってくる。あの感じは気持ちいい。お互いの魂を感じあって動いていると、あんなふうになるんだなと思う。

牧原　そうですね。裏話なんですけれども、六人の場面では形だけその動きを提示して、やってもらうことになったんですが、そのなかでテンポや共振の仕方などは、ほとんどおまかせしていたんです。バラバラになるとか、揃っていくところも、六人にまかせるままに私たちは撮るだけでした。そのあと、一人があることを言ったんです。ある一人がマイペースにやっているので、「その人はみんなに合わせるべきではないのか?」と。でも、「その場その場で目を合わせながら揃えていくのがいい」という意見も出たりして。六人ながらに色々と工夫されたようですね。

田口　バリ島で、サンヒャン・ドゥダリというダンスを見たことがあるんです。舞台の上で小さな二人の女の子が複雑な踊りをするんだけど、場の空気ができていくとそれが完璧にぴたっと、まったくブレずに、何かこう、機械のように合っていくんですよ。人と人との間には言葉を超えて共鳴し合う部分があって、実はそういうもので、私たちは普段から会話したりコミュニケーションしたりしているんじゃないかな。障がいがあるなしに関わらず、本当は、非言語で一番コミュニケーションしているんじゃないかなって、この映画を観て感じました。

牧原　この上映会にろう者、難聴者も聴者も来てくださっていますが、見方が同じという部分もあるのが個人的に意外というのでしょうか。この映画は矛盾していると思うんですね。ろう者のために作ったとは言っているんですが、結果的にろう者も聴者も関係ないという。ろう者も聴者もが見てもわかるところもあります。無論ろう者だからわかることもありますし、また逆にわからないこと、見えないこともあります。それは何かというと、言語としてこの作品を見てはいけない。意味を一つひとつ考えて一つの答えを求めてしまう。先ほどもお話ししたとおり、ありのままを受けとめていく。手話を芸術の側面から見ていく。手話＝言語だとこだわりすぎてしまうとあまりよくないんですね。そういう見方をされる人はおそらくそれまでの育った環境とも関係があるのかなと思うんですね。これまで手話は言語としてみなされてこなかった。音声言語よりも劣っているというふうにみられてきて、いまようやく言語として認められつつある。なので、手話＝言語という見方でこの作品をみてしまうというのもわかる部分があるんです。ただ私は、手話は言語だけではない豊穣さがあると思っているんですね。そういう意味では、言語として、人間として……、「人間として」という言い方がちょっと適切かどうかわからないんですが、どこまで言語化できるものなのか。また、芸術としてというのも、やはり難しいところだと思うんです。ご覧になったろう者と聴者、それぞれのご感想から色々と考えさせられる部分もありました。

田口　なるほど。例えばね、私は言葉の人間なんですよ、作家だから。普段はもう言葉ばっかり使っていて、頭は言葉でいっぱいなわけですよ。じゃあ、私に何ができるかなって考えていくわけですね。そうすると、この映画はろう者の方も聴者の方もご覧になるけど、でも視覚障害の人はちょっと難しいかなと。じゃあ私は視覚障害の方がこの映画を楽しむために、どんな言葉でこのシーンを表現できるんだろうと。みんながこの映画を楽しむために、言葉は何か貢献できるなって。

雫境　そうですね。言葉にしづらいですよね。また、言語としてではなく、これを見て、実際に音楽家に見ていただいて、それを音に変えてもらう、翻訳してもらう。翻訳ではないんですが、演奏家の人が感じたことを音楽に変えていくという方法もあるのかもしれない。盲者に伝えるとするのであれば、何人か、一〇人、二〇人以上の人たちに、見た感想を言っていただいて、盲者の方にそれで想像してもらうというのも一つの手かもしれないですよね。

田口　ちょうどボーダーレスムービーというものに関わっています。映画を、ろう者の方も盲者の方も見られるようにしていくというね。この映画もよりボーダーレスになっていったら面白いなと思うんですが……。

牧原　正直に言いますと、私はそこまで必要ではないのかなと思っているんです。実際に、それができたら、とてもいいお話なんですけれども、これはやはりろう者の物語でろう者が出ているものなので……。というのも、聴者がつくる映画を見ると、ろう者にとってはやはり理解できない部分も出てくるんです。例えば音と音楽が画や物語につながっている部分とか。それは聴者の身体で作っている作品なので当然のこと。なのでそういう意味では、聴者とろう者の見方がやはり違っている。やはり『LISTEN リッスン』自体がろう者の集合体なので、私としては、無理にこれをボーダーレスにするというのもどうなのかなというのもあります。

田口　ろう者の方の感想を聞いてみたいですね。例えばどういう感想が多いですか?

雫境　最初に見ると、戸惑うという人が多いですね。

牧原　たいてい二つに分かれていきます。もう一つが「そうそう、これは聴者の音楽ではなくて自分から出てくるものだ」と感じる方。一番印象に残ったのが、テキスト（字幕）を見て、自分の経験などを重ね合わせて見るろう者たちが多かったことですね。聴者からは一度もテキストについて言及されたことがない。やはりろう者は自分の経験と重ね合わせて見ている。自分の経験と関係値が強いということなのかなと思いました。

雫境　この映画の中のインタビューのテキスト以外のところですね。道を撮っている部分がありますよね。そのときのテキスト（注：詩のような字幕がでた箇所）が、そんな内容なんです。そのテキストをつくった理由は、ろう者が共感できる部分。聴者から見ても特に意味がわかるものではない。それが「いらないんじゃないか」という聴者もいます。

牧原　視覚的な響きという意味でもテキストを入れています。

田口　そのテキストが入っている部分、つまり字幕が入っている部分ですよね。テキストというのは？

雫境　手話のインタビューのところは字幕でした。インタビューとは関係のないような映像の中に字幕が入っていましたよね。それがテキストなんです。その映像の一部として、そのテキストを考えて作ったんです。

田口　とても断片的な言葉でつづられた、ろう者の心というか、そんなふうに受け取れました。特別な何かを言葉で伝えようとしているものではなくて、映像の一部として受け取れた。それはとても効いていたと思います。いい感じで入っていたと思います。効果的だったんじゃないかな。

牧原　それについては私が説明するよりも、見に来たろう者に聞いてみるのもいいのかもしれないですね。ろう者に「どう思いましたか？」なんて尋ねてみると、色々な感想が出てきそう。これはこういうものだと決めつけるのではなくて、さまざまな人たちの意見、いろんな見方があるのが楽しい。自分の生い立ちや環境、それまでの体験とこの作品を結びつけてご覧いただいた田口さんのご感想もまたその一つですね。

田口　ろう者の方はこの映画を見終ってどんな気分になるのかな。私はもう最初から最後まですごくワクワクした。何だろう。ちょっと顔がニコニコしているような、楽しい気分になりました。それはみんな一緒なのかな？

雫境　ろう者といってもいろんな人たちがいらっしゃいます。やっぱり感じ方はそれぞれなんですよね。聴者でも音楽が嫌いだという人もいます。「これはあんまりよくなかったよね」という人も、「いいよね」という人もいらっしゃるので、本当にそれぞれだと思います。

牧原　「共感できる部分がある」というのもありますし、「意味がわかりませんでした」という人もいます。「みんなで踊っているところというのは一緒に踊りたくなる」とも言っていました。ただそれはろう者も聴者も関係ないのかもしれません。

田口　二回見て感じたことなんだけれど、この映画は最初から最後まで音がないでしょう。そうするとね、集中しやすいです。だから、自分が映画の中にすごく入り込めるんです。ただ、ふっと、「あ、そういえば、この後、何か用事があったっけ」と思って、パッと自分の気持ちが離れてしまったときには、ぷすっと何かが中断された感じがあって。そうすると、画面がすうっと遠くに感じて、何かそこでやられていることが、自分とまったく関係のないことのように見えてくるという断絶も生じるんですね。自分が入り込めるときと入り込めなくなったときの差が、普通の映画よりも大きい。これは、聴者としての感想ですね。普段は聞こえるものは、勝手に自動的にこちらに入ってくるから、自分がちょっと気をそらしても入り続けているんですよね。ところが、この映画は音がないので、自分が気をそらしたとたんに、ぽんと遠くへいってしまう。そこがまたとても面白かった。

　耳はまぶたと違って音を遮断することができない。だから、聴者は音によって常に侵食され続けているんです。なので、逆に、音を遮断した状態をなかなか体験できない。それを、映画で体験することは、実に稀なことなんです。

二〇一六年五月二十三日　於：渋谷アップリンク

（一一）「デフ・ヴォイスとリッスン」丸山正樹（作家）（牧原依里、雫境）

牧原　『デフ・ヴォイス』（二〇一一年）という小説があって、ろうの友だちから「これすごくいいから」と薦められて読みましたが、実に面白かった。ろうの世界が率直に描かれていました。聴者が普段知るのことのない世界、ろう者にとってのあるある話がたくさん出てきます。この小説が社会に出たというのが嬉しいです。『LISTEN リッスン』もろう者の世界の裏というか、ろうの世界の一部を表わしたものだと思います。著者である丸山さん、映画をご覧になった感想をお話しいただけますか？

丸山　私は『デフ・ヴォイス』という小説を書きました。ろう者が出てくる小説ですが、私自身は聴者で、ろう者のことをまったく知らずに過ごしていました。それが、あることをきっかけに、そうしたことを知り、非常にびっくりしたんです。と同時に、非常に感銘を受けました。まったく日本語と違う言語を持つ人たちがいる。「聴覚障害者」ではなくて、自分たちに誇りを持って自分たちを「ろう者」と呼ぶ。そういうことも含めて、感銘を受けたんです。

まずは映画の感想ですね。二回見ましたが、一回目と二回目で印象や感想が違うものになりました。とにかく最初に見たときは、何かすごいもの見た。そして見たことのないものを見た。そういう感情が湧きました。ただそれをどう言葉で表現したらいいのかちょっとわからなくて、「感想を聞かせてくれ」と言われたんですが、困ってしまって、ちょっと待ってもらいました。いま、もしかしたらみなさんも結構そういう気持ちがあるんじゃないかと思うんです。「何か変わったものを見たけど、これは何なんだろう？」というような、そんな思いがありました。

ただ一回目も二回目も思ったことですが、一つは、最初に感じたのは、みなさんの身体表現が素晴らしいということと、画面の色の美しさ。象徴的なブルー、ポスターにあるようなブルー、そういった色の使い方。浜辺で踊っている雫境さん、朝日の中がいいですね。それから古い家の和室に男がいましたよね。予告編を最初に見て、とにかくインパクトのある映像の連続にびっくりして、これはすごいなと思いました。そのときは音がないということを意識しなかったです。その予告編に何か衝撃みたいなものを感じて、引きつけられました。それから、実はこれは音のない音楽映画だということを聞いて、実際その映画を見始めたときには、やはり、「無音の音楽映画とは何なのだろう」と思いました。言葉の意味にこだわりすぎてしまって、これが音のない音楽映画というものなのか?と気持ちが行ったり来たりしながら、そんな感じで終わってしまったというのが一回目の感想でした。

二回目に見たときは、これはあまり考えて見る映画ではなくて、感じることが大事なんだなというふうに見ました。色々なシーンの印象が残っていますけど、特にあの（六人の）合奏というような、あのシーンがやはりいい。一回目に意味を考えながら見ていたときでも、非常に楽しいし、気持ちが浮き立つような。ついついこうやってしまうという（真似る）。たぶんリズムが感じられたから、何かこう楽しくて、あまり意味を考えないでも見られたんじゃないかなという気がします。

それと、色々な身体表現がこの中には出てくると思うんですけど、一つは、自分が最初に見て気になったのが、舞踏ですとかバレエですとか、そういったような動きとそれから手話が混じった合奏……、実際に手話が入っているわけですよね？　でもそのへんは混在している……、これは手話だといったようなテロップや字幕はなく、手話があっても字幕はなく、同じものとしてフラットな扱いで描いている。そのことが、最初に見たときは、「ちょっと何かこれ手話っぽい」、「でもここはそうではない」ということが、何かわかったような気がしたんですよね。

ろう者の方は手話がわかるわけで、例えば手話詩と呼ばれる「サインポエム」ですか、米内山明宏さんが、四角の中でゆったりとした動きで表現されている。あれは四季を表した手話詩であるということは、もしかしたらご存知かと。まったく手話を知らない、そういう情報もない方が見ると、それが伝わっているのかどうか。伝わっている人と伝わっていない人がいて、何かもったいないなという気がちょっとしました。
今日は監督にお聞きしたかったんです。字幕と手話を明確に分けない作りをしていることは、見ていてわかるんですけど、その意図みたいなものをお聞きしたいなと思いました。

牧原　感想をありがとうございます。二回も見ていただいて、すごくうれしいです。米内山さんのサインポエム、実は言語だけではないと思うんです。言語はあるけれども、非言語的なものとして私は見ています。そこに字幕をつけてしまうと、その意味に引っ張られてしまって本質を見失ってしまうのではないかと思うんです。正直に言うと、聴者全員にわかってほしいと思って作ったわけではありません。これまで色々な映画などを見てきました。例えばゴダールの監督作品なども見てきましたが、ろう者にはわからない表現があります。音などをうまく効果的に使っている箇所は聴者だからわかるもの。だからといって全部を知りたいとは思いません。それはそれでいいと思うんです。それが聴者の世界だと思うからです。わからないところがあったら聴者に聞いて、この人はこういうふうに捉えているんだなと知るのも一つの手です。この『LISTEN リッスン』もそれらと同様のものだと思っています。すべてに字幕を付ければいいというものではないと思ったんです。

雫境　色々な方とお話しして、音のない音楽ということと、ろう者の音楽。これは似ているけど、違うということを発見しました。「音のない音楽」というと、ろう者も聴者も共通して感じるもの、大きなもの、広い、聞く場という聴者もろう者も関係なく感じられるものです。「ろう者の音楽」というと、まだまだ突き詰めていかなければいけないんですけど、その音のない音楽とは違うと思うんです。音のない音楽というと、たとえばジョン・ケージがピアノの前に座るだけで演奏しないというパフォーマンスがあったんです。六〇年ほど前のものです。それはろう者のためにやったわけではないんですよね。聴者の音楽というものを改めて考えるためにその音楽が表現されました。それは聴者もろう者も関係のない、音のない音楽としての表現です。

一方、ろう者の音楽はというと、この音楽という言葉を使ってしまうと誤解されやすいという面があると思うんです。音楽というと、文字通り「音」を「楽しむ」となりますね。そうすると音によって何かをするというふうに誤解されてしまうかもしれません。ただ私たちが表したかったのは、この内面にあるものを表現する、表現したものの間、そして時間の流れの中でメロディが進んでいくというような、時間の表現を考えたときに、それに適切な言葉がなかなか見つからなくて、音楽という言葉が一番近いんじゃないかと思い、「」付きの「音楽」としてその言葉を使うようにしました。

難しい話になってしまうんですが、ろう者のなかには、やはり言語にこだわり過ぎている面もあると思うんです。いままでろう者は聴者に抑圧されてきた。口話教育を教えられてきた。そのなかでやっと「ろうである」ということに目覚めた。その後、やはり「手話が言語である」という、言語にこだわるというところが強くあると思います。そういったなかでこの映画を見ると、その意味は何だろう？　あの意味は何だろう？　と考えてしまう面もあると思うんですね。

こういった表現と教育というのはつながっていて、影響があるんだなと思いました。やはり音楽というのは知識が必要であると言われたことがあります。教養ですね。でも音楽の教養がなくても、たとえば一緒に音楽を楽しんだりする人たちはいます。なので、人によってその捉え方は全然違うんです。そのなかで私たちが表したものというのは、何か民族的な音楽なのか。また何かこう、根源的なものについても表わしたんじゃないかなと思うんです。ろうの音楽はこれだというような定義づけをしたのではなくて、やはり時間の流れの中で表れたものを、それを表す言葉を探したときに、近いもので、「音楽」という言葉を当てたということなんです。

牧原　教育の話が出ましたので、少しだけ補足したいです。ご存じない観客もいらっしゃると思いますので。

映画の中でも、音楽の授業が苦痛だったという話が出てきます。ろうの学校の音楽の授業でも声を出すことを強要されました。それが普通の光景でした。音に合わせないで踊ったり、手腕を遊び動かしたりすれば、もっと楽しんでできたのに、音が聞こえないのにもかかわらず、声を出しながら歌わされたのです。雫境さんの話にもあるように、ろう学校であるにも関わらず、日本語の声を出す、訓練をする、そういう教育で、口の動きを読んで理解できるようにする、自分たちも声を出して話すようなことを、昔のろう学校はやっていたんです。音楽もそうでした。それから、結局は自分たちの言語で考えるということをさせてもらえない。言語である手話じゃなくて、第二言語である日本語、書記日本語とか、そういったものを教わってきました。

丸山　日本語で学ばざるをえないというような歴史、過去があったからというのが、いまの話と関係してくると思うんです。まさに、音のない音楽とろう者の音楽は同じようで違うんじゃないのかというお話がありましたよね。それは何の違いかというと、そこに手話があるかないかの違いじゃないかという気がしたんです。それはどうしても、私は言語としての手話ということにこだわってしまって、意味を気にしてしまうんですが、ただそうではなくて、手話表現による音楽というのが、ろう者独自の音楽の一つの可能性としてあるんじゃないかということを、この映画を見て感じたんです。

特に、手話詩と言われるものというのは、私は最初、手話だと理解できるものとできないものがあったので、それは仮に私が手話を知らないせいだと思っていたんですけど、そうではなくて。手話から発展した身体表現としての手話詩みたいなものがあるということを後から知って。何かそこは一つの新しい発見だなと。要は、先ほど話があった、言語でない手話、手話の非言語性による可能性というものは、この映画を見て、発見でもあり、強く感じるところでもありました。

そういうところはこれから、特にアートの分野では発展できるものがあるのではと。それをどう具体的にしていけるかはわからないですけど。そしてそれをろう者だけではなくて、一般に広げていく表現にしていく。

何かそういったことというのは、これから私も探していきたい。ただ、私は小説という言語を使って書いている者なので、なかなか難しいですけどね。ぜひお二人に、これからの可能性を探っていっていただけたら、と思います。

牧原　「音」で、ドレミファというものがありますよね。いまはドレミファというふうに名称がついていますが、名称がつく前までは、その音そのものとして楽しんでいたわけです。しかし、それに名称をつけて、人工的にしていった。私の勝手な想像ですけど。音そのものを楽しむということが本来はあると思うんです。ろうの場合、手話は当然言語です。その言語を分解していくと、形や、間、身体全体の雰囲気や空間、さまざまな要素、「何か」というものが出てくる。そのいくつかの「何か」を並べると心地よさがつながっていく。それは「メロディのようなもの」として存在しているのではないかと考えています。

これまでに、表現されているろう者の芸術はいくつかあります。しかし、そのなかには、言い方が悪いですけど、聴者の真似事もある。ろう文化を表わしているんだと言っても、やはり聴者からの影響が見えてしまうんですよね。これは私の個人的な見方なので、違う見方をされる方もいると思うんですけど。聴者が作ったものをろう者の表現方法に変えるだけだと、そこはただの真似事になってしまう。ろう者の自分の中にあるものをそのまま取り出す、自然に湧き上がってくるもの、それが必要なんじゃないかと思ったんです。いま、そしてこれからはそれができる時代になってきたと思う。これからはろう者自身から出てくる、自然に起こってくるものが、芸術として表現できる時代になってきたんじゃないかと思いました。

『LISTEN リッスン』という言葉は、実はタイトルをつけることもないかなと思っていたんです。ただ、社会に向けて配給するとなると、やはりタイトルは必要になりますよね。そこでまず日本語をあてようと思って、色々と考えたんですけど、どうしてもひっかかってしまう。『LISTEN リッスン』の前に「アンチ・リッスン」というタイトル案がありました。ただ、「アンチ・リッスン」にしてしまうと非常に閉ざされた世界のように思われてしまうので、もう少し広げようと、「アンチ」を取って、『LISTEN リッスン』にしました。ただ、『LISTEN リッスン』というのは聴覚的に聞くというわけではなくて、自分自身の内面を聴く、音として聞くのではなくて、内面を見つめるという意味での『LISTEN リッスン』です。英語では「Hear」(聞く)という英語もありますよね。「Hear」というのは、無意識的に音が聞こえてくるものを表すと思います。でも「Listen」は、主体的に音を取り込む、という意味で使われているようです。ただ、そういった英語での使い分けはそこまで意識せずに、幅広い意味で捉えていただけるという意味で、『LISTEN リッスン』という言葉にしました。

雫境　そうですね。この映画には音はありません。ただ、タイトルが『LISTEN リッスン』です。この矛盾をどう捉えるか、問題提起として、改めてこの音楽とは何なのかを考えていただきたいという意味も込めました。

丸山　非常に面白い話ですね。まさに『LISTEN リッスン』というタイトルの意味ですね。音を聞くだけじゃないという。実は、『デフ・ヴォイス』というタイトルを小説につけたのは、ほとんど同じような意味でして……。あえて、その、音声言語を使わないろう者のことを書いているのに、ヴォイスという言葉を使ったというのは、そのままだと、もちろんろう者の声というデフ・ヴォイスの意味もあるんですけど、手話という言語を持っているという、その言語性、それから、何か、大勢の中で埋没してしまう少数者の声、意見みたいなものというのも、そこに含められるんじゃないかと。つまり、色々な意味があって、反語的な矛盾した表現の中で、そういったものをちょっと考えてほしいと思ったのです。

ろう者でも音楽は楽しめるし、ろう者にも言語があるという、当然ですけど、そういったことを知ってもらいたいという思いがあって、そういうタイトルをつけていて。それと同じようなものを感じたので、今回思いを共有できればいいなと、参加したという経緯もあります。

牧原　この『LISTEN リッスン』では、「ろう者の」というふうにキャッチコピーをつけていますけど、それ以外の難聴者や中途失聴者を排除するというか、否定する意味ではありません。ただ、音の概念を知っている難聴者、中途失聴者の方とろう者とは、少し感覚、概念が異なるというところがある。なので、この映画はろう者として撮ったというのを強調した。もちろん一人ひとり違うというところもあると思いますので、それぞれのなかで、新たにその音楽というものを見つめ直し、発見していけたらいいと思います。

丸山　その気持ちは、私もまったく同じですね。

二〇一六年五月二十五日　於：渋谷アップリンク

（牧原依里、雫境）

（一二）「「間」の音楽」ウォン・ウィンツァン（ピアニスト）

ウォン　僕は心理療法をベースにしたワークショップをやっているんです。パートナー（ウォン美枝子）と一緒に。ダンスワークも取り入れてやっています。なので、（映画を見て）非常に踊りたくなった！それから僕は、劇団「態変」というダンスパフォーマンス・グループの人たちとも演奏していて、彼らの踊りに合わせてピアノを弾いたりすることがあるんですが、それも見ていると、僕は踊りだしたくなるんです。そういう「身体性」が僕の中にあって、それは音楽にとっても重要な位置を占めているということを、今日の映画を見てつくづく思いました。

今日とりわけ感じた踊りの中で、たくさんあるんだけれども、若いカップルが、こうやっていましたよね（真似る）。あれはご夫婦でしょう？まるで恋人のような感じで、まず胸に手を当てて、こういう感じになってくるんですよね。あれはやはりドキドキしてきて、僕もパートナーとあれをやりたいと思ったんです。あれは手話ですか？

牧原　手話ですが、ＣＬ（Classifier：類辞、類別詞）という、手話にある文法の一つです。例えば本や鉛筆を表したいときに、こういう決まったルールで、厚さや薄さを表わす。あれは心臓が動いているのを形にしたものです。こういったような動きと手話が交じっているような。

ウォン　あれは、たとえば聞こえる者同士だと、ああいうふうにはならないですよね。ああいう会話ができるという、手話とダンスが混在している感じがすごく面白かったです。僕は、劇団「態変」の人たちと一緒にやるときは、彼らは不随運動（意志とは無関係に体が動くこと）とダンスが混在していて、どこまでがダンスでどこまでが不随運動なのかわからないんですよね。今日も映画を見ていて、どこまでが手話でどこまでがダンスなのかはわからなくて。初めは解読しようかと思ったんですが、あきらめて、動きだけに自分を同化させていった。最後まですごく面白かったです！

基本的に人間というのは、例えば言葉でこうやって喋っていると、全然通じないものも、こうやって手が動くなど、僕の中では体が必ず動いていく。そういうものの中でコミュニケーションが行われているので、いまは、インターネット時代で、ＳＮＳとか全部文章だけでコミュニケーションをとっていることが、不全感と言いますか、十分なコミュニケーションがとれていない感じがすごくしますよね。そのなかで、逆に言葉というものをなくして、体だけでコミュニケーションをすることの、ある意味その豊かさというか、深さというか、そういうものを感じましたね。

僕は音楽家で、以前はテレビコマーシャルの音楽もやっていたので、映像に音楽をつけることを散々やってきた人間です。いつも思うことは、映画と音楽を見ていると、音楽が邪魔だと思うことが多いです。すごくイージーに音楽と映像が合わせられている映画が意外にも多いです。自分のことも含めてね（笑）。

僕は、この間もこの映画を見に来て思ったんです。映画の前に、「耳栓をして、音が聞こえなくなるから、音楽を目から見ましょう」と言われますが、気づくと、耳鳴りとか心臓の音とか、かすかな低音の音とかが聞こえてきて、完全に無音状態にはならないんですよね。聞こえる人の宿命としては、完全に音を遮断することはできない。たとえば無響室という、外部の音を遮断した空間があるんですが、そこに入ると、ものすごく怖い。音が聞こえなくなることは、僕たちにとっては不安なこと。ろう者と言っても、完全に聞こえない人もいれば、ある程度聞こえる人もいるし、一〇〇デシベルとか一二〇デシベルとかいう言葉が出てきたけれども、そういうものの違いというのは、どうなんだろう？　ちょっとそこをききたいと思うんですよね。

牧原　聴者の場合は、音の概念を持っていますから、そういう概念とこの作品をつなげてしまうところがあるかもしれませんね。心臓の音も聞こえてしまうというのもあります。でもろう者にとっては、もともと聞こえませんから、そういった音の概念を持っていないという明確な違いがあります。振動＝音という概念はあるのですが、聴覚という意味では異なると思います。聴力の少し残っている難聴者はは多少音が聞こえるので、音の概念を持っているのかなと思うのですけれども、もしかしたら聴者とは少々異なる音が聞こえている可能性もあります。人によって聴力がさまざまなので、簡単には説明できないのですが……。

色々な人の話を聞くと、見方や感想は人によってまったく違うようです。ろう者の場合は、音というよりは動きや手話を見る人が多い。「ああ、あそこは手話だなというのがわかった」とか、「これまで言語として手話を見ていたけれども、この映画を見て、言語ではなく、非言語のようなものに見えた」という感想を言ってくれた人もいます。聴者も色々あるようですが。ただ、「聴者たちに抑圧されてきた部分、そういうのが見えてよくわかった」と話してくれたろう者の観客もいらっしゃいました。そういうふうに、背景や環境、歴史、当事者だからこそ見えてくるろう者の景色もあります。音のない世界で生きてきた人から見えるもの、例えば色とかテンポとか映像の変わり具合などに感じる心地よさは聴者と違うのかもしれない、と思ったりします。

ウォン　音楽というものを、聴覚体験というふうに限定しないならば、「この世界はもう、音楽だらけ」だと、僕は思っています。それから、音楽がどのようにあるかというと、ひとつには、時間の流れの中に、それが感じられる。例えば、今日の踊り、そのあらゆる動きの中に反復があって、リズムがあって、その中に動きがあって。それは全部、何ていうのかな……。踊りだけじゃない、この世の中のすべての時間の流れの中にあるものだと。僕には、それが「音楽」だと感じられることがある。音楽はあっても、何を聞いているかは、その人次第。人によって全然聞いているものが違う、見ているものも違う。光が見えている人、光が見えてない人、やはりあるのではないか。たとえば今日の踊りの中で、「気」を感じて同調するというのが出てきたけれども、まさしくそういうことが、音楽、交感、感じ合うことの始まりだと思うんだよね。そこに「音楽」を感じてね。

牧原　動きにはやはり「間」があると思うのです。聴者のみなさんは、「間」から音楽というものを感じるかもしれません。このダンスの場合も「間」があるのですが、手話を使うときもやっぱり「間」があり、それと同じ感覚があるような気がします。例えば、始めに青い服の女性が踊っていたと思うのですが、「間」がありますね。それは手話としての「間」を使っていると思います。でも、それは手話ではなく踊りとして踊っています。一人ひとり育ってきた環境などで、その「間」の間隔は異なるような気がする。日本で育ってきた聴者たちにはやはり日本語の「間」、リズムがあると思うのです。それが心地よいというのがある。手話を使って育ってきた私たちにも、手話によるリズム、「間」の心地よさがあるので、やはり世界が違うところがある。なので、ろう者が表現してくれる踊りは私の中で「間」が合うので、見ていて心地がよいです。聴者のみなさんが音楽に合わせている「間」は、私から見るとちょっと違うということは感じますね。これは否定というわけではなく、世界が異なるんだなということ。

ウォン　僕はこの映画を見ていて、印象に残ったのは、その部分（「間」）もひとつある。たとえば、最初にその子が、目を隠して、それから踊りだすあの瞬間がすごく好き。それと、踊り終わった後の表情も好き。そのあたりもすごく時間をとって映像を編集された。すごく大正解だなと思った。

あと、一人がじっとしているよね。あれは結構大変だと思う。後ろの人がボケて踊って……、あの瞬間は、すごく大事なプロセスだったなと僕は思う。そういうところがふんだんに、あっちこっちの映像にあって、それもすごく好感が持てました。それを感じるか感じないか、みたいな話だからね。もっと見えているという人がたくさんいると思う。だから、見きれないもどかしさというものを感じた。僕はろう者じゃないので、たぶんろう者がこの映像を見たときの感覚と違って、僕には解読できない何かがある、それを知りたいなと思いました。言葉で言うのではなくて、色々な踊りの中に言語的な意味も、感情表現的な意味もあるだろうし、その感情表現の中でも、もっと微妙なデリケートな部分もあって、それはさっき言ったように、聞こえないことのもどかしさみたいなものを表現しているというのもあるのかもしれない。音のない映画はいいよね。僕はもう音をつけるのはやめたいなと思った。(笑)

牧原　聴者がろう者に対して、振動を伝えるということに違和感があるとおっしゃっていたと思うのですが、それについて少しお話をしていただきたいです。たとえば、音楽がいらないとこの映画を見て思った理由を、もう少し詳しくお聞かせいただきたいのですが？

ウォン　僕も、さっき言ったように、障がいのある人たちを対象にしたコンサートの中で、重度の障がい者と、その家族たちとか、それからダウン症の子どもたちとダンスワークをやるなど、色々なタイプの障がいの人たちとのコラボがある。その中で、ろう者たちに僕の音楽を聴かせるために、わざわざ風船のような振動する物を渡して、音楽を体験してもらうという時間があったんだけれども、すごく違和感があったのは、ピアノの音とかそういう細かい振動を、結局、風船でどれだけ伝えられるか、ちょっと微妙だなと思った。皮膚体験や振動体験と、音楽体験、基本的には聴覚体験とは、違うものなんだから。

やはりどこかで、健常者というスタンダードがあって、それに対して障がいがある人たちをなるべく近づけていこうという考え方というのが、社会全体で強くある。それぞれのあり方があっていいと僕は思っているので、ろう者たちに無理矢理に音楽を体験させるということに、ちょっとどうかなと思うところがありましたね。

もしそういうことをやるのだったら、たとえば和太鼓みたいな振動が大きなやつか、全身で感じるような物だったら、あるかもしれないなとは思うけれども。振動を伝える物もすごくチャチだったし、どうなのかな？と思いましたね。もっともっと多様なものを認めていく、健常者に合わせるのが普通というのもやめてもいいと、僕は思う。もっとそれぞれがそれぞれあるような多様性を、いまの社会は認めない。自分と同類の身近な人たちだけを認めていって、ほかのことを排斥していくようなところがある。日本と韓国、中国とかね。国境だけではなくて、女性と男性、ＬＧＢＴと普通の人たちとか、そういう線引きをどんどんしていく風潮というのは、僕にはやっぱり馴染めない。というか、僕自身も中国人だから。四分の三が中国の血で、四分の一が日本だけれども、日本にいながら、そのエイリアンというような感覚は、やっぱり持っていたんでね。そういうものに対する線引きはしなくていいんじゃないかと。たとえばろう者にも、さっき言ったように、完全に聞こえない人もいれば、途中から病気なりで聴覚が落ちた人もたくさんいるからね。その違いだってあるしね。

僕の友人で、チェリストがいるんだけれどもね、彼は片方の耳が聞こえない。しかもいまどんどん、もう片方の耳も聞こえなくなっている。もうすぐまったく聞こえない状態になるので、その最後の演奏を僕と一緒にやりたいと言ってくれて。今度七月に演奏するんだけれどもね。僕は、聴覚を失ったその後の彼の演奏も聞いてみたい。そのときに奏でる音楽というのは、どういうものか。すごく興味を持っているんです。

牧原　そのご友人が自分の中に何か持っているものがあれば、聞こえなくなっても、きっと彼自身のものを演奏できると思います。もしそこで聴者に合わせた音楽を考えることになれば、また違うふうになってしまうのではないかなと思いました。

音楽というのは、おっしゃるように色々あると思うので、ろう者の世界でも色々な音楽があるんじゃないかという可能性、これからも色々とみなさんと一緒に考えていきたいと思います。この映画もそのきっかけになれば。「ろう者の音楽はこれです」と思って作ったのではないので、みなさんも今後、ろう者にとっての音楽とは何だろうということを話し合っていっていただきたいと思っています。ほかにも、「これじゃなくてほかにあるよ」ということであれば、ぜひそういう議論を進めていっていただきたいです。

またろう者だけではなく、聴者のみなさんにも見ていただくということも大事だと思います。というのも、この作品に音がないということで、正直なところ、もしかしたら不評なんじゃないかという心配があったのです。その一方で、さまざまな受け止め方もあると最初から覚悟していたので、今回よい機会として、ろう者の音楽とは、と考えるきっかけとなってくれると嬉しいです。

ウォン　いまは、音楽がついている映像があふれているので、すごくショッキングな映画でした。すごくよかったと思いますね。これからも続けてほしいと思いますね。その、ダンスと人生が直結するような、それこそ「間」をしっかり見せてくれますよね。

雫境　お二人の話の中で、ろう者の心地よさというか、何て言うのでしょうね、色々あると。それは人それぞれだと思うのです。たとえば、だれかに会って、「こんにちは」と言って、手を挙げたとき、ちょっと手を振りますね。この動き。それに対しても相手は何かを感じる。「その手の動きはないな」と牧原さんは言っていますが（笑）、やっぱり動きが違いますよね。長さとかスピードとか、そこに気持ちが表れていると思います。手話としてそういったものは手話の中にも色々とあって、やはり音声にもそういった声質があると思うのです。手話としては手質というのでしょうかね。そういったものがあって、心地よいと感じることもあると思うのです。この映画を作ったときに、ろう者にとって、見ていて心地いいなと思うものを作ったつもりです。しかし、ほかのろう者からすると、ちょっとなあという人は必ずいると思います。であれば、自分がそうではない、もし自分だったらこうしたいなというものがあれば、それはぜひ表現していただきたいと思います。そういった意見がいっぱい出てくると嬉しいと思っています。

二〇一六年五月二十六日　於：渋谷アップリンク

（一三）「サインポエムと音楽」米内山明宏（俳優）、佐藤慶子（音楽家）

（牧原依里、雫境）

牧原　私が大学生時代、この映画に夫婦で出演した佐沢さんのサインポエムを初めて見たときに、本当に感激したんです。その後に米内山さんのサインポエムを拝見して鳥肌がたった。佐沢さんは、米内山さんのサインポエムを見て震えたそうで、彼の表現を見た佐沢さんと、彼女の表現を見た私という流れがあります。それが米内山さんに映画に出ていただいた理由です。米内山さんがサインポエムをつくったとうかがっていますが、そのきっかけなどを教えてください。

米内山　そのサインポエムという言葉について話したいと思います。以前アメリカに留学し、アメリカデフシアター[1]のサマースクールで演技を学びました。その中で「ＶＶ」というのがありました。これは「ビジュアル・バーナキュラー」という、目で見る日常語みたいなものです。それを見て新しいなと思いました。そこにバーナード・ブラッグ[2]先生がいて、その「ＶＶ」を学びました。

　私が留学する一年前に、伊藤政雄[3]先生が渡米して、教育者・指導者として参加したのです。そこでブラッグ先生と出会って、親しく交流されていたそうです。そこでブラッグ先生から「ＶＶ」という名称や表現技術を学ばれました。伊藤先生は俳優ではなく、「ＶＶ」は「手話で表すパントマイム」だと日本へ紹介した経緯がありました。そして、私が帰国して「ＶＶ」を表現するさいに、写真を写すときのピースサインみたいで[4]、どうもちょっと言葉が合わなかったことなど[5]の理由で、「ＶＶ」を「サインマイム」、「サインポエム」という言葉にして日本に紹介し、定着させたのです。

　日本に帰って、改めて自分の表現を作ろうとしたとき、日本には独特の四季があり、アメリカにはそれがありません。それで春夏秋冬の移り変わりを表現しました。私の両親もろう者で、日常的に手話で話していました。母がいつも無意識にポエムのような表現もよく出していました。それを見た私は、「なんでだろう?どうしてだろう?」と思っていました。もしいま、母が元気だったら、ここで表現してくれているんじゃないかなと思います。いつもしていました。たぶん母の独り言だったと思います。例えば、自然な風の動きとかを表現見てきた母の表現が身に沁みて、母の思い、先達、先人の思い、アメリカでの経験も含めて、『四季』を作りました。それをもう三五年ぐらい続けています。

牧原　サインポエムとサインマイムの違いを教えてください。

米内山　「サインマイム」は演劇的で、「サインポエム」は文学的というふうに使い分けました。アメリカに何度か行っているときに、エラ・メイ・レンツさん[6]というサインポエムの表現者にとても魅力を感じたんですね。たとえば、車。アメリカは車社会と言われていますね。アメリカですと道路の両端に電線があり、走っている車の中から見て電線が変化しながら流れていくような詩、そういうアメリカ独特の生活に馴染んだ表現があるんです。手話の「詩」で魅力的な表現を出す。それがサインポエムだと言われました。そのとき、『四季』は、サインポエムかサインマイムかと私も正直迷いました。でも、見ている方にお任せしています。私は表現するのみです。十八番(おはこ)の『四季』は、「サインアート」でもある、芸術的だと勝手に名づけています。それで、サインポエムが少しずつ広まってきているような気がします。

牧原　サインポエムという言葉に定義はないんですね。だからなかなか答えられない。

佐藤さんに質問です。楽器を使っていらっしゃったわけですが、どうして米内山さんとの活動を三〇年間続けてこられたんでしょうか?続けられた理由、きっかけを教えてください。

佐藤　私は、音楽は聴覚だけではなく、もっと視覚や触覚など色々な可能性を感じ、「五感の音楽」という理念で、ヴィジュアル・ミュージックの映像も作ったりしています。ろう者の人とは、それまでお会いしたことはなかったのですが、ろう者の人は音楽をどう思うのかという素朴な疑問から、米内山さんにお会いしました。私のスタジオに彼が来てくれて、たった一人、私のために、実に見事なサインアートを演じてくださいました。それは「ウェーブ」という波の表現で、私は自分の内耳で確かに「音楽」を聴いたのです。そして、こんなに素晴らしい音楽を、ぜひ彼らと一緒にやってみたいと思ったのがきっかけです。

牧原　佐藤さんはいま、ろうの子どもたちに対して、何か、歌を教えているそうですが、そのあたりを教えていただけますか？

佐藤　はい。いまはお休みしているのですが、二五年間ほど、「響きの歌〜耳の聴こえないこどもとともに〜」という音楽ワークショップを、毎月一度ボランティアで開催していました。というのは、米内山さんと出会い、ほかのろう者の方にもお会いして、米内山さんの演劇に音楽を頼まれたりしていくなかで、やはり、子どものときから、こんなに素晴らしい音楽感を持っているにもかかわらず、自分たちの音楽に対して自信がない。なぜなら子どものときに、聞こえる聴者の音楽ばかりを「これが音楽です」と一方的に教わるものですから、自信をなくしちゃう、嫌いになっちゃう。そういう現状を目の当たりにして、もっと子どものとき、彼らなりの表現の仕方を行えたり、自由に演奏をしたりする場が必要だと思ったからです。

米内山さんに、「こういうことをしたいと思うんだけど、どうかしら？」と言ったら「ぜひやったらいいよ、応援する」と言われました。内容を大まかに言うと、遊びのなかから生まれる、彼らの持つリズム感を活かして楽器を叩いたり、踊ったり、既成の音楽観にとらわれず、自由に伸び伸びとすることを第一としました。そのために絵を書き、お話を作り、好きな方法で音楽をつけて

© deafbirdproduction 2016

発表する、視覚、聴覚、文学、身体表現など総合創作と表現を大切にしました。彼らの「音楽的な」感性を伸ばせないものかと願ったからです。

「視る音楽」、「触れる音楽」、「感じる音楽」です。

例えば身体表現では、何種類もの薄い布を使って風を生み、それに合わせて動く、大きなビニール袋を抱えて踊る、ビニールシートでバサバサ風を送り、感じた風と動くなど。まさに現代アートです。自信を持つために、人前で発表することを大切にし、発表会もたくさん開催しました。また振動も重要です。太い竹を叩いて床から伝わる振動を楽しみました。ピアノを演奏するグランドピアノの下に潜ったり、弦に触れたりして、みんな一心に「音楽」を聴いていました。聴くだけではなく、自分たちも演奏しました。内部奏法（現代音楽のピアノ技法のひとつで、ピアノを大切にしながら、太鼓のスティック（マレット）などで叩いたりする）では、みんな素敵なピアニストでした。振動では、とりわけ風船を抱えて音の響きを感じる活動が、NHKテレビで何回か放映されたので、かなり広まったと思います。水も「水に音を見る」波、雨などよく使いました。「サインソング」もたくさん手で歌いました。「サインソング」とは聴者の歌を手話で行うものではありません。あるイメージをろう者が自由に手で気持ちを表現、それを見て聴者が歌詞やメロディをつけます。私と米内山さんの場合、例えば彼が好きなイメージを手で歌い、それに私が歌詞をつけ、メロディをつけました。「手の歌、サインソング」です。声で歌いたい人は声で歌ったりもします。（声を出したい人は声でも歌いました）私たちが目指しているのは「新しい〈音楽〉の創造」です。

牧原　そうなんですね。米内山さんに質問ですが、いまのお話のなかで聴者、難聴者もいると思うんですが、音楽の教育と、『LISTEN リッスン』とのつながりはありますか？

米内山　以前、ろう学校のとき、やはり音楽が嫌いでした。通信簿はずっと「1」でした。つまらなかったですね。音楽を聴いて、声を出して、練習する。音を出すという意味がないと思っていました。音楽を楽しめるという感覚はなかった。自分に合わないんだろうと思っていたんです。その後、演技の活動を通して、舞踊、舞踏ですとか、それらに身を投じて、その音楽、響く、というところに感情を置いて、佐藤さんと色々なお話をしながら、やってきました。小さいときは本当に音楽に興味がなかったです。というか嫌いでした。特に、ろうの子どもたちの、その音楽というものは。どう思うんでしょうか。何か、心から楽しめるような環境を作ってあげたいと思ってきたんです。明晴学園をご存知でしょうか。そこを立ち上げて、音楽という教科がないんですよね。リズム遊びというような教科はあります。楽器とか、踊る、その感情を表現するような、そういうことはやっています。まだまだ試作中、発展中だと思っています。

雫境　音楽の授業の中では振動もありますよね。それよりも、見て感じるような、そういうものを取り入れる指導がいいんじゃないかと、私は思うんですが。

米内山　そうですね。視覚ですよね。たとえば、風が吹く、雨が降る、ザーザー、ポトポト。すべて視覚で見ると、そこで感じていくものですよね。それが、音楽と必ずしも一致することではない。これが、ろう者の世界を描くといいますか。響く、感じる世界というものがある。聴者は聴いて感じる。ろう者は視覚でとらえてそこで感じていく。そこが新しい何か、音楽といいますか、新しいものが生み出されていくのではないかなと思って、その一環として、佐藤さんと一緒に活動しているわけです。

雫境　そうですよね。私たちは「ろう者の音楽」と名づけたわけですが、音楽と決めた理由の一つがですね、手話は言語なわけですが、その言語が成り立つ前に何か形があると思うんですね。それをどう表現するか。それに合う言葉がなかったわけです。探したんですけど。そして時間の経過の中で表現していて、音楽が近いんじゃないかと思っていたので、音楽という言葉を使いました。「 」付きの「音楽」、いわゆる「音楽」と表現したわけです。お客さまがどう感じるか、音楽をどう思うのか、音楽じゃないと思う人はいると思います。そうした批判も甘んじて受けます。

牧原　正直言うと、音楽という言葉に抵抗があったんですね。ほかに美術、芸術、でもちょっと違うし、難しいんですよね。ですから、今回はとりあえず似ている言葉として、「音楽」と名づけたわけです。実際、ろう者の世界には音楽はないと思われるけれども、聴者の音楽にあるリズムや響きに似たようなものがあるわけです。でも、響きが好きな人もいれば、嫌いな人もいる。そこをどうするかというのもあるのですが、実際、ろう者たちと一緒にいて、色々と感じるものがあって、見て心地よいものが何かあるんじゃないかと感じたわけです。自分の経験から色々感じるものがあって、何かあるんじゃないかと感じたわけです。聴者に抑圧されているものがあるとか、それをそうじゃないんだと、黒人のソウルみたいにつながっている共通のようなものを、みんなも根底に持っているんですね。身体から湧き出るものがあるはずなんですね。これを、何か作りたいなと思って、今回の『LISTEN リッスン』を作ったわけです。これをスタートとして考えていきたいんです。そして、みなさんと一緒に話し合って、そして議論しながら作り上げていきたいなと思います。

米内山　映画を見て、ろう者の魂、簡単に言えばデフソウル、日本語にすると聾魂（ろうこん）ですか。そういったものが、牧原監督、雫境監督と、何でしょうか、見ているろう者が、そういう魂を打ち出しているという映画になっていると思います。感動する方もいますし、色々な見方があると思う。色々な方を出演させることで、見てほしいという思いがあるんですね。固まっていくこと、もしかしたら、それが壊れていくかもしれませんし、また新しいものが生まれてくるかもしれません。だんだんとそういう経験を積んで、成功していくんだと思います。

人生で、生まれてずっと聞こえないで育ってきて、その聞こえないということでの思いは、ろう者によってさまざまだと思います。それを見てもらう、見せていくということも、一つの作品だと思っています。

二〇一六年五月二十七日　於：渋谷アップリンク

注

1　アメリカデフシアターは、正式な名称はナショナル・シアター・オブ・ザ・デフ（National Theater of the Deaf, NTD）である。社会福祉法人トット基金の理事長である黒柳徹子氏が一九七一年に一年間ニューヨークの演劇学校に留学し、そこでブロードウェイでＮＴＤ公演を観て感動し、帰国後にＮＴＤの来日公演を八年後に実現した。そのときにマスメディアなどに「アメリカデフシアター」と発言し広まってしまった。現在はアメリカデフシアターと呼ぶ人は少なくなってきている。

2　バーナード・ブラッグ（Bernard Bragg, 1928-2018）ろうの俳優、プロデューサー、監督、劇作家、芸術家、作家。

3　伊藤政雄：日本ろう者劇団の前身である「東京ろう演劇サークル」の誕生に関わっていた。著書に『歴史の中のろうあ者』（近代出版、一九九八年）などがある。

4　「Ｖ」は手を握った状態で人差し指と中指を立てて離す形。

5　当時日本では写真撮影のときに「Ｖ」のサインで表すことが多かった。アメリカでは「ビクトリー（勝利）」や「ピースサイン（平和）」という意味で使われているのに「Ｖ」の本当の意味がわからないまま出す人が多かったから、合う言葉に変えた。（米内山明宏氏談）

6　エラ・マエ・レンツ（Ella Mae Lentz, 1954-）ろうの作家、詩人、教師。

（牧原依里）

（一四）「ロックな感じ！」門秀彦（絵描き）

門　僕は絵で「表現」するんですけど、人が「表現」をするときに、「音楽」だったり「ダンス」だったり「絵」だったりします。まず「想い」があって、それを伝えるときに、手段として「言葉」だったり「手話」だったり「顔の表情」だったり、触ったり、握手したり、心で表現したりすると思うんです。僕は言葉のある世界にいますが、何かを伝えたいと思ったときには、最初はまだ言葉にもなっていない、何かこう、「もわーん」としたものが心に浮かびます。映画の中で喫茶店のシーンがありましたけど、まさにあんな感じです。こんな思いが、「もわーん」とここに出てきちゃう。この「もわーん」は、僕にもよくわからないんだけど、これを伝えたいと思ったときに、どうするか。聴者だったら、これを言葉で表現しようと、言葉を探すと思うんですよね。だけど、ここに「もわーん」と浮かんだ思いに、ぴたっとくる言葉がなかったりする。それでも、どうしても伝えたいという気持ちがあるので、近い言葉を探すんですよね。ざっくりとこんな感じみたいな。それで僕は伝えた気持ちになる。聞いた方もざっくりなんだけど、何かわかったような気がする。そんなやりとりをすることが結構あるんです。

だけど、それじゃなくて、『LISTEN リッスン』を見たときに、「もわーん」としたものを、「もわーん」としたまま伝えるというか。近い表現に置き換えずにそのままの状態で伝える。それがとても生々しい。表現している側も、まだはっきりしていない、明確になる前の想いや感覚を伝えようとしている。それをそのまま出す、そのまま表現するというところが、僕にはすごく生々しく感じました。人が表現するものは、本来はそんなに簡単に伝わらないし、受け取る側も、そんなに簡単にわかるものじゃないと思うんですよね。それは夫婦であっても、兄弟であっても、毎日一緒にいる人であっても、自分の思いや感じたものを、自分と同じように共感するなんてなかなかできない。親とだって喧嘩しますし。でもそれもひっくるめてコミュニケーションなのかなと思うんです。

『LISTEN リッスン』に出ている人たちが表現しているものは、表現した人と、それを受け取った人が答え合わせをしたときに、たぶん答えが一致しないんじゃないかと思うんですよ。それでもそれをそのまま出しているところがすごくリアル。監督が「これでいいんだ」というところに、表現の生々しさというか、表現することの根源的なものを感じました。そこが一番共感するところかな。難しい言い方になってしまったけど。

牧原　私は門さんと同じように両親がろう者なので、小さいときからたくさんの人の手話を見てきました。……手話が言語であるということは間違いないのですが、手話を超えた、言語を超えたところの表現と言いますか。言語になる前のもの、その非言語みたいなものが何かあるんじゃないかと感じて、ずっと見てきたわけです。聴者の歴史は深い……ろう者も同じですけど、芸術というか、芸術もまた一つの枠になってしまうんですが、とにかく聴者の場合は色々と発想があり、さまざまな歴史があったと思うんです。

私たちろう者は、まず自分で生きるため、手話は生きるためのものなんですね。だから、言語を超えたものが何かあるというのを考えるまでに至らない。こういうものを作りたいと思ったときに、色々な人たちに言ったんですけど、みんな戸惑いがあったんですね。でも言ったらすぐに共感・共鳴してくれる人もいた。ろう者でも考えがまちまちだった。その迷いの様子を見ると、やはり聴者の価値観に合わせてきた経緯があるので、ありのままの自分を出すことがなかなか難しいのです。

そこで、私は無理やり出させるというのではなく、その人たちが日常生活で普段出してきたものをそのまま出すことができるように撮ってきました。なので、ろう者のありのままの姿が出ていると思います。出てくる夫婦や親子も設定ではなく、実際の関係そのままです。女性二人が踊っている場面がありましたよね。その二人は高校生のときから仲良しだったらしいんですが、何か情動というか、共鳴というか、二人の関係性がとても如実に出ていたような気がしました。またそういった表現を撮りたいと思いました。

門　あの名シーン、喫茶店のシーンが、とてもわかりやすいというか、あそこのやりとりが、聴者が見ても一番感じやすいと思ったんですよね。

牧原　そうだと思います。聴者から見て。ろう者もそうかもしれないですね。わかりやすい場面と言えるかもしれない。

門　いまから七、八年前に六本木でクラブイベントがあって、僕はそこでライブペインティングで出演していたんですけど、そのときに米内山明宏さんがゲストで出てらっしゃって、『四季』を演じられました。初めて見てすごく感動して、涙が出ちゃった。僕がその後作った『みんなの手話』（NHK Eテレ）のアニメーションは、米内山さんのパフォーマンスが大きなヒントとなったものです。米内山さんのやったものを、僕が受け取って、それがまた別の作品になって、それで知ってもらった牧原さんがいて、それで今日、ここにつながるのが面白いですね。

牧原　米内山さんが関わっていたんですね。知らなかったです。撮影したときに初めて『四季』のサインポエムを生で見たんです。三〇年前からやられているそうで、米内山さんが若いときのビデオを最初に見たんですが、やはり歳をとったいまとは違うんですよね。若いときの表現はキレがすごかったんですが、いまは手話がやさしくなった。やはり経験によって表現が影響されて変わっていくんだなあと。また、「星」をテーマにした彼のサインポエムを拝見したこともありますが、本当に鳥肌がたちました。米内山さんのサインポエムは生で見るべきだと思います。素敵ですよね。

門　本当に素晴らしいですね。『LISTEN リッスン』の「ろう者の音楽」というテーマは、この作品を見る聴者は、たぶん「ろう者の音って何だろう?」と思いながら観ると思うんです。聴者の音楽とは、音楽を発する側と、音楽を受け取る側の二つに分かれます。自分も歌いたい演奏してみたい、音楽で表現してみたいという人と、色々な音楽を聞きたい、いまの気分や好みに合う音楽をいっぱい探したい、それを見つけたときにすごく楽しいという、そういう二つ。おそらく音楽を受け取る側の人は、『LISTEN リッスン』を見て、これって音楽なのかなという問いがありながら見ると思うんです。そういう人にはこの映画はちょっとわかりづらいのかもしれません。僕は、発し表現する側なので、『LISTEN リッスン』で表現される思いの切実さがビシビシきて、刺激されるんですけどね。

牧原　ありがとうございます。ご覧になった方々からよく言われることは、聴者に囲まれたなかでの考え方、価値観で育ってきているから、それとはまったく異なるものを見ると、どうしても自分の価値観に合わせたくなってしまうそうなんです。逆に言うと、聴者がつくった音楽を聞いても、それが音楽なのかどうかは、私はわからないです。その音楽がいいと言われてもなかなかわからない。ですから、聴者が振動を使って音楽はこれだと言ってきても、その価値観を私は理解ができないんです。でも否定はしません。「ああ、そういう楽しみ方もあるんだな」と思う。私からみると、『LISTEN リッスン』に出ている出演者の身体の動きや表情から、ろう者ならではの共通して伝わってくるものがある。その違いというものを提起したかったというのもある。よく言われるのは、ろう者も聴者も関係なくみんなが楽しめるようなことがあるんじゃないかと。ただ、正直言って、それは難しいんじゃないかなと思うんです。個人的な嗜好の違いもあるだろうし、当事者の経験や身体や歴史、コミュニティから見方も変わってくるのは当たり前だと思うので、違っていいと思うんです。だから、この『LISTEN リッスン』を見て、抵抗があるなら、それでいいんです。それは一つの経験としてとてもいいことだと思うんです。門さんが、『LISTEN リッスン』を見て、何か刺激を受けていただけたのなら、それはそれでうれしいことです。

門　この映画を見終わった後、見た人同士で、どうだったとか、俺はこう思ったみたいな話で、作品が終わった後も楽しめる。なので、これから見る人は、一人じゃなくて、二人、いや三人くらいがいいかな。一緒に見て、すぐ別れて家に帰っちゃうんじゃなくて、お茶でも飲みながら、あれ、何かよかったよねとか、あそこよくわからなかったなみたいな。そこも含めて、より楽しめるのかなと思いましたね。

以前、僕は、大宮のろう学校に行って、子どもたちと一緒に絵を描くことを一年間くらいやっていたんですけど、そのとき、文化祭の話を聞いて、何をやるのかなと思っていたら、なんと、みんな、歌やダンス、音楽が溢れていたんですよ。すごく静かな文化祭かなと思ってたら、すごく賑やかなものばかり。それは、本当に音楽を楽しんでいるのか、それとも聴者文化への憧れみたいなものなのか、僕にはわからないですけど、何しろ歌とかダンス、ミュージカルみたいなものが多かった。だったら僕の友だちで音楽をやっているやつがいるんで、プロの本気でやっている人たちの音楽を子どもたちに見せてみようと思って、ロックバンドや、ギターの弾き語り、ソロパーカッションの人とか連れてきて、文化祭で子どもたちに見せてみたんですよ。わからないという子や、楽しめる子、色々といるとか思ったんですが、最後はみんなで大合唱というか、飛び跳ねて、すごく盛り上がったんです。そのときに、音楽の力ってすごいなと思いました。

そもそも音楽って、僕がそれまで思っていたものとは違うんだなとそのときに思いました。音楽って、もっと人間的なものなんだなって。実際、ろう学校で、みんなで生演奏を聞いて、ろうの子たちと一緒に会場にいたときに思ったのは、人間が発する、それを受け取る、これが音楽だとすれば、音楽の力はすごいなとそのときに初めて思いました。これが本当の音楽だ、音楽の力なんだなって。

僕はその何年後かに、アフリカに行って、アフリカのろうの子どもたちと一緒に絵を描くことをやったんですけど、その子たちと仲よくなるときも、やはり歌とダンスなんですよね。その子たちとは、まず、僕が絵を描いて見せて、絵や僕に興味を持って集まってくるんですけど、その子たちは、僕に、歌とかダンスを見せてくれる。それが仲よくなる手段というか。それで僕も一緒に踊ったり、踊ると言っても手をつないでくるくる回ったりですけど。それって、表現の根源というか、通じ合う、気持ちが通じ合うということだよね。詳しい情報を伝え合うことではなくて、まず気持ちが通じ合うみたいな。「アクション」とそれに対する「リアクション」と、その「確認」みたいなものが、コミュニケーションになるのかなと思いました。音楽もコミュニケーションの手段だろうし、絵もそうだろうし、もしかしたら一緒にご飯を食べることやファッションやメイクとか、そういうものも、もともとは全部そうだったんじゃないのかなって気がします。

『LISTEN リッスン』を見るのは二回目なんですが、一回目とはまた違った印象です。最初に一人で踊っているシーンがありますよね。そこにみんなが集まってきて、みんなが、息が合っていたり、合っていなかったり、一人が踊りまくったり、バラバラなのがまた合って、また違うことを思いついて、みんなバラバラになっていく。人がいなくなって、最初に踊っていた人が踊るのをやめるのかというと、やめない。僕は、ずっと見ていて、何かこう、現実社会の人と人との出会い方、つながり方、アクション、リアクション、確認みたいだと思いました。表現っていうのはそういうことなんだなって、二回目見て、一回目よりも強く感じました。

牧原　ありがとうございます。二回ご覧になってくださったトークゲストからは、「一回見たときと二回目とでは印象が違う」とおっしゃる方が多いんです。新しい発見があるようで。

アフリカの話が出ましたけど、聴者もろう者も関係なく、踊るという文化があるみたいですね。ろう者も、自然にみんなに合わせて、音楽というか、動きに合わせて踊るという。ただ、アフリカのろう児が音楽に関して抵抗がないというのは、文化も大きいのではないかと思います。日本のろう学校の場合は、例えば太鼓を叩く、このリズムでやりなさいみたいな教育を受けるんですね。だから間違えないようにと思って、緊張しながらやっているんです。私もそうですが、そういう経験をしているから、音楽に対してあんまりいい思い出がなく育ってきている人も多い。ですから、一生懸命指導されているんでしょうけど、ろう者は何が心地よいと思うのか、つかめない聴者も多いと思うんですね。

門　聴者も、学校の音楽の授業はつまらないですよ（笑）。ろう者に限らず。

牧原　そうなんですか？

門　僕、絵で食ってますけど、図画工作とか美術の成績はすごく悪かったですから。だから、学校で習うもんじゃないってことですね。音楽にしても絵にしても。でも、一つのかたちとして、それがあったから、そこから……。たとえば米内山さんのインタビューにありましたけど、音楽の授業が好きではなかった、でもある種の、音楽に対する、何て言うんだろう、誤解も含めたものがあったから、そこからパワーが生まれたことはあるかもしれないですよね。俺はこれじゃないんだっていうのがわかるじゃないですか。最初っから音楽は自由だよ、絵を書くのは自由だよっていう授業が学校で行われていたら、意外と何をやっていいかわからないかもしれないですね。

牧原　それはあると思います。

門　僕はろう学校に、美術の時間に時々行って、今日は僕と一緒に描こう！みたいなことをやるんですね。で、先生が最初に、「この子は絵がすごく上手で楽しみにしています」、「こっちの男の子は、絵が苦手だから、最後まで集中できないかもしれないから、門さんよろしくお願いします」みたいな感じで教えてくれるんですけど、僕の授業は、何を描いてもいいってやつなので、そうすると、逆転することがよくあります。上手って言われていた子が、自由って言われたら、何を描いたらいいのかわからない。絵が苦手って紹介された子は、自由って何をやってもいいのって、でっかい何かを描いたりね、絵なのか何なのか線を引きまくるとか、とにかくすごい元気な絵を描いたりとか。そういうこともあるので、理解されない状況というのが、たとえばろう者が理解されない状況のすべてが、ろう者の世界を狭くするとは限らないのかなと思う。だからこそ、その状況をどう突き破ればいいのかみたいなことが、見つけやすいというのがあるかもしれないよね。なぜかというと、すごくパワフル。『LISTEN リッスン』に出てくるろう者の音楽が、なんでこんなにパワーがあって、僕が刺激を受けるのかというと、おそらく、音楽に対するアンチテーゼ的な、聴者風にいうと、ロックな感じというか。僕はそういうロックな、「ロックな」っていう言い方が、すごく聴者の言い方ですけど（笑）僕は聴者なんで、あえて言えば、ロックな感じがしますね。

二〇一六年六月一日　於：渋谷アップリンク

（牧原依里、雫境）

（一五）「素朴さの剝き出し」佐藤譲二（画家）

牧原　この作品は、しかたなく音楽という言葉を使ってるんですね。音楽そのものの意味ではなくて、似てる概念の言葉として、この言葉を選んだので……。

佐藤　「ろう者の音楽」というテーマで映画を作られたと思うんです。この映画を見るのは二回目になるんですが、やはり音楽というのがどういうものかは、まだわからないんです。

牧原　そうだと思います。

佐藤　ですが、ろう者と音楽の関係性を扱ったこの映画を見て、ろう者の音楽というテーマのほかに、ろう者の身体というもう一つのテーマが隠れているんじゃないかと感じました。『LISTEN リッスン』では、出演者は一五人ぐらい出ていたと思いますね。全部ろう者だと思うんですが、踊ったり動いたりするなど、いろんな表現を見ていて、みなさんろう者でも、やっぱり身体の動きはまちまちなんだなと改めて思いました。内部から出るものを、身体そのものでストレートに表現している。それぞれろう者が自分の言いたいことを、身体を使って自由に表現していくと同時に、同じ身体のなかでせめぎあいが発生したりもしている。自由にそれを出していく部分と、自分の中の別の自分、引っ張る自分もいて、外部に表現しないで、自分の中で閉じ込めたままになっている部分がある。つまり、ありのままの自分がいたり、自由さを出したりしたいというのと、不自由な状態でいたり、制限的なものにぶつかったりする、相反的なものが交錯し合っていて、その状態がろう者の身体の表現に表れている。一つの表現に、別の表現というか別の感情がふいに出てきたようにも見えたんですね。そこが面白いなと思いました。

雫境　なるほど。この映画に出演している人たちは、ダンスの経験がない人が多いです。素人ばかりを集めましたので、初めてやるという不安感もあったかもしれません。とにかく自分の人生や経験を、内から滲み出る感情を出してほしいと言ったんです。たぶん出演者たちは、みんな、最初はどうやっていいのかわからなかったと思うんです。説明したことは、空間と結びつけながら自分の表現をする、というか心の奥底にあるものを吐き出すといいますか……。でもそれぞれですね、みんな同じじゃないんですね。一人ひとりが、これでいいのかと迷いながら出していたのもあったと思うんですね。でもそれがまたいいなと思って撮っていたわけです。

佐藤　映画の出演者が素人とおっしゃられましたが、出演者の中には、身体を使って表現するプロが何人かいますよね。雫境さんもプロですからね。やはりプロとして踊っている人もいるし、もちろん素人の人たちも踊っています。全体的に見て、プロと素人の二つに大きく分かれてる感じがしたのですが、雫境さんの舞踏、米内山明宏さんの四季の表現、小さいころからバレエをやっていたという方、そのような訓練された身体表現の方法を身につけている人たちと、横尾友美さんや白い服で群舞していた方々の何人かに見られる、プロではない身体表現というか身体の動き、という二つの違いがこの映画を通して見られました。

一段階上にある技術や、ろう者としての表現技術を身につけた方々に対して、横尾さんたちのような方々というのは、訓練したわけではないと思うし、手話っぽい動きが一部にあるけど、ろう者としての意識を出しているという感じでもない。けれども、その方々が身体の内部にある感情を、身体の動きにそのまままつなげるというか、そのまま自分の肉体にぶつけていく、素朴さのむき出しに魅力を感じました。もちろんプロの凄さというのは十分ありましたし、どちらにも違った面白さが見られたと思いました。

牧原　その方、小学校五年生までバレエをやられていたようです。彼女と横尾さんは、かなり仲がいいときいています。手話なのかなんだかわからない、ダンスかなにかわからない表現がありましたね。あのときは、一発で心や呼吸が合ったのか、練習もない状況で撮れたんですね。「なんでああいうふうに合うことができるの」と二人に尋ねたら、「頭の中で通じ合うもの」とか、「テレパシーかな」みたいな話だったんですよね。すごいですよね。そういう意味でも素人を起用したかいがあったなと思います。プロばかりだと、「努力や才能の賜物」で終わってしまう。観客にとっても「これは私にはできない、かっこいいな」で終わってしまいます。でもプロとは関係なく、人間みんな、自然と心から湧き出る情動があるんだ、というのを見せたかったんですね。

佐藤　ほかに気づいたことがあるんです。普段、ろう者は聞こえる人たちに囲まれていて、音中心の社会の中で生活していますよね。その中で、音があることを何となく感じたり、また生活の中で無意識に音からの影響を受けていたりします。そのため、出演者の身体のどこかに音から影響されたものが、時々ふっと出てくるようなふしがあります。また、聴者に囲まれて、音声中心の社会の中で抑圧されていることがあります。例えば、映画の中で、米内山さんが音楽の授業を受けたけれども、苦しかったということをおっしゃっていましたね。それと同じように、ろう者たちは、自分には関係ないはずの音の世界だとか、ろう学校の音楽の授業を受けさせられている、抑圧されているという長年の経験が身についてしまっている。だから音楽に対して反抗したい気持ちがあっても、抑圧され慣らされた身体が受け身になってしまっていて、仕方なくというか、あまり深く考えずに授業を受けていたところがあると思います。それと、聞こえる人たちは音を聞いて声で話すという聴覚的行為だけではなく、音に対して視覚的に感知します。音を視覚的に撮影したり作ったりするということもあります。音は動きとセットで見ることができますし、音楽映画、ミュージックビデオ、デジタル画面など、聴者は音を視覚的にクリエイトすることにも積極的です。そのような視覚的に表現されてきた音が、映画、テレビなどの画面に溢れかえっています。ろう者は無意識のうちにそれらをずっと目の当たりにしていて、ろう者の身体に、そのような音の視覚的なものが蓄積されていると思います。

ろう者は、聞こえる人たちが音の中で生活している社会に囲まれて、さまざまな影響を受けて身体に染み付いたもの、そういったものが出演者の踊る身体に、徐々に出ているというか、それらがミックスされた身体の表現、単純ではない複雑なものが身体の中に出てきているんじゃないかな。音は聞こえないけれど、複雑である身体をそのまま表現しているっていうのが垣間見えて、興味深いと思いました。

牧原　例えば、日本の歌は言葉から始まったらしいんですね。その後に声の抑揚でメロディができてきて、歌になったという経緯があるらしいんです。その話を聞いて「へえ」と思ったんです。そのように言語から非言語、音楽に結びついていたということは、ろう者の手話もその可能性がなきにもあらず、言語なんだからあるんじゃないかと思ったんですね。私は小さいときからいろんなろう者の手話を見て、非言語的な表現があると感じてきたんです。それが何なのかなかなか表現できないんですが、踊りかっていうと少し違う。説明できないからこそ、この映画を作った。音楽という言葉がぴったり合っているのかどうかわかりません。いま、世界は聴者たちが中心なので、音楽という言葉がありますが、ろう者が中心だった場合、音楽というものはなかったのかどうか、それとも音楽というものが生まれたのかどうか、ぐるぐると考えてしまったんです。

佐藤　ろう者が音を聞くということはできませんが、ろう者でも床を足で叩けば音が出ますね。自分は聞こえなくても、自分の身体から音を出すという事実、ろう者の身体と音の関係性というのは常にあると思うんです。

牧原　そうですね。例えば、足をトントンとしますよね。そこから響きを感じることもあるけれども、その意味づけというか、自分の経験に結びつけられるかどうかというと、人によってまちまちだと思います。例えば、弾いてるピアノに手を当ててると響きが伝わってきて心地いい人もいると思いますが、私の場合はちっとも心地よくなくて、むしろ身体や手話から醸し出される表現を見たほうが感じるものがあるわけです。つまり、響きを感じるよりも、ピアノを弾いたり、バイオリンを弾いてるその姿を直接見るほうが私は好きなんですね。なんていうんでしょうね。音は聞こえないのですが、なんだか核みたいなものが伝わってくるんですね。その核がつかみきれていないいんですが、何かが伝わってくる。だからサインポエム、手話詩もそうなんですが、言語だけではなく、非言語の部分が見えるんです。それが伝わってくるわけです。聴者が歌っていたり、ピアノを弾いたりしている姿のオーラとそれは何か共通点がある。深い中で自分の経験とつなぎ合わせながら、感情をゆさぶられるわけですよね。何か同じような核があるんじゃないかと感じたんですね。同時に、聴者は音中心に楽しんでいる。その一方で私たちろう者は足で音を鳴らすことはできても、自分には聞こえないわけです。そういう意味で、それぞれの共通性は異なっていくというのはあるのかなと思います。

佐藤　横尾さんでしたか、最後のあたりのシーンで海を背景にして、風変わりな服を着ていましたね。服の襞をひらひらとさせながら踊っていましたが、そのシーンを見て鳥肌がたちました。『LISTEN リッスン』は五八分間ですが、いろんなシーンでそれぞれのろう者が身体表現をしていました。共同監督である二人のろう者の視線から見た撮り方と、いわゆる聞こえる人たちの撮り方とは違ってくると思うんです。ろう者の視線から出てくる視覚的な撮り方、フレーミングなどが画面に表れていました。しかし、横尾さんの踊りのシーンになったとき、それまでにあったろう者の視線から撮られたフレーミングなどが、全部消えてしまっている。これまでの画面を注意深く見ていると、ろう者ならではの画面、フレーミング、アングルというのがあったんですが、横尾さんのあのシーンだけはガラリと変わった印象がありました。横尾さんの踊るシーンの前半には、ろう者から見た撮り方がまだあったと思うんですよね。例えば手や腕だけアップしたり顔の表情をアップしたりするなど、そういう撮り方、編集の仕方がありました。それで、後半になっていくと、これまでのフレーミングが逆転して、フルショットで撮ったり、ロングショットによって一人の人物を遠くに見せたりしています。初めは手だけ、顔だけをクローズアップにするとか、上半身を中心に撮っていたかと思えば、後半はガラッと変わって、彼女をとりかこむ海景、押し寄せる波、水平線にある太陽を背景にして撮られていて、前半と後半でかなり異なった印象になっていました。

つまり、それまでろう者の立場から映画を作っている、撮影している感じがありました。しかし、横尾さんのシーン、特に後半のあたりから、ろう者の視線と聴者の視線の差異というか、両方の撮影スタイルの境界線を超えた次元に入っていくという印象がありました。人間そのものを撮っているというか、根源的な踊りというか、そういう赤裸々な姿にすごく強烈なものを感じました。横尾さんのシーンは二人のどちらが撮ったかわかりませんが、横尾さんの存在感に圧倒されながら撮っていた感じが伝わってきました。ろう者の視線とかもう関係なく、横尾さんの踊り全体をもうただ見るだけというか、そのまま捉えるしかないというか、立ちすくんでしまうみたいな。撮影、編集、対象などを考察することすら頭の中からたち消えて、すべて横尾さんのありのままの踊りを、ただずっと見ていて、気づいたらフェードアウトになってしまったみたいな。ろう者としての横尾さんの踊り、ろう者の視線に基づいた撮影方法など、そういうものが全部たち消えて、人間同士のむき出しな関係というか、二人の監督と横尾さんのその場で発生した、その場限りの濃密なつながり、関係性が画面を通して伝わり、感動してしまいました。お二人に聞きたいんですけど、あのシーンは即興的に撮ったんでしょうか。

牧原　そうですね。あのとき、横尾さんのアップを撮ったのは雫境さんでしたよね。ロングショットは私が担当しました。左右から撮りました。編集は全部私がやったんですが、最後のところは、あまりいじると壊れてしまうと思ったので、このままでいこうと思いました。なぜそう思ったのか、自分ではそこまで分析はしていないのですが。ただ一つ言えるのは、横尾さんのあの表現というのは、流れがあったわけです。それまでの蓄積と連続があるわけですね。それを壊しちゃいけない、壊せないと思ったんですね。編集するとき、どこを切っていいのか本当に悩んだ。この大事な魂の叫びを壊さないようにと。切ってしまえば壊してしまう、本当に切ることができなかった。編集はたいへんで、完成させるのに一年半もかかってしまいました。

佐藤　踊りのシーンのほかに、出演者へのインタビューのシーンがいくつかありました。インタビューのシーンの終わり方が面白いなと思いました。ブツっと切るんじゃなくて、手話で語っていて、その余韻が多少残るようにフェードアウトして画面が切り替わる。この映画では、ほとんどそういう切り方じゃなかったんじゃないかなと思ったんですが。

牧原　あれも難しかったですね。意外とろう者みんな、話の間がなかったんですよ。聴者の場合はどうなのかわからないんですが、ろう者は話し終わると両手を下ろす瞬間があって、そこで切ることができる。その頃合いのよいタイミングがなかなかなかったんですね。みんな、手が動き続けていくんです。だからぷつんと切ることができない。これはうまくフェードアウトさせるしかないなと思って、次のカットにつながるような、リズムを意識して、ああいう形にしてみました。聴者の場合はどう声を切るのかな、その方法を知らないですね。

雫境　そうですね。ろうから見た視点で作った映画は、これから新しい発見もあると思うんです。今後ろう者たちがいろいろと作っていくでしょう。そこからまた新しい発見も出てくるので、また新たに作るろう者が出てきてほしいですね。

二〇一六年六月二日　於：渋谷アップリンク

（一六）「ろう者が奏でる音楽の軌跡」小野寺修二（マイムアーティスト）

（横尾友美、牧原依里、雫境、司会：雨宮真由美）

牧原　カンパニーデラシネラの過去公演に『鑑賞者』という舞台がありまして、その中にろう者が二人出演されていたことをうかがっていたのですが、観られなかったのが心残りです。また、『椿姫』を観させていただいたとき、鳥肌が立つくらい感激したんですね。まず驚いたのは、その演出方法です。観にいくと、台本をいただけるんですね。ろう者用の台本なんですが、内容を把握するために用意している。そこにはびっしりとセリフが書いてあるわけですね。ところが、鑑賞したら、セリフがないんですよ。少しはありますが、見ていると、最初から最後までセリフがない、動きで進んでいるイメージ。すごいんですね。それでも物語がわかる。始めに台本を読んでわかっていたからではなく、なかったとしても、見ていてすごく理解ができたんです。セリフは少しあるんですが、体の動きが、すごく魅力的なんですね。声は聞こえなくても、その動きで想像できるわけです。演者が歩いているだけでもその人の人生が表れてくるんですね。『椿姫』でも、背の高い男性がいて、ただ歩いている場面があったんですが、その男性が主人公の女性を見守っている、背景やそれまでの人生の生きざまがすごく伝わってきた。歩くだけでその人そのものが感じられて、感銘を受けました。これって何だろうと思って。自分で言うのもおこがましいんですが、これは『LISTEN リッスン』と通じるものがあると感じたんです。

司会　私も小野寺さんのYouTubeなどで踊っている姿を見て、身体表現がすごいと感じました。牧原監督が感動したというのもわかる気がしました。それで、さきほど、雫境さんと横尾さんのパフォーマンスを短い時間ですが見ていただいた、小野寺さんの感想をお聞かせいただければと思います。よろしくお願いします。

小野寺　はい。よろしくお願いいたします。舞台を演出したりする仕事をしています。もともとパントマイムをやっています。パントマイムなので、言葉を使わずに、身体を使って何かを表現するということから始まり、先ほどおっしゃったように、テキスト、言葉をちょっと使いながら、でも基本的には雄弁な身体というか、そういうことをお客さんに伝えたいと思って、表現をしています。

それで感想なんですが、本当に『LISTEN リッスン』の中の表現が大好きなんですよ。今日来てよかったなと思うのは、よく、「そこにただいればいいですから」、「そこにいてください」といろんな演出家や僕も言うんですけど、どうしても表現なので、演者はいろんなことを盛るというか、こういうふうにやろうとか、こういうふうに気負ってやろうとか、いろんな感情とかが入ってきて、結局踊りを見せてもらっていることしか伝わらないことがあるんです。だけど、この映画を観た第一印象は、踊りを見たというよりは、その人を見たというか、まず二人がいて、その人が踊っているという、同じようなことを言っていますけど、まったく違うというか。だから、やっぱり人を見たいんです。舞台でも、こういう表現でも。

そのときにまず雫境さんであり、横尾さんという人を見て、そこからその人が動くことによって色々と想像するという構図。できれば舞台もそうであってほしいですね。特に生で見るわけだから。映画でこういうことができるということを、今日二人を見て、なんかちょっと嬉しくなった、背中を押された気持ちでいっぱいです。

（ここで、『LISTEN リッスン』の予告編と本編には入っていない未公開シーンを上映）

小野寺　いま出ていた映像、例えば米内山明宏さんのシーンだと思うんですが、その「振り」がありますよね。あれは、いまのものと本編で使ったものとを選ぶときの基準というのは何なんですか？

牧原　そうですね。全体を見ながら編集していたんですが、全体の流れやバランスを壊さないかどうかを基準にしています。素晴らしい場面があっても、それを全体に入れようとすると入れる場所がない、みたいなものもあるんです。無理に入れるとリズムが壊れる、ずれていくというか。だから、本当は使いたいのに使えなかったカットもいっぱいありました。

雫境　たくさん映像を撮ったんですが、初めから編集やシーンを考え、決めてから撮ったわけじゃないんです。とにかく生の姿を、自然に湧き出るものをそのまま撮りました。初めから編集を考えても、やはり実際とずれてしまうわけですね。とにかく撮る。色々とたくさん撮りました。撮りためたものや映画に出していない場面もたくさんあるんです。でもいいと思った場面を入れてみても、合わない、流れがずれちゃう、みたいなものはいたしかたなく省いていったという感じです。それが一年半ぐらいかかったんですね。実際に撮り始めたのは二年半前でしたね？

牧原　そうだったと思います。途中から、撮影をしながら編集も並行でやっていったんですが、正直、編集は苦しかったです。本当に大変でした。完成できたので、いまはほっとしています。

司会　苦しいというのは、カットするのが苦しかったということでしょうか？

牧原　カットするだけではないんですよね。何でしょうか、「答え」がないんですよね。もちろん物語をつくるときは、頭の中にあるものを投影すればいいわけですが、この作品は違って、設計図もないまま撮り始めた。ですから、この作品自体がどこへいくのか自分でもわからなかった。どういうふうにすればいいのか、どうカットや編集してつないでいけばいいのか。「これはいい」と思ってやってみても、全体を見るとやっぱりおかしいということの繰り返しだった。それが苦しかったんです。

小野寺　雫境さんが「感情を出してもらう」とおっしゃっていましたが、そのときには何か具体的にやってもらうことがあったか、どういうふうに人に指示を出したりしたんですか？

雫境　基本的には即興が多かったんです。とにかく自由にやってもらう、そのなかで形を決めて、「こういうふうにしてください」としたものはあります。型みたいなものは、私の踊りを見てもらって、ビデオで撮って渡して、細かいところは本人にまかせた感じです。ガチガチに固めたものではなくて、だいたいのものを出して、あとは自分の気持ちでやってもらった。ただ、ほとんどが即興です。感情を出してくれているのは、牧原監督と出演者の信頼関係もあったんじゃないかなと思います。

小野寺　わかりました。

牧原　横尾さんはどうですか？

横尾　そうですね。「自然に踊って」と言われたんです。その後、同じように踊ってと言われても難しいですね。バンと全部を出し切ってしまったので。あのときは海で、初めて雫境さんと会った。着物で踊るシーンですね。牧原さんが雫境さんに、「さあ踊って」と言ったら、雫境さんすぐに踊っていらっしゃって。海浜に日光が当たっている中で雫境さんが踊っている姿に、とても感動しちゃって、この後に私が踊るの⁉と思ったんですね。とにかく牧原監督が言うから（笑）。牧原さんとは、大学生のときから映画で印象に残ったシーンをよく話し合っていたので、どんなシーンを撮りたいかをよく知っているので、もう信じてとにかく出し切ろうと思ったんです。ほかの人だったら信用できなかった。あのように出し切る踊りはできなかったと思うんです。牧原さんだったからこそ、できたことだと思います。

牧原　ありがとうございます。そうですね。『LISTEN リッスン』をつくったきっかけの話をしたいと思います。私は小さいときから音楽に興味があったんですね。とはいっても「聴く」ことに興味があったわけではなくて。ただ、ピアノを弾いている人の顔の動き、また指揮をしている人のオーラというんですか。そうしたものにすごく感じるものがあったんです。音は聴こえないんだけれども、何か感じるものがあるのは何だろうと思ったんです。

また、私の親がろう者で、小さいときからいろんなろう者と会ってきたわけです。彼らを見ているなかで、手話は言語ですが、それだけではなく、その中に非言語みたいなものがあると感じたんです。そのときにうまく説明できなかったわけですが、何かあると思っていた。その後に、大学のときに佐沢静枝さん、本編に出ていらっしゃる夫婦の女性の方、彼女のサインポエムに出会ったんです。言語としてではなくて、非言語の何かを感じて、私の心をゆさぶったんです。このほかに、聴者でいうところのピアノを弾いたり体を動かしたり、その雰囲気、そのオーラと結びつくものも、何かあったんですね。

もともと私はこの言語化できない現象に対してもやもや感を抱えてきました。そんなときに、横尾さんと大学で出会ったんですが、たまに手話で踊っているときがあったんですよ。その彼女がとても魅力的で、心に残っていた。それから色々あって、聴者の音楽でいうクラシックと言いますか、ろう者も何か言語に囚われずに気持ちよくなれるもの、それを翻訳したかったんです。視覚化ではなくて、世界が違うので、ただ何か似ている、共通する部分があるんじゃないかと思って、翻訳しようと思って進み出したわけですが、私が感じていることをうまく説明できなくて、なかなか進まなかった。色々なろう者を探したんですが、できる人がいないので、「じゃあ私がつくろう」と思い至ったんですね。

それで雫境さんと出会って、考え方も合って。私は踊りをみんなに教えることができないのですが、雫境さんは二〇年舞踏家として、プロとしてやってこられた方なので、雫境さんにお願いしてやってきたという経緯があります。ろう者のみんなに、「ろう者の音楽についてどう思う?」と聞いたら、「あるとは思うけどどうやればいいんだろう」と返ってくることが多かったので、みんなどこかでわかりつつも、そこで止まってしまって前に進まないという、孤独感をちょっと感じていたんですが、雫境さんと一緒にやってすごく助けられた部分がありました。そして今回劇場公開ができたということで、本当にうれしかったです。横尾さんもご出演をありがとうございました。

横尾　ありがとうございます。

司会　私はこの映画を見て、いま監督がおっしゃったように「名づけられない何か」、音楽と言ってしまうとちょっと違うような、音楽に近いものが人間の体の中にあるということを感じたんですね。その「名前がついていない何か」を、牧原監督はこの映画で表現しようとしたことにすごく感銘を受けたんです。そこは、小野寺さんから見ていかがでしたか？　牧原監督は小野寺さんと、「言葉を疑う」というところで共通点を見いだしたとうかがったのですが？

小野寺　はい。「言葉を疑う」と言うか、何かちょっと話がずれるかもしれないですけど、さきほどの踊りもそうで、何か質感ということをすごく考えていたんです。ものの質感。振りを見ても、例えばどうしてもただアップダウン、上げて下げてとか、手を回してとかという言葉に落とせるような、そういうものではなくて、もうちょっと重さであるとか。もうちょっと言うと、硬いとか柔らかいとか、何かそういうものがすごくあると改めて思ったのです。

例えば、僕の『鑑賞者』という作品では、ろうの方と仕事をしているんですけど、そのときにびっくりしたのは、僕はつくるときに、どちらかというと音楽とかリズムではなくて、擬音でつくることが多いんですね。聴者の方はわかると思うんですけど、例えば「シャー」とか「キラキラ」とかそういう擬音を使うんです。でもそれをろうの人に言ったときに、「僕たちは使わない」と言った。そのときの二人がそう言っていたんです。でも少なくとも体の中にそういう質感があって、そのことをお話しすると、「はい、わかります」というところには行き着くんです。僕らはそれを言葉で「シャー」とか「キラキラ」とか「つやつや」とかと言って、わかった気になっているというか。何かそういうことも含めて、身を正さなくちゃいけない。言葉ということに全部乗っかって、わかったふうになっていると思ったんですよね。

今日の映画も音を使っていない。もちろんみなさんにとっては当然だと思うんですけど、何となく雰囲気で曲をかけて、その中で踊っちゃうということをしがちなんです、僕らの表現は。僕もダンスというカテゴリーの中にいるので、例えば音をかけて踊るときに、実際それは音を聞いているのか、踊っているものを見ているのかと、最近疑問を持つんですね。例えば、踊る際に音を抜いちゃうと、意外に陳腐なものが残ったりする。何となくその音に単純に乗っちゃっていて、「自分」発信のものは別に何でもない。

『LISTEN リッスン』の表現が、すごく素敵だなと思うのは、そういう意味で、そこに頼っていない、「自分」で確実に何かを発信している。いま言った質感であるとか。なので自分が頼っているものを……、頼っていることがダメだと言っているんじゃなくて、頼っているということをちゃんと理解したうえで、そこに向かわなきゃいけないとすごく感じました。だからこの映画を見たときに、もちろんドキュメンタリーなので、何かがいま起きている映画であって、一般論では言えないんですが、すごく僕は好みの映画。ドキュメンタリーと言っても、その人ならではの美学が入っているから、ある種のファンタジーとか寓話みたいなものが見えて、すごくドキドキしたんですね。でも物語とか、いいお話、悲しいお話を伝えているんじゃなくて、核になっている「生きる」とか「愛する」とか、言葉には置き換えられないようなものを、何とか表に出していこうとしているという意気込みを感じています。僭越ながら、僕も舞台で一生懸命それをやろうとしているんです。だから牧原さんが、僕の『椿姫』を見て、めちゃくちゃ面白かったと言ってくれたのは心から嬉しくて。同志がいるんだなと思いました。

牧原　そうですね。小野寺さんの舞台、映画的だなと感じたんです。舞台を見て映画的と感じたことは、いままで一度もないんです。もちろんいい舞台もありますが、小野寺さんの舞台は本当に映画的なのがすごく感じられました。映画が好きな人は絶対に見に行くべきだと思います。

小野寺　ありがとうございます。

牧原　『LISTEN リッスン』について、聴者の場合、音楽が生活の一部にあるので、それらに無意識に身体を委ねる傾向にあるのかもしれないなと思うんですが、ろう者の場合は音や音楽とは無縁なので、自分が見てきたものを率直に出せるというそんな見方もできるのだなと思いました。雫境さんと横尾さん、いかがでしょうか？

雫境　ろう者は目で見る生活をしている人です。音という考え方、概念がないんですね。例えば雷は「ピカッ」って、そういうことなのかなと思うけれども、実体験はない。想像だけになってしまうわけですね。ですから、ろう者は目で見て生活をしているということです。漫画を見て、「ピカッ」と雷の絵の横に書いてあっ」と言われたとしても、それが何か想像ができないです。

彼が電車の窓から見ている風景、電線を見ている風景の表現がありました。電車が動いているわけですから、窓から見える風景がどんどん遠ざかっていく雰囲気を表している。その画を見て脳に焼きつけている形ですよね。ですから、「そう、そう。僕もそうだったよ」と感じるわけです。小さいときに田舎で一番前に立って線路を見ていた。枕木を見ていて、どんどんこれが通り過ぎていく様子を見て、それがすごく楽しかったということは覚えているんです。駅に着くにしたがって、枕木の動きがゆっくりになっていって、止まります。そういう経験を覚えているわけですから、音ではなくて、その動きを脳に焼きつける経験をしてきているわけです。ですから、手話であったり、また非言語としての身体表現であったり、魂から出したりするものは、いままで見てきたものとつながるわけですね。例えば箪笥の引き出し、この引き出しの中に色々な経験が入っています。そこにしまっていて、あるときにはそこが開かない、またはホコリを被っていて忘れられている。でも開けてみると、「ああ、こういう記憶があったよな」という、そういうものを改めて心の底から出してみる感じですね。

そういう意味で、今回の出演者たちには「こういうふうな動きをして」と言っていないんです。例えば原石があるとして、原石を磨いて磨いてずっと磨いて光るみたいなことになりますよね。きれいな宝石になります。時間をかけてきれいな世界になっていきます。でも逆にその原石を軽く磨く。土や砂埃を取ってそしてきれいにしただけ。『LISTEN リッスン』はそういうものを表した映画だったと思うんですね。

小野寺　パントマイムというのはすごく記憶が大切で、動きの中にジェスチャーが入っているので、例えばよくある「壁を出す」とか、そこにないものを動きで出していくんですけど……。僕はろうの方と出会って、もちろんいろんな方がいると思うので一概には言えないんですが、すごく丁寧だと思ったんです、動きに関して。これは何だろうと思ったときに、雫境さんがいまおっしゃったように、視覚で記憶を引き出しの中に入れているんですよ、たぶん。自分たちを顧みて言うと、ワークショップでも、「ドアのノブを開けてください」と言ったときに、ちょっとびっくりするんです。このへんにノブがついている人とか、ノブがめちゃくちゃ大きい人とか、みなさんもちょっとやってみてください。雑に生きていると、もう何万回とドアを開けているのに、どこに何があるか再現できない。それはパントマイムですと一見、テクニックみたいに思えるんですが、「どの角度でこう開いて」と、やり方を覚える、という話ではなくて、たぶん自分の記憶として、ちゃんとそれを取り込んでいるかどうか。実際には頭に入っているんです。でもいま言ったとおり、漠然としている。こういうことを考えると、記憶をちゃんと蓄積できていることの豊かさ。ろうの方は、豊かなんだなと思うんです。特に身体のことを言うと、どれだけ身体が動くかというのは、身体が柔らかいとか足が上がるということではなくて、どれくらいその身体に対しての記憶があるかだと、僕は思っているんです。合っていますかね？

牧原・雫境　そうです。

雫境　パントマイムを始めたばかりの聴者とろう者の動きですと、ろう者の方が細かくないですか？

小野寺　細かいです。ただ、逆に言うと、説明しすぎて。何度か一緒に作業しているときに思うのが、「ジェスチャー」になってしまう。伝わらないと思って動きすぎてしまう。そこに壁があって、それをちゃんと説明してくれるんですが、もっと止まっていいですよとか、もっと落ち着いていいですよとか。そこで止まって、想像の余地があってもいいというところで、もう一つ丁寧に説明してくれたりすることがあって、そこはまた違う問題というか。無言で表現するということに関しては色々とあるんだろうなと思ったりしました。

牧原・雫境　なるほど。

牧原　記憶に結びつけてというお話があったと思うんですが、聴者はメロディを聞くと記憶しますよね。それは私たちろう者には不思議なんです。ろう者の場合は、変な動きをしても、すぐにそれを真似できるんですね。だけど手話を学習している聴者はそれができないんですよ。逆に、聴者はメロディを聞くと簡単に記憶できる。これは何なんでしょう？　不思議でしょうがないんです。

小野寺　僕もそれはすごくびっくりしました。最初にろう学校に行ってワークショップをしたときに、小学校一年生だったかな、パントマイムなので簡単なネタ、小さな芸をした。例えば、切腹して中から腸を出して縄跳びで飛ぶという、ちょっとシュールな芸なんですけど（笑）。そんなパントマイムを小学一年生に見せるんですが、その一年生の子が一回見て、はっという顔をして、その場で全部真似してできたんです。しかも細かいところまで全部。もう本当にびっくりして、どれだけ視覚から入ってきたものを、記憶にぐんと結びつける回路が強いのかなと思って。

ただ、僕は聴者なんですけど、メロディはそんなに覚えられなくて、これはどうしたらいいんですかね？頭の中で繰り返し聞くということはあるので、いつの間にか定着しているということはあって、たぶんそれはろうのみなさんが見て、記憶して、入れている仕組みと一緒なのかもしれないですけど。確かに意図的にこれを覚えようというのではなくて、頭の中に音楽が残っているということはある気がしますが。どうなんでしょうか？

司会　いま、牧原監督が「聴者の方はメロディをすぐ覚える」とおっしゃったんですけど、小野寺さんが言ったように、人によってそれはかなり違う。私も一回メロディを聞いても全然覚えられない。覚える人もいますし、なかなか覚えられない人もいます。それは人によってかなり違うと思います。

牧原　そうなんですか？　でも何かクイズがありますよね？　イントロクイズとか。そこがろう者は理解できないんです。何でわかるんだろうと、ずっと不思議に思っていたので今回聞いてみたんです。

小野寺　なるほど。みなさん（牧原さん、雫境さん、横尾さん）は、ぱっと見てぱっと動きは覚えられるものなんですか？

牧原　そんなことはないかな（笑）。でも何かをやられたときに、それを見て、似ている記憶があるわけです。自分は表現できなくても、それと似ているものがあるなというふうな。例えば『LISTEN リッスン』の動きでも、何かそれぞれ共通点があるんですね。お互いに何かを出しているなかで、自分の記憶と結びつく何かがあるなとは感じています。

雫境　聴者の中に音を聞いて記憶する、音楽を記憶する、それを忘れない人はいると思うんですよね。ろう者は見て記憶をして、自分が真似できるかどうかというのは、人によってまちまちだと思います。真似をしてすぐできる人というのは、やはり物真似がうまいということだと思います。ろう者には、人の特徴を掴んだ物真似ができる人が多いかもしれないです。

もう一つ。映画で六人が白い衣装で踊っていますよね。あのシーンを、佐沢さんがろうのお子さんたちと観に来ました。家に帰ると、お子さんたちはもうすぐに踊り始めたんです、教えたわけではないのに。佐沢さんはそれを見てびっくりしたという話を聞いたんです。

横尾　パッと見て、という話ですよね。いまでもそうなんですが、親がろうなので、手話中心で、補聴器を与えられてつけていて、だんだんと音が邪魔になってきたんです。逆に目がせわしなくなっちゃう。なので補聴器を取って落ち着くことができた。視覚に入るものがゆったりと入ってくるという感じになった。目の前が豊かになると言うか、補聴器はもういらないと思ったんですね。

それ以降感じるのは、例えば人と擦れ違うときに、パッと見て気になったり、話してての人の波動、リズムを感じたり……身体、視覚や頭の中でリズムのようなものを組み合わせて、動きたくなる。何かを表現したくなる。この繰り返しだったんです。たまにだれもいないところで、自分の中で組み合わせたリズムを踊っちゃうんです。このように、補聴器による音をなくし、視覚中心にしたことで、感じることに集中できたことが大きいかなと思います。

ろう者の環境によっては違うと思いますが、小さいときは発音を覚えなきゃいけない、言葉を覚えなきゃいけないという、環境によって厳しいしつけがあったと思います。目の前の生活のために生きることに必死で、身体の古い古い記憶、リズムのようなものを楽しむことを忘れてしまったのではないかと思うようになりました。私は『LISTEN リッスン』をきっかけに、忘れていたものが甦ってきたように感じます。自分の中に溢れてきたものに素直にまかせて踊ることに、いま改めて喜びを噛み締めている感じなんです。

司会　私も『LISTEN リッスン』を見て、「聞こえないから、自分は、音楽は関係ない」と思っているろう者の方が、この映画を見て、「あれ、自分の中にもこれはあるぞ」と思う方が必ずいるんじゃないかなと思ったんですよ。そういう方はいらっしゃいましたか？

雫境　ろう者は「音楽」という言葉にちょっと引っかかってしまうところがありますよね。音楽と言うと、みなさんは音をイメージしてしまうんです。なのでろう者に心の中に、体の中に音楽があるかと訊いても難しいんです。映像的、視覚的なものに対してこれは音楽なのか判別ができないというところがあると思うんです。でも、感じる、感動するということは素晴らしいことだと思っているんですが。

牧原　そうですね。ろう者にも色々な人がいるんですよね。聴力などの条件も異なりますので。例えばピアノの振動が心地よいというろう者もいるし、ピアノの振動は抵抗がある、これは音楽とは感じられないというろう者もいる。「これが音楽だ」というわけではなくて、一部のろう者の感じ方ですよね。「音による振動＝音楽」だと感じる人もいるでしょうが、振動ではなくて、何でしょうか、それが音楽なのか、音楽みたいなものがあるんじゃないかという疑問から生まれた映画なんです。ですから「『LISTEN リッスン』がろう者の音楽だ」というつもりはないんです。そこはみなさんと一緒に今後考えていきたいテーマなんですね。

横尾　『LISTEN リッスン』に出るまでは、孤独を感じていました。自分の中に流れている、名もない何か。だけど音楽のようなものが溢れていると感じることがあります。自然に踊りたくなるものが自分の中にある、これが音楽じゃないのかと思っても、聴者が言う音楽とは違うと思ってしまうので、孤独感があるんですね。でも牧原監督が、今回一人ひとりが持っているものを引き出してくれた。音楽のようなものを出させてもらった。そして全国のろう者にこれを見てもらって、「あ、出してもいいんだ」というように思ってくれる人がいる、仲間が増えるということが楽しみなんですね。そういう形で表現できる仲間が増えると嬉しいし、それを期待したいと思っています。

小野寺　映画のコメント*でも書いたんですけど、まさに一緒ですね。もしかしたら、音そのものを音楽と言っていないかもと思ったんです、これを見て。というのは、さきほど言った「質感」であるとか「間」であるとか、何かそういうこと、実は音符を聞いているんじゃなくて、いい音楽と言われるものは、実はそういうところを聞いているんじゃないかなと。これは僕もわからないです。だけど少なくとも、音を耳に入れた、音が聞こえたということが音楽じゃない。

だからもしかすると、全部一つのことにつながってきて、踊りもそうだし、お芝居もそうだということに、つながってくるのかもしれないです。ある種の表現形態として「音」というのがあるんだけど、豊かさだけを考えると、それは別に音でなくてもいい。いま横尾さんがおっしゃったように、やはり音がないぶん、もっと色々と想像できることがいっぱいある。いますごく情報が多くて、何でも説明されちゃうんで、「ああ、そうか、そう思えばいいんだ」と思う。例えば言葉があることによって、すごく言葉は強烈というか、一つ置いてくるので、これを機軸に何かを考えるというふうに、どうしても捉えちゃうんですけど。

僕はパントマイムをやっているので、言葉がないという豊かさがすごくあります。何を考えてもいい、いろんな答えがあるしいろんな見方があることが、パントマイムにとってはすごく武器です。例えばフランスで公演をして、この間の『鑑賞者』は、ニューヨークに行かせていただいて公演をしたんです。このときに僕はろうの人と一緒にやるというと、どうしても、牧原さんがさきほど言ったとおり、世界が違う二人が、二つのものが出会うみたいなことばかりが取り沙汰される。でも、聴者と言われている僕らも、一人ひとりを見たら、そんなに同じ人なんていないとまず想定したときに、別にこれはきれいごとではなくて、同じ舞台に立って作品をつくるときに、特別な人という考え方ではなく、つくれたらいい。それで『ニューヨークタイムズ』に記事が載ったんです。そのときに、いっさいろう者ということを「特別」と書かずに、「ここはこう見えた」と書かれていた。ろうの人と仕事するときに、どうしても超えなきゃいけないハードルみたいなことを常に突きつけられることがあった。でも、実際こうしてお会いするとお話が合うし、言っていることもよくわかる。たぶんわかってもらえるんじゃないかな。僕は英語があまりできませんが、アメリカ人と喋っていて、ほとんど伝わらないとかということと、そんなに変わらない。

いま聞こえない、聞こえるというレベルの話ではなくて、情報を一つ、例えば見えないでもいいし、音だけ聞いてみるでもいいし、例えば音を取ってみるでもいい。どうやったら人がイメージを膨らませられるかということが、表現にとってはすごく大切なことのような気がしている。どうしても付け足して付け足して、大きなものをつくろうとするんだけど、これはパントマイムから教わったことですが、できるだけ取り払う、削り取る。さきほどおっしゃったように。でも、劇団員の人たちに、「お前の人生を捨てろ」と言ったことはないですよ（笑）。それでも言っていることはそういうこと。何かもっと身体で語れるものといったときに、言葉に頼っている身体を、一回洗い流すための訓練はすごくします。だからほとんど稽古は、まず一対一で向き合って、いまどっちが強いか弱いかとかということを、言葉じゃなくやるという作業をずっとやり続けるんです。

雄弁な身体という意味では、二人（雫境さんと横尾さん）は本当に雄弁です。そういう人たちと出会えて、反応が起きるかどうかをもっと見たいと思うんです。その静けさとか間みたいなことは、やはり音楽につながってくると思いました。音楽という言葉には収まりきらないですけど。何かすごく感動しちゃったという話なんです。

牧原　ありがとうございます。

司会　音楽という言葉にとらわれないということですね？

小野寺　だから僕は「言葉を疑え」ということをすごく思ったんです。

司会　映画を見て、いわゆる音楽的なものは音だけじゃないと思ったということでしょうか？

小野寺　はい。すごくそう思いました。

司会　私も、この映画はそうしたことに成功していると思いました。

牧原　そう？　そういうことになるの？

小野寺　もう一つ質問なんですけど、編集するのに一番大切にしているものはなんでしたか？　これをつくるのに譲れないものはありましたか？

牧原　なんでしょうね。

雫境　結果的に編集は全部牧原さんがしたんですが、「編集途中のものを見てほしい」と言われて一応見たんですね。僕の好みもあり、牧原さんの好みもあります。自分の好みを入れすぎると、何か変な方向にいってしまいます。ですから私はあまり手を出さなかったんです。とにかく動き、手話ではない動き。何なんでしょう？　見えない何か。この空間の部分を入れているみたいなところがあるんですね。動く肉体的な部分だけに集中せずに、動きのまわりですね。その動きのまわりにあるものを選んでいると感じたんです。

牧原　なるほど（笑）そうですね。ああ、一つありました。「手だけの動きだけを出す」のは極力やらないようにしていました。「手の動きだけをアップしてもよいのでは」というご意見もいただいたんですが。手話というものは表情、顔、また空間と結びついていて、それが私たちの生き方なんですね。ですから「手だけを撮る」ということにすごく抵抗があったんです。それは私の見方ですから、他の人からはまた違う見方もあると思うんですが、編集をするうえでは、自分の経験、価値観が入るのでそこは大事にしたかった。何だろう、手だけを見て「いいな」と思うことはないんです。その人そのもの、その人がいる空間の中に手がある、その空間だからこそ魅力を感じるものがあるわけです。ですからいままで聴者が撮ってきた、ろう者がでているさまざまな映画などでは、手だけクローズアップされることが本当に多くて、何でだろう、それだけ切り取っても仕方ないのになって思うこともありました。すみません。私の価値観です。

それから、『LISTEN リッスン』の冒頭で赤いカーテンが出てきますよね。最後は青の揺れるカーテン。実は映画でよくある最後の黒いエンドロール、私はあれが好きなんですね。余韻を感じるといいますか。聴者に聞くと、あそこで音楽が流れているらしいんですよね。『LISTEN リッスン』の場合は、真っ黒な画面に文字を出すよりは何かがこう揺れる感じでエンドロールを出した方が合うなと思って、カーテンを取り入れたんです。

雫境　そうだよね。そう。カーテンは僕がずっと持っていたんです（笑）。

牧原　そうですね（笑）。ですから「手だけを撮らない」が、私の譲れないところでした。手だけではなくて全体を、空間のすべてを出したかった。

小野寺　すごくちゃんと「足りている」。つまり「無駄がない」。ちゃんとフラットに見ているというのかな。

ぎゅっとここ、特別なものをすごく凝視しているんじゃなくて、すごくちゃんとフラットに（頭から上半身にかけて手で四角を描きながら）、見ているなというか。それはいま言った空間でもあり間でもある。いい意味ですごく心地いいのが、そこが多くもなく少なくもなくというか。それがすごくちゃんとできているのが、びっくりしたんです。それは僕の好みかもしれないですけど。

二〇一六年六月三日　於：象の鼻テラス

＊映画のコメント：『LISTEN リッスン』のフライヤーと映画パンフレットに寄せられた小野寺氏のコメント。
「感じる、それを過不足なくアウトプットする。その二点において普段の自分には何と妨げるものの多いことか。キャッチし感ずる。そこに言葉は介在しない。風は風だから風なのではない。風という言葉を疑ってみたらいい。嬉しいという言葉を疑ってみたらいい。見つめる目が強くて、やっぱりと思った。リズムと間と質感には情報が詰まっていた。音楽の核は、疑ってみると音ではないのかもしれない。」

第五章　『LISTENリッスン』から五年後に

一、「響存」から五年後

宮城教育大学教授　松﨑丈

タイトルの「響存」は、ある哲学者が提案した用語である。私は、五年前に『LISTEN リッスン』の劇場用パンフレットに寄稿するときに、次のような内容を書いた。

「民族音楽学者の小泉文夫の話によると、文字を持たない民族はあるが、歌を歌わない民族はないという。（中略）人と人が呼吸を合わせ、調子を合わせ、互いに歌い、踊ることで、共鳴し、共感することができる。心理学では「人格」と訳されるパーソナリティ（personality）の原語の意味に「反響する」とある。人と人は歌い、踊ることで、お互いに反響し合い、共に存在しているのだと実感する。哲学者の鈴木亮はこれを「響存」という」

この用語をとりあげたのは、『LISTEN リッスン』で、演者としてのろう者たちが文字通り「響存」できており、その様子を見ている私も同じく「響存」していることに深い感動を覚えたからである。これからろう者やろう教育の世界で何か新しい変化が始まるという直感があった。いまでもこの作品を初めて見たときの衝撃がありありと思い出される。音楽とは聴覚と音声を活用するものであり、それを十分に活用できない自分は、音楽とつながるのが難しい人なのだとずっと思っていた。

私は、先天性風疹症候群によって、生まれつき聴こえない状態で生まれた。ろう学校は幼稚部のみで、小学校以降は地域の学校に通っていた。音楽の授業では、合唱や楽器による演奏を経験したが、実際は周囲の口の動きを読み取りながら、自分は声を出さず口を動かすだけだった。うまく合唱できているようにふるまうことに精一杯で、音楽そのものを楽しむレベルではなかった。中学校時代は、同年代の聴者がいつも音楽を話題にするので、友だちからＣＤを借りて、スピーカーの振動の微妙な変化から歌詞をなぞるように聴いてみたが、長続きはしなかった。高校時代はバンドを組む友人たちがいたので、「音楽」ができることは聴者の世界では「カッコイイ」ことと感じていたが、それでも身近なものにはなれなかった。自分は音楽とは「響存」できないのだろうと諦めていた。

しかし『LISTEN リッスン』はそうではなかった。ろう者の身体や手指のリズミカルな動き。その動きと同期するように流れるさまざまな風景。次々と現れてくる映像に惹かれ、気づいたら自分もろう者のリズムにあわせて動いていた。これは人生で初めての経験だった。スクリーンの中にいるろう者と「響存」でき、心地良さもあった。

ところが『LISTEN リッスン』が上映されると、賛否両論が巻き起こった。この作品の監督や演者は全員ろう者であるにも関わらず、鑑賞したろう者のなかにも賛否両論があったという。音楽とは聴覚を使うものだ、手話は視覚言語だから音楽なんてあるわけがない、と。音楽とは聴覚と音声を使うものだという先入観や固定観念が、聴者の世界から形成されてきたことがわかる。

人類学と民族音楽学を専門とするブラッキング（一九七八年）は、音楽とは「社会的に容認されたパターンへと組織づけられた音響」であり、「人々が共有したり、伝承したりすることができる文化的な伝統」であると指摘している。このブラッキングの指摘を踏まえると、『LISTEN リッスン』を初めて見たろう者は、その作品に見る「音楽的」とされる表現が、果たして私たちろう者の世界における「音楽」として共有・伝承可能なものなのか、という戸惑いを覚えたのかもしれない。そして、そう、これは紛れもなく「音楽」だ、と実感を込めて受け入れられるのか、現在もまだ議論が続いている。今後、ろう者コミュニティにおいて、『LISTEN リッスン』の登場をどのような文脈で受け入れていくのかにも関心を持っている。

このように『LISTEN リッスン』は、五年経ったいまも色褪せることなく、「音楽」とは何かと問い続けている。当面は、『LISTEN リッスン』に対してどのように応じることができるのかが私たちのテーマになるだろう。「音楽」という世界でろう者はどのように生きていけるのか、といったろう者の人間としての存在価値にも関わってくる重要なテーマでもある。私も教育学・心理学を専門とする立場からこの問いに応じようと思い、自分なりの論考を本書の第八章に載せている。

今後も『LISTEN リッスン』を起点に、これがなぜ「音楽的」だと感じられるのかについて丁寧に議論して、実践を重ねることで、「音楽」の世界における新たな「響存」がより一層拡がることを願っている。

二、『LISTEN リッスン』から五年後に

美術家　ヴィヴィアン佐藤

五年前劇場公開された際に、牧原監督と共同監督で舞踏家・雫境さんと上映後に鼎談した。そのとき牧原監督は、いわゆるハリウッド映画のようなエンタテインメント作品と対比し、自身の作品を語った。前者は興行、賞味期限がきわめて短く、いわゆる利益の追求に重きを置く一方、後者はそれとは異なり、自己言及的な擦り減りにくい息の長い作品であると、私は意見した。

だからたかだか五年という歳月で、この作品は変化しない、と言いたい。しかし、世界はこの一年であまりにも大きく変化した。新型コロナウイルスの出現だ。そしてこの作品の意味合いもあり方も、大きく変化したように思う。

『ホモ・サケル』を著したイタリアの哲学者アガンペンは、人間の二種類の生について言及する。個体としての人間は、傷つき、病気にも罹りやすい「むき出しの生」を持つ。一方で個体の生を超えた文化や慣習、歴史の資産を継承していく生のあり方がある、と。

前者には権力や政治が介入し、集団を効率的に管理・統治することが容易となる。コロナ禍において、社会は個体の生をあまりにも重視する傾向があるのではないか。後者の個体の生を超えた文化を継承する生のあり

方が、極端に軽視されているのではないか。前者の生のあり方にとらわれすぎて、すでに大きな権力に支配されつつあると、多くの者が気づき出してきている。

公共の交通機関や街中から喋り声が消えた。マスクの暗黙の義務化と必要のないお喋りの禁止。この一年で街は静けさに包まれた。ライブやカラオケ、祭りなど大声で歌うことが禁止され、人々は途方に暮れた。もともと声を出して歌うことなく、身体表現で言葉や感情を発し、情景や自然の景色を豊かに表現してきた聾唖者たちにとって、この社会状況は以前とさして変わらないのかもしれない。

大きな声を出して、意思や感情を伝えることが奨励されない社会において、人々は戸惑う。そこで生まれて初めて言葉を発することについて、考え出すだろう。『LISTEN リッスン』はその問いに対して、小さなヒントを与えてくれるはずだ。

相手の身体の動きに合わせて自分の身体を動かす楽しさ。人や本、映像から伝わってくるものに、自然と身体が引き込まれ同調・共鳴したくなること。自分と相手が結びついて、何かが湧き上がってくること。ろうの出演者たちは言葉を振り絞り、手話で必死に語りかけてくる。そもそもそれらの感覚は、すべての人間が経験し共感することだ。

NHKに『日曜美術館』という長寿番組があるが、はたして『月曜美術館』は成立するのか。要は月曜日という休館日に、そこに美術作品が存在するのかどうか、ということだ。もちろん休館日であろうと閉館時間であろうと、そこに物理的に美術作品は存在する。しかし、美術作品はそこに対峙する人間、鑑賞者がいなければ存在しえないのではないか、という存在論がありえるのではないか。作品から発せられる波長と、鑑賞者が内に持っているそれとが同調・共鳴したときに初めて、美術作品は生を与えられるのではないか。

このコレスポンダンス的な存在論は、コロナ禍においてさらに深く人々が意識することになっているはずだ。その意味で、映画『LISTEN リッスン』の存在論は現在確実に変化している。

三、こころ躍りからだ躍る

フィールドワーカー　吉田優貴

『LISTEN リッスン』が公開されたときはまだ幼かった我が子が、今や小学生である。彼とともに生活するなかで、ますます、生きていることそれ自体に宿る音楽を日々感じるようになった。

スーパーなどで彼の好みの曲が聞こえてくると、ところかまわずノリノリで躍り出してしまう。最初は、彼の好きなメロディやリズムが流れているから、それに合わせて躍り出し、躍り続けていると思っていた。だが、どうやら彼の躍りは、「聞こえた音に反応する」ばかりではないらしい。

こころ躍るとからだも躍ってしまうのだ。何か嬉しいことや楽しいことが起きると文字通り跳びはね、躍るような動きをする。当の本人に「なぜそんなにジャンプするのか」と尋ねると、「だって、嬉しくて興奮するから」と言う。自覚があるらしい。ふと、私がケニアでの調査中に出会った、寄宿制初等ろう学校の就学生たちのことを思い出す。ケニアのろうの子供らが、牧原監督、雫境監督、そしてこの『LISTEN リッスン』という作品と私を引き合わせてくれた。

そのケニアのろう学校では、科目としての音楽の授業はあったが、少なくとも私の調査当時、あまり熱心には行われていないようだった（第四章三、（五））。音楽そのものを実践するというよりも、音楽理論の一つである楽典を学んでいたということになる。

他方、キリスト教系の学校なので、毎朝の集会や日曜礼拝では手話で国歌や賛美歌を歌うことがあった。からだでリズムをとり、手話で合唱する。そればかりではない。特に女子生徒が複数人で躍り出すことがあった。汲んだ水を保管するための空のポリバケツを裏返し、それを太鼓がわりに打ち鳴らす子、一緒に躍る子。薄暗い夜の女子寮でそんな楽しげな光景を何度も目にした。

彼女たちの躍りの源泉となっているのは何だろう。

日本の漢字表記では「音楽」と表されるためか、「音を楽しむ」という限定的な意味で捉えられやすい。『LISTEN リッスン』が公開されたとき、私も「音を楽しむ」という表現が聴覚中心だと批判的に捉えていた。しかし、「音楽」の語源はそれほど単純ではないらしい。

『LISTEN リッスン』では、聴者は耳栓をつけて鑑賞することになっていた。しかし、実はその耳栓が私にとって邪魔になってしまった。耳栓をしたがために、普段は聞こえないはずの呼吸や心拍といった「からだが発している音」がしばしば意識にのぼってしまったのだ。外界の音が遮断されることによって、からだの内部の音が強調されることになったのである。

とはいえ、ここで改めて気づかされたことがある。その一つ目は、耳への音の侵入を遮断するだけで、ろう者の「音がない世界」を聴者が追体験することはかなり難しい（ほぼ不可能）ということ、二つ目は、私たちは「音」と「耳（聴覚）」の結びつきに惑わされてはいけない、ということである。

では、「ろう者」と「聴者」の間に共通することは何もないのか？　否、生きていることは、からだのどこかしらが動いているということ、それが共通点だ。呼吸や心拍がなくなり、動かなくなることは、すなわち死を意味する。そして、呼吸や心拍は、音を発する以前に、人のからだの中で休まず動きつづけ、すべての人の生を支えているのだ。

我が子が躍り出すとき、音は、きっかけの一つに過ぎない。実際、きっかけとなりそうなBGMなどなくても、突然楽しげに躍り出すことがままある。これから年を重ねていっても、彼は躍り続けてくれるのだろうか。それとも、動きを制することばかり学んで、徐々におとなしくなってしまうのか。

「音」と「耳（聴覚）」との結びつきから、解放されるときがきた。『LISTEN リッスン』は、「ろう者の世界」のみを見せてくれたのではない。生きていることそれ自体に宿る音楽を、私たちに教えてくれたのだと思う。

四、ふれる ふるえる ふれられる

大阪大学COデザインセンター教授　ほんま なほ

むかしむかし あるところで　久保田テツさんと
カフェイマージュ という ビデオワークショップを いろんな ひとたちと やっていて
カメラをうごかさず 一分間の おとのない ビデオをとって みたとき
しかくい スクリーンのうえに うかびあがる いろとりどりの ひかりの もようから
おどろくほど たくさんの おとが しずかに ひびいてきた
ひかりに つつまれた うごくもの うごかないもの たちは かたちや かげを ぬぎすて
いちまいの えのなかで　そら になり　くも になり　かぜ になり もり になり　なみ になる
そら くも き くさ いしたち の うつりこんだ しずかな みなもが　ゆったりと ゆれる
そのとき わたしの なかで　みみに したことのない　ささやき ざわめき がうまれた
ひとつではない いくつもの こえのない こえが　ひっそり ゆっくり　わたしを ゆさぶり
わたしの むかし いまこれからの いろんな きもちと まざりあって
ちいさな ながれ から おおきな うずまき になって わたしのからだを とおりすぎていく

むかしむかし あるところで　佐久間新さんと
からだトーク という ワークショップを いろんな ひとたちと やっていたとき
ゆっくりと たちのぼる 線香のけむり に あわせて じわじわと からだを すべらせていく
かれを ビデオカメラで わたしは おいかけて いた

けむりの すじが みを よじり くねらせながら いくつもに わかれて ちぢに ちって いき
ぼんやり まわりの けしきと まじりあう かれの
ゆび て ひじ かた くび あたま むね おなか こし しり もも ひざ すね あしくび あしさき に
うごきが つながったり はなれたり のびたり ちぢんだり ちかくなったり とおくなったり して
けむり とともに たちのぼって くうきの なかに きえていった
わたしは カメラの ファインダーごしに ふたりに ぴったり よりそって うごき ながら
うまれては きえ であっては はなれてを くりかえす おともなく たゆたう
しずかな ふたつの うたを しかくの フレームの なかで ききとって
みえない もうひとつの メロディを かなでていた

むかしむかし あるところで 高橋綾さんと
こどものてつがくという ワークショップを いろんな ひとたちと やっていたとき
こどもたちが てを あげて 毛糸でできた ボールを うけとりてで それを いじくりながら
いっしょうけんめい はなしている のを ききながら わたしは かんがえるのを やめて
こどもたち ひとりひとりが はなす すがた こえの うごきに みみを すます ようになった
すると つまったり いいなおしたり したをむいたり かおを みあわせたり わらったり
それまでは よけいなものと きりすてていた すべてが その こどもと わたしたちの ものになり
ことば ではない ゆたかで いみに みちあふれた べつの ことばが きこえるように なった
その べつの ことば は ことば だけれど ことば ではない
それは あなたと わたしを わかりやすく きりはなす ことなく

あなたと わたしの あいだに いくつもの いとが つながれて ぶるぶると ふるえている
すこし ひっぱる ちょっと ゆるめる たばねてみる ほぐしてみる ひっぱられる まかせてみる
わたしたちは その かぞえきれない ほど たくさんの いとの ふるえを からだで かんじていた

むかしむかし あるところで 佐久間新さん と ウィヤンタリさんに
インドネシア ジャワのおどりを ならい はじめてから しばらく たった とき
むかいあって たつ あいての みぎてが ゆっくり うごくのに あわせて
なぜか てを うごかしている はずの わたしが うごかされて いくのを かんじた
あちらと こちらで めで みて てが うごいて いるのを たしかめる のではなく
てと てが ひとつの ついに なり ふたつが ひとつに みっつが ひとつに つながって いく
あいての うごきに ついていったり そとから まねを したりする のではなく
うごきが わたしの ふかい ところから ゆっくり ゆっくりと めざめて いく
おどりが わたしの おくそこ から わたしたちの みなもと に もどりながら うまれて いく
わたしたち の からだが おどりのなかで うまれなおして いく
それまで わたしの そとで なっていた おとが わたしの なかで ひびきはじめた
からだが おとの なみに ながされ おとが からだの うみに ひたされて
わたしたちの からだは おとになって どこまでも いつまでも ながれて いく

たぶん わたしたちの ほとんどは きくこと について なにも しらない
おとも オンガクも そうだと しんじられている もの とは ちがう

みえるもの みられるもの きこえるもの きかれるもの ともちがう
それは からだの いちばん ふかい ところから わきあがって
わたしに ふれ わたしを うごかし わたしに ふれられ わたしから あふれだし
わたしを わたしたちを いきている ものに かえる だろう
あなたと わたし そして だれかの あいだに かぞえきれない いとを むすんで
わたしたちを ふるえさせる だろう いま ここで

五、問う。

音楽家　ササマユウコ

「それは、音楽なのか。」

映画『LISTEN リッスン』から投げかけられた問いは、波紋のように新たな問いを生み、やがて「音楽とは何か」という永遠の問いにつながる。音楽を問う人間の営みには正解がなく、遠い過去から二十一世紀のいまも、そしてこれからも続くだろう。だからこそ音のない世界から最も遠い「聴者の音楽家」が、ろう者の芸術家たちと共に音楽・オンガクを問うことは意義深い。彼らもまた「オンガクとは何か」を真摯に問い続けている。

一〇年前の東日本大震災・福島原発事故が起きたとき、私の音楽は止まった。焦りのなかで「それでも世界に音を放つこと」の意味を探し、カナダの作曲家R・M・シェーファーのサウンドスケープ思想を「耳の哲学」に、異分野のアーティストや哲学者と対話や思考実験を重ねていた。その時間の中で「ろう者の音楽映画」がある日めぐってきた。そこから始まる牧原さん、雫境さんとの対話や実験は、音のある・ない世界を行き来しつつ、五年を経たいまも静かに続いていることに心から感謝したい。彼らのオンガクをきくことは「ろう文化」や「手話言語」を知ることでもあり、何よりも「音ありき」だった私の世界を揺さぶり多くの気づきを与えてくれた。

実は映画が公開される一年ほど前に、共同監督の雫境さんには一度お会いしたことがあった。二〇一五年の文化庁メディア芸術祭で開催された、視覚障害者・聴覚障害者と共に作品を鑑賞するワークショップに参加したときのことだ。視覚障害者チームに入った私は、ふりかえりの場で、大音量のメディア・アートが複数展示された会場内の「混沌とした音風景」を指摘したと記憶している。その帰り際に手渡された「私は耳がきこえません、サウンドスケープに興味があります」と書かれた一枚のメモが、いま思えば音のない世界への入り口だった。それから一年後に彼らは「ろう者の音楽」を世に問い、私を含む周囲の音楽家たちにも大きな衝撃を与えた。なぜなら映画の中のろう者たちは、確かに彼らのオンガクを無音で奏でていたからだ。

そもそも「音楽」とは「MUSIC」の訳語であり、「音」そのものを表す言葉は「SOUND」であることに立ち返ってみたい。例えば映画『サウンド・オブ・ミュージック』からは「サウンド／音」だけが「ミュージック／音楽」ではないことに、名曲『サウンド・オブ・サイレンス』からは「沈黙の音」が存在することに気づく。私たちが日頃「音楽」と呼ぶものの中には、実は文字の意味を越えた森羅万象がある。学校で学んだメロディ・リズム・ハーモニーで示される「音楽の三要素」は、明治期に輸入した西洋音楽の型であり、そこに収まらないオンガクを知る機会はきわめて少ない。時代や文化、時間や空間でもオンガクの概念や定義は変わる。「人の数だけ音楽がある」という使い古された言い回しは、実は真理なのかもしれない。世界はもっと多様で豊かなのだ。

だから「ろう者の音楽」にも正解はなく、彼らがオンガクと呼ぶものがオンガクなのだと思う。映画の中にたち現れるのは、ろう者たちのウチとソトが豊かに響きあう心象の風景だ。そこには「奏でる私」と「見る私」の二つの視座が交錯する。私とあなた、私と自然、私と宇宙がつながっていく。非言語の手話は歌うように奏でられ、サウンド（響き）のスケープ（風景）は全身で描かれる。

その音のない世界を「きく」のも「見る私」だ。「目できく私」と言い換えてもいい。そこには「耳」にとらわれない柔らかな思考や感性が求められる。逆に言えば、耳に当てはめた瞬間に、彼らのオンガクは聴こえなくなってしまう。スクリーンの向こうに心の手をのばし、ろう者の手が奏でる線やリズムや風景に自らの手を重ねてみる。「目できく」ことは想像することでもある。それは静寂の星空に「天空の音楽」を見つけた古来人の感覚ともつながるだろう。

ここであらためて問う。映画のタイトルでもある「LISTEN／きく」とは何か。それは耳・聴覚だけのものではない。「オンガクをきく」とは何をきいているのだろう。

音楽とは何か。オンガクをめぐる問いは果てしない。

六、『LISTEN リッスン』から五年後に

マイムアーティスト　小野寺修二

二〇一六年、『LISTEN リッスン』劇場公開記念イベントとして、映画作家の牧原依里さん、舞踏家の雫境さん、『LISTEN リッスン』出演者の横尾友美さんとのトークに参加させていただきました。それがきっかけで、その後、雫境さんに僕の演出作品にご出演いただいたり、牧原さんに映像撮影いただいたりと、ご縁が続いています。

僕はもともと、マイムの手法を用いて舞台活動をしてきました。セリフに頼らない、身体での舞台表現に取り組んでいて、映画『LISTEN リッスン』を拝見したとき、大切にしたいものについてどこか共鳴するところがありました。トークゲストに呼んでいただき、お話しするなかで、紡ぐ文脈はストーリーやメロディとは限らず、それぞれの中にある記憶に呼応しているのでは、と思った覚えがあります。マイムと聞くと大袈裟、

わかりやすい（単純）というイメージがある人がいるかもしれません。あるいは、わかりにくいイメージかも。この真逆の反応は、言葉がないことからきていると思います。言葉に置き換えないとはどういうことか。あまりに当たり前にある「言葉」について、疑いたいと思っています。

例えば、人が嬉しい、という言葉を思い浮かべる、あるいは意識する直前の状態は、「嬉しい」の辞書的意味からはみ出すものがあるのに、言葉を発した瞬間、それに押し込めているかもしれない。みんなに伝わる記号は大切だけど、人によって違う溢れたものについては、あまり触れられず流れていく。あるいは「嬉しい」の単位も人によって違うはず。大きな容れ物の満パンまで入らないと「嬉しい」に当たらない人がいて、あるいは豆のように小さな点でも「嬉しい」に当たる人がいて。あとは体調によって状況によって気分によって。いま自分に見えている「赤」が、ほかの人は自分にとっての「青」に見えていても、気付く手立てはないなあと思うことがあり、そう、人によって受け取り方はきっと違っていて、でもそのことは普段取り上げられることなく、記号を掲げることで相手のみならず自分も納得して、腑に落として日々を過ごしています。あまり考えると頭はこんがらがるし、単純化して物事を整理していくのは日々においてとても大切。何事も言い切ることは高圧的で取りこぼすことも多いですが、そうやって記号の中で生きています。

感性メインでやっていくには、感性って脈絡ないし、人に説明難しいし、「感じた」という断言もその瞬間から霧のように消えていくものでつかみどころなく、その感じたって本当？と言われたら引っ込めてしまうような、きちんと表出せずに「ねえわかるでしょ？」とすぐ相手に玉を投げてしまうような、とにかく記号は便利です、というところに舞い戻ってきてしまうのですが、そういう日常を送る軟派な私ではありますが、興味はあって、マイムを続けています。マイムにおいては「嬉しい」という言葉を使わないことを心地よく思っています。言葉を含めた、世に既にある「記号」を使わずに、でも人に伝わるものを探すことに興味があります。

五年前、『LISTEN リッスン』を初めて拝見し、まさにここまでつらつらと長文で書いた、言葉にしえないごく私的と思える自分の興味について、同じように取り組んでいる人がいることに驚きました。そこに写っている人のパーソナリティや、そこにいる人たちの関係性が滲んでくるような、例えば誇らしさと慎ましやかさという一見矛盾することも両立しえる重層的な世界がそこにありました。しかも映像の中に答え合わせはないわけで、いつまでも好きに想像していられる。

今回のテーマが『LISTEN リッスン』から五年後に、ということで、この五年について考えるのですが、拝見した当時、実は、ここで書いた自分の「興味」についてあまり自覚的でなかったように思います。いまは言葉で置き換えることができるようになった。あるいは、意識上にのぼってきた。

牧原さんや雫境さんと『LISTEN リッスン』拝見後お話しさせていただく機会、活動をご一緒させていただく機会を得て、ご本人たちと接することで、『LISTEN リッスン』の世界観を直接嗅ぐ時間を過ごしました。それは、ご本人が大切にしているものについて伝わってくる時間でした。そのほかに、ろう者の方とご一緒する時間も多い五年で、手話という言語があり、だからこそ感性よりも言葉優位の方もいらっしゃる、その逆もいらっしゃる、それは聴者と同じで個々人に依ること。そんなことも気づいた時間でした。出会うことでかえって自分のことを知る、それは言葉に置き換えず、自分で察知・感知したからこそのことだと思っています。

第六章　手話・定義・文化

雫境

ろうの「音楽」という扉のノブに手をかける前に、ろうの世界を知っておかなければならない。一般的、包括的に言われている「手話」、「耳の聞こえない人」にも種類がある。ゆえに誤解されやすい。「音」の意識も概念もなく、「視覚」にだけに生きた人間像の理解への道標を記してみる。

手話について

いわゆる一般社会での手話は、日本では日本手話、中間型手話、手指日本語（日本語対応手話）の三つあると言われている。

・日本手話

日本手話は、日本語の文法に合わせて手話単語を並べて表現する手指日本語と異なり、日本語とはまったく異なる文法体系を持っている言語である。

例えば、日本語で「まだ決めていない」は、日本手話の文法では「決める／まだ」の表現になる。日本語の「まだ」は副詞に当たるが、日本手話の「まだ」は助動詞となり、「まだ……ない」という意味になる。ほかにも、日本語「歩くことはできない」は、日本手話では「歩く／無理（難しい）」となる。手指日本語（日本語対応手話）は「歩く／こと／は／できる／無理（難しい）」と表現するときがある。その場合は、「できる」と「無理（難しい）」が手話の単語として可能と不可能の意味が二つ出ていることから、ろう者は混乱することもある。

またほかに、視覚的伝達において、音声言語にはない重要なさまざまな要素がある。その中のひとつには、両手のうち片方が人、場所、事物などを表した手話や、意味を持った指さしを視覚上（空間）に残したまま、または動詞を伴った動きと同時に、もう一方の手が別の手話単語を表現することがある。また手腕の動きだけではなく顔の表現も絡む。物語的な具象絵画の一枚を一度に、広角的に見る感覚で話の内容を理解する。そしてその絵の内容の続きを、漫画のように連続して見て、過去、現在、未来といった時間性とともに理解していく。映像性、写像性が強い言語である。

音の世界は私には想像できないが、二人がそれぞれ二つの事象を声で同時にナレーションするような表現と言えばわかるのだろうか？ そして、一方通行のように、縦線、もしくは横線一本を追うように話す音声言語とは違って、空間的で二つ、三つの時間が同時に表せるのも、日本手話ならでの強みでもある。声で表した時間の長さよりも、かなり短く表現できることもある。またその逆もあるが、それは難しい内容の話や概念的、抽象的などの内容の場合が多い。

このように日本手話は、頭脳の中で、音声言語としての日本語の文法ではなく、日本手話の文法で組み立てて表現されるものである。英語で話すとき、日本語で考えてから翻訳するよりも、英語で考えて話したほうが効率的とされることと同じと言われるが、比較にならない。なぜなら音声言語と視覚言語という二つの世界観は違うと、私は感覚的に思っているからだ。ひと昔前は、「伝統的手話」とも言われていたが、いまはあまり聞かなくなっている。音声言語には昔の言い方、死語、意味の変容などがあるように、日本手話も時代によって変わる。言葉は人間とともに生きているのだから。

・手指日本語（日本語対応手話）

手指日本語は、日本語の語順に沿って、一つの手話単語を出して、助詞などを指文字で表示する。口話（発声するときの口の形、口形）を同時に併用する割合も多い。日本語とその文法で考えて「話す」、「聞く」わけだから、日本手話とはかなり異なる。手指日本語は、日本語に属すもので、日本語対応手話の「手話」は、日本語の単語の補助的なものにすぎない。

同一人物が音声日本語で話す（声を出さないで口パクで話す）のと同時に、頭の中で日本語を考えながら日本語対応手話で話すと仮定する。手話単語の形から、助詞としての「に」の指文字に変わるときの手腕の動作の間の時間が、音声に追いつかず、または完了する手の動きに合わせて口の形を揃えるので、話すテンポが滞るときがある。また「余計な、無意味な、不必要な」動きが入り、日本手話をネイティブとするろう者には、内容が伝わらないときがある。音声言語は、紙面上または画面上に記された文章と同じように、声という一方的な道を丁寧に通らなければ、明確な意思伝達はしにくいのだろう。でもおしゃべりで、主語、述語や何かを省いても話が通じることもある。しかし、手指日本語ではそうはいかないときがあるのだ。例えば、「言った」の手話がある。日本手話では「言った」の手型の向き、方向によって、また同時に片方の手が「私」、「先生」、「彼女」などの手型があること（表示しない場合もある）で、言ったのはだれかということがわかる。手指日本語では、向き、方向がないこともあり、また主語が手話を読み取っている人の視野に残っていなかったり、またはっきりしなかったりすることがある。だから誤解を生みやすい。

手指日本語を読み取るときは日本語で考えないといけないわけだが、スピードが遅く、「ダラダラ」と話しているように見えて不快感を示したり、話が長いと何の話だがわからなくなったりするろう者は多い。ただ、私は手指日本語の存在を否定はしない。小さいころや成年後に耳が聞こえていて途中で聞こえなくなったといったように、母語が完全に日本語となっている人には都合がいい。読唇、発言の補助的なサインとして「単語」を使うだろう。ただ、その場合は手話単語を多く覚えられたらの話である。また、話す滑らかさ、リズムの良さなどは、伝える側の指、手、手首、腕の動きの慣れ、器用さによるのだろうし、「見る」訓練も必要になる。

聴音と発声の記憶が身についていて、聴力が軽度で、補聴器や人工内耳などに頼って聴者とコミュニケーションができているから、手話を必要としない人もいる。しかし、なかには、軽度だった聴力が次第に落ちていき、補聴器などを変えたり、使わなくなったりすることもある。そのときのコミュニケーションは、その人の適性でやりくりしている。しかしいま、スマホ、アプリなどのテクノロジーが絶え間なく精度が上がり、音声を文字に変え、その逆もできるようになってきている。そう遠くはない未来に、手指日本語はなくなっていくのだろうか。

・中間型手話

中間型手話は、日本語と語順は同じだが、助詞や助動詞は口話で補うか、省かれることが多い。しかし、表現によって誤解されることが多い。なぜなら、単に日本語文法の語順で助詞、助動詞が抜けたものなので、主語が何なのかだれなのかわからなくなることがよくあるからだ。また、日本手話で見られるような空間を駆使した表現を使う人もいて、よく見ると、音声日本語と同じ文法であったりする。話す人もメッセージを受け取る人も、頭の中では日本手話ではなく日本語で考えないと、話の内容は理解されないこともしばしばある。

手話の未来について

手指日本語は、テクノロジーによってなくなっていくだろうと先述した。しかし、日本手話もそうなる可能性がある。ろう学校の教育内容によって、日本手話も過去の遺物になっていくかもしれない。そうなってきたときは、生で顔と顔が向かい合い、また瞳も合わせる時間もなくなっていくのだろう。言葉にならない表現、しぐさなどは完全に捨てられ、忘却されていくのだろう。また顔、瞳を合わせるなどの時間は、スマホなどの機器に向かって、文字を打ち終えたり読み終えたりしてからになる。たとえ相手の顔と顔の間に文字が表示されるゴーグルやメガネといった「膜」ができたとしても、その瞬時に表れた感情のリアリティは半分になるか、立ち消えるのだろう。その「膜」による心理的、生理的なものに影響があるかもしれない。

また会話が文字だけという表面性には、何かと危険を感じないでいられない。日本語の語彙力のなさによる暴力、冷酷さ、単純さが避けられず、心情の豊かさが消失してゆく恐れもあるだろう。だから社会全体に日本手話が受容され、強靭に続けられなければならない。手話の世界だけでなく、音声言語も声だけになり、生の顔、身体表情に伴った滲み出るささやかな表出でさえも、意識されなくなっていくかもしれない。

聴覚障害者について

一般的に多くの人に、ろう者は「聴覚障害者」と同じように思われている。それに対して違和感、抵抗を感じるろう者は少なからずともいるのだ。聴力が人によってさまざまであり、補聴器を使って、口の形を見ながら、音声言語としてコミュニケーションできる人もいれば、聴覚的にも音声言語もまるっきりできない人もいる。聴力の度合いによって、障害者手帳において級などで区分けされる。いくつかある級数を一括りとして「聴覚障害者」とみられる。それは「多数派である健常者」という、ものさしを基本とした医学的見解に過ぎない。日本語を話せて、「音」は聞こえるけれど、音声の日本語が完全に聞き取れない人もいて、公的機関から聴覚障害者として認められなくて、障害者手帳さえ発行してもらえないこともある。

「ろう者」、「難聴者」、「中途失聴者」などは、環境や仲間、コミュニティの中で、その概念が定着する、アイデンティティを持つことなどで選択される。医学的見解では、聴力は軽度に弱く、音声言語を話せること（完全にうまく発音できないことも含む）で難聴扱いだが、本人は「ろう者だ」ということもある。

ろう者とは

ろう者とは何か。私から見て広義的には、聴力に関係なく日本手話という言語を当たり前のように話し、またその言語を共有する「共同体」の中にいて、それが文化的に身に染みこんでいる人たちである。またかつ、自分からろう者と称する人である。狭義的には、生まれたときから、もしくは幼年から、日本手話で会話し、母語として形成され、音に頼る生活とはかけ離れ、当たり前のように生活している人たちである。ありとあらゆる事物、事柄に対して「見る」こと――視覚に大きく頼り、それらに伴った価値観を持っている。

個人差はあるが、たいていのろう者の視覚は、一つだけでなく、少なくとも、二つの事物、事柄を同時に見ることができる。なぜなら、日本手話には、顔の表情と口の形と首の角度と手の動きを同時に表すことで、言葉の意味をなすことが多くあるからだ。そのため、「聞き手」なる者は、同時にいっぺんに「見なければならなくなる」のだ。細かいところを見つつ、全体も同時に見ている。だからといって、ろう者すべてがスポーツや仕事において、動体視力がいいとは限らない。動体視力は聴者、ろう者に関係なく、長い間の努力、経験の積み重ねによって、磨くことができる。そういうことをふまえると、日本手話という言語を幼年時代から、毎日のように見ているわけで、言語としての顔、眉毛、眼、鼻、口、首、手、腕、肩などの同時に発生した、静止も含んだ動きを、空間のなかでいっぺんに捉えることに慣れている。

「ろう文化宣言」に揺り動かされて

一九九六年に、雑誌『現代思想』の「ろう文化宣言」が発行されてから久しい。その当時までは「聴覚障害者」という一括りで、見えない塀に囲まれていた。「聴覚障害者」たちには、一般社会からの隔離感や抑圧感など、不満を感じている共通認識があり、協会、手話サークル、同好会などに集まっていた。しかし、多くの人は、いわゆる日本語対応手話、手指日本語を使ってコミュニケーションしていた。音声言語として、読み書きを含めた日本語が上手にできてこそ、知的、優等と、一般社会がそうしていたなかで、手話も、日本語対応手話（手指日本語）が「完全な」、「正しい」手話とされていた。本来のものであり、伝統的であるはずの日本手話は、蔑まれていた。

それは、聴覚障害とされている人々の幼年時代からの口話主義という教育環境と、日本の一般社会で「流通」する日本語圏からはじき出されたり、孤立したりしないように、一般会社で難なく働けるようになど、さまざまな理由からきている。しかし、学校を卒業して社会に出て会社などでよどみなく働く、または望みどおりにできている人は、かなり少数である。

「ろう文化宣言」が出てきたとき、日本手話を母語とする人たちは、抑圧感から自信と誇りが湧き出て、アイデンティティがいっそう深まり、手話表現、文法の違いによって、重くのしかかってきた「聴覚障害者」というレッテルを破り出し始めたことで、ろう者、難聴者、中途失聴者にはっきりと分裂、線引きするほどのセンセーションを引き起こした。「ろうあ団体」、「聴覚障害者団体」、「難聴・中途失聴者団体」などの団体は「ろう文化宣言」以前からあったが、一つの団体にろう者、難聴者などが入り混じっていたのが、内部分裂を起こしてしまうような雰囲気があった。

あるろう者は、ろう文化という言葉も概念もなかったとき、またはそのことに気づかなかったときに、聴者の生活のマナーが正しい、基本だと考えていた人から注意されたり、知らないから仕方ないと思われたりして、「劣等感」を抱いたり、自分は普通のことなのに、まわりに圧力がかかってきているモヤモヤ感を感じたりしていたのが、ろう文化として正当化されたことを感じて、誇りを持って生きていけるようになった。

そのようなことから目覚めたろう者と、自分はろう者ではないという人や、伝統的手話（日本手話）に否定的な人などとの衝突、無視などが起きた。でも現在はテレビ、新聞、インターネットやSNSなどのメディアによる情報、啓蒙が広まってきている。理解ある人々は、互いに認め合って尊重し合うようになってきつつある。

ろう文化

ろう文化が形成される重要な基盤のひとつは、日本手話である。生活において日本手話を通常的に話すことで、その家庭や、ろう者が集まる「共同体」の中での共有性などから生まれる価値観、考え方が自然発生してきた。

「卵が先か鶏が先か」みたいに、日本手話という言語と、ろう者の生活・考え方のどちらが先かはわからない。私はどちらでもないと思う。いや、どうでもいいことだ。実際に日本手話で話す人たちに囲まれて、また自分からも積極的に日本手話でコミュニケーションすることで、聴者の価値観や生活感などとは違うことに気づく。時間に対する概念や、対人関係の価値観が聴者と違う部分もある。また「みる（見る・観る・視るなど）」という、視覚に重点を置いた生活からも、共有、共感が生じて、ろう文化として形成される。

数多くあるろう文化の事柄の一つには、自分から離れているろう者を呼ぶとき、声をかけることはできないし、相手も音が聞こえるわけではないので、危険を加えない程度の重みがある、例えば丸めたちり紙を、相手の体に当たるか、相手の視野に入るように投げて呼ぶ。または、室内でたまたま近くに天井の電灯のスイッチがあったら、オンオフを繰り返すと、相手が「呼んでいるんだ」と既に認識しているから、こっちを振り向く。また床、テーブルを叩いて、音そのものではなく振動で知らせる。その振動の度合い、回数によって、伝えたい内容を判断できることもある。ほかにも、「ろう者あるある」といったジョーク的なことを、仲間で、手話で話して盛りあがるなど、聴者にはわからないことも数多くある。

しかし、ろう文化と日本手話は、いまだに一般的に広く意識と知識が根づいてはいない。日本手話を話すろう者は、日本の人口からはかなり少数であり、姿を一瞥しただけでは聴者と変わりない。だから耳の聞こえない人がいることは、日常の中で意識されにくい、それだからなのだろうか。

だがそれは、当然なのかもしれない。日本の一般国民みんなが、たとえばある外国の少数民族の持つ文化を、すべて知り得ているだろうか？　専門家、研究家でなくても、興味がある人は文献とかインターネットで知ることはできるだろう。しかし、実際に現場に行ってみたり、深く研究したり、考察したりするような姿勢がないと、表面だけでしか知ることはできない。すなわち、旅行ガイドの本を読むとか、テレビで一時間という限られた時間で見るなど、浅い知識でしかないだろう。だから興味ない人は、ろう者のことには何も気にかけないのだろう。それゆえに、日本手話についても、日本語とは違った言語体系であることさえも知らないのだ。また文化を持っているということも。だから、ろう団体の啓蒙運動やインターネット、マスメディアによる主張や理解の願いなどが続けられているのだ。

第七章　ろう文化のなかの音楽

一、ろう者のオンガクを探して

雫境

音楽の振動

私にとって音楽は、得体の知れぬ、空気のようなものがうごめいて見える。聴者が耳にイヤホンをつけて「素敵なもの」を受け入れ、瞼を閉じ、恍惚のように佇んでいるのを時々見かける。音楽を聴いたらどんな気持ちになれるのか、頭の中がどうなるのかなど、想像すらできない。憧憬を強く抱くけれど、聴覚の感触は手に入れられないものだ。

たとえ科学的に聴覚的音楽を知りえても、それは実体験なき知識で終わってしまう。聴覚としての音楽はろう者にはわからない、得られないものだ。人工内耳、補聴器で聴けるとしても、それは音の発生から聴覚の間に機械という仲立ちがあり、生の音のまま伝わるとは限らないだろう。真実の音とは何か。物理的、科学的、客観的なことを抜きにして考えていくと、個人的、主観的な感覚なのだろうか。それぞれが違う風土、教育、特訓、環境、共有などによって基盤が構築され、体験、経験から得た個人の感覚が、真実なのかもしれない。

では音楽の振動はどうかとよく聞かれる。それは皮膚、筋肉、内臓、骨で感じ取ることになるけれど、高低、大小、音程の微妙な差などの細かいところまでは把握できるだろうか？　もちろん人によって違う。敏感に感じ取れる人、振動の変化、微振動を全然感じない人もいるし、むやみに体を動かさなければ、振動を感じ取れる人もいるなどさまざまである。振動で「これが音楽」ということを、皮膚感覚の度合いがそれぞれ違うろう者たちに認識させることはできるのだろうか。徹底した教養、または義務教育という枠組みで言うならば、国語や算数などのほかの教養の時間を排してまで、「音楽振動」の特訓、教育を聴者の英才教育と同様に受けなければならないのだろうか。

外国に、聴者が耳を塞いで出て行ってしまうほどの極大音量で音楽を流すクラブ、ディスコがあり、ろう、聴覚障害者たちが集うそうだ。ビートが生み出す、身体に訴えるわかりやすい振動を楽しむ。悪い意味ではなく、どちらかというとパーティの雰囲気を楽しんでいる。音楽を味わうというよりも、ビートを体感する傾向が強いようだ。それでも楽しんでいること自体を批判するつもりは毛頭ない。音楽にリンクする映像や照明演出が加えられ、リズム感やテンポ感を養うにはいいかもしれない。しかし、体がずっと揺り動かされ続けることで、不快感、生理的に受けつけない、興味がないといったように、ろう者すべてが楽しめるとは限らない。クラブ、ディスコに流れる音楽は、たいていが聴者の作ったもので、ろう者の音楽とは言えないだろう。

ろう者とろう学校の音楽の時間

私がろう学校にいたときの音楽の時間は、口話主義という名のもとに、補聴器で高低の音の聞き取り、日本語の発声訓練などが取り組まれていた。上手にできない、音に合わせせないと怒られたり、無視されたりして、楽しい思いはなかった。ろう者の間でよくある話のなかに、ろう学校で音楽の時間でろうの子どもにピアノを手で触らせて、振動を感じさせることがある。補聴器で音色が聴ける人はまだいいとして、まったく聞こえない人は、楽器から音が出ていることと音の存在を教えてもらい、知ることだけで終わってしまう。また、ろうの子どもにグランドピアノを触らせて、その大屋根（大きな蓋）を開けてハンマー（弦を叩く槌）が動いているのを見せることがある。振動を感じ、ハンマーが起きたり戻ったり、波の起伏のように動いたりしているのを見て、面白がるだろう。だが、そこから音を想像することはできるのだろうか？　疑問を抱かずにはいられない。もちろん音に関係なく、そのハンマーの動きにすぐ飽きる人、いろんな変化や好きな動きを探して見続ける人など、さまざまであるが、なかには波の形が、高低、緩急などの視覚的・抽象的な変化から、心情に置き換えられる人もいるだろう。時間の流れに沿った表現の理解と訓練によって、音からではなく動きやスピードなどを視覚でとらえて、いつか見た風景、抽象画を重ねて想像できる、またはハンマーの動きを手指、身体で再現して楽しめるかもしれない。

現在のろう学校ではどのように行われているかは、しっかり調べているわけではないが、なかには補聴器をつけても、楽器の音ではなく、「ザー」、「ビー」、「ブー」などとしか聞こえていない人もいるらしいから、それを合図の音として認識させて、聴者の先生の指揮を見ながら楽器を奏でていることがある。リズム感を鍛えるにはいいかもしれないが、音楽を「味わう」のでなく、ゲーム感覚で終わってしまう。音が聞き取れないのに音を出す、という行為そのものに矛盾を感じる人は多いだろう。むしろ、年少時には、聴力を省いて、「視る」というインプットと、「指揮のように手を動かす」というアウトプットという二つに限った行為で、リズム感を養うことから始めて、慣れてきたら「メロディ」、「テンポ」に該当する手や身体の動きを、少しずつ複雑にしていったほうがいいと思う。

ろう者と振動

ろう者の生活にとって、振動は生活の一部であり、欠かせないもの、当たり前のものになっている。例えば目覚まし時計のアラームは強力な振動になるものを使う、手の届かないところにいるろう者を呼ぶときに、机を叩いたり揺らしたり、床を足で思い切り踏み、振動を伝えたりする。また、掃除機が動いているかどうか機器を触ってみたり、お湯はあとどのくらいで沸くかと、やかんの蓋の取手に触ってみたりするなど、目視だけではなく皮膚で振動を確認する。つまり音楽とは離れた、生活の感覚のほうに重きを置いている。そのため、音楽はこういうものだとか、その概念などを、わかりやすいように説明してもらっていない、理解できていないろう者ほど、ピアノの振動を感じても、「だから何?」となるようだ。振動に対する意識の問題もあるだろう。例えば、ある飲食店でだれかが椅子を引くとき、椅子の脚が床を擦る振動にさえ不快を感じるろう者がいる。また、隣室に音や振動が伝わりやすい木造アパートでの生活、テーブルマナーなどで、聴者に注意されたり指摘されたりしたことによって、音と振動の関係や程度は複雑で、把握しにくいから、音を立てないように、振動を起こさないように慎重に、センサーを張り巡らして行動しているろう者もいる。

だから、ピアノからの振動を手で感じることを面白いと思ったりしない、感動しない人もいる。どうしてそうなるか？　考えられるのは、振動は手の皮膚・筋肉にしか伝わらず、内臓や身体全体に響かせるまでにはいかないからだろう。先に述べたような、クラブの部屋や大音量で空気を響かせるような空間装置の中で、体全体に感じさせたほうが、わかりやすい。身体の部分である手に、振動のみで聴覚的音楽を理解させるのは、無理に等しい。身体全体の皮膚感覚に刺激を与えたほうが、心や脳裏に入りやすいのではないかと思う。もし、ろう者しかいない国の中だったら、「音」はけたたましく、いや、振動による文化が発達しているだろう。

また、視覚的なものや、視覚と手・腕という身体が結びつく運動で、リズム感などが自然に身につくようなこと、聴者がやっている手遊び歌にある手の振付だけのようなものを、私たちろう者が、手話を元にして考えなければならないだろう。そうしないと、生きている証としての呼吸、心臓の鼓動からくる生命感と、言葉にできない感情の豊かさの地平が広がらないだろう。また同時に、聴覚的音楽は違う世界のものとして、概念・観念を知り、敬意を抱かなければ、ろう者の「音楽」＝オンガクは何も発展しないかもしれない。

手話言語の芸術表現

ろう者のオンガクを探す前に、日本において、現在までろう者の身体的表現はどのようなものがあるのか、考えてみよう。手話演劇・芝居のほかの表現は、私の知る限りでは、手話詩、サインマイム、ＶＶ（Visual Vernacular）がある。それらはろう文化の産物であり、ろうの芸術表現である。世界中のろう者には自国の手話、すなわちアメリカ手話（ＡＳＬ）、フランス手話（ＦＳＬ）、イギリス手話（ＢＳＬ）などがあり、それはその地のろう者の生活、ろう文化が基盤となっている。その環境、生い立ち、人々のふれあいなどの中で芸術に昇華された表現があり、さまざまである。

手話詩

日本では、手話詩のほかにサインポエムと呼ぶことがある。サインポエムは日本だけの言葉であり、アメリカでは「ポエム（poem）」、「ポエトリー（poetry）」という意味の手話で表す。手話だけ飛び交うコミュニティの中にいて、日常的なことだから、わざわざ「サイン」をつけないという説もある。「poetry」は手話で、詩的であると共に、視覚的に表現する空間芸術として認識されている。そのコミュニティの周辺、すなわち聴者、音声言語圏に向けて、翻訳の意味合いと違いを出すために「sign language poetry」、「ASL poetry」と表示している。サインポエムは、元は「ＶＶ」であるとか文学的な視覚的表現であるなど、曖昧な感じであるが、ここでは手話詩の領域に入るとする。

手話詩は、手話単語と文法が表示され、またそれらを下敷きにしてデフォルメしたものを使い、心情、叙情的なことを詠うような表現として考える。また、一つの作品に使う手話単語などの割合にはこだわらない。音声言語ではなく、手話を第一の基盤として編み出された、空間で紡ぎ出す、詩の視覚表現である。音声では音節や音で韻を踏むが、それと同じように韻は手話にもあり、手話の手の形、位置、場所、動線で押韻するという韻文的な表現がある。

すなわち手話の形が、意味は違うけれど同じ形を韻として使ったり、一度空間に手を置いた場所から離れてある動作をした後に、前と同じところに戻って手を置いたり、動きを反復したりするなどで韻を踏む。これは韻を踏むという規則での表現であり、音声言語における韻文詩と同質ではないが、似たようなものである。手話詩を日本語に訳しても、単なる文章になるし、日本語の韻文を日本手話に訳すと、韻よりも意味が優先になりがちになる。韻における聴覚的なものと視覚的なものの間を、顕著な差異が横断している。ほかには、手話単語をベースにして指、手、腕などを動かして歪ませたり、拡張したりして意味を広げる。さらに、ある単語の形から別の単語に変わる間に、意味の連続性を持たせつつ変化する。手の形だけではなく、顔の表情、目の視線の方向と強弱、肩腕の動きなどによって調和をもたらし、何もない空間に風景、色があるように見せる表現もある。

現代では散文詩、自由詩、音声／文字言語の関係を駆使した詩などの表現が多様にあるのと同じように、サインポエムの表現様式もさまざまである。映画『LISTEN リッスン』の中で米内山明宏氏が表現している『四季』は、私から見れば非言語的要素が多い手話詩であるが、音楽的な表現が随所にあると感じている。本人は第四章のトークで、サインポエムかサインマイムというこだわりはなく、ただアートとして表現しているのみと言っている。その『四季』の中の手の形の変化と動きの緩急が、米内山氏の独特のものであり、奏でているような表現がある。

サインマイム

元々は後述する「VV」である。「サインマイム」の呼称については、「第四章」の米内山明宏氏の発言のように、日本で作った言葉である。海外には「サインマイム」はなく、当初から「VV」として認識され、広まっている。日本では「サインマイム」と呼ばれ、一九八〇年代に、米内山氏、井崎哲也氏（日本ろう者劇団顧問）ら数人が舞台表現を行った。それから四〇年ほど経った現在、知っている人はいるけれども、ろう者たちの間では「VV」と「サインマイム」は別の表現と思っているか、ジャンルとして深く認識されていないように私は感じる。

インターネットもなかった四〇年前は、固定された場所と決まった時間に舞台でしか見ることができなかった。生で観られる機会と場所も限られ、よく知らないろう者は多いと思う。ところがYouTubeが流行りだし、海外の動向もリアルタイムに見られるようになったとき、「VV」という言葉を初めて知り、実は進化・洗練され続けている表現なので、目新しく感じた人がいてもおかしくはない。

パントマイムとサインマイムの大きな違いは次のようになる。パントマイムは体全体の表現であり、立ち位置を移動したり、座ったりするなどして舞台の空間を使う。それに対してサインマイムは、立ち位置をあまり変えずに、上半身の空間で手話とパントマイムを融合して表現する。

例えば「ドアを開く」は、パントマイムでは、目には見えないけれどあたかも扉、ドアノブ、壁があるように見せながら、ドアを開く行為を体全体で表現する。

サインマイムでは、前述した「ドアを開く」と同じ身体表現もするが、手腕と上半身だけで独特に表現するものがある。それこそサインマイムの特徴と言われている。

例えば右の人差し指を立てて「人」を見立てて、胸近くから小刻みに高低を繰り返しながら前方に「歩く」。途中で立ち止まり、すぐに左手は「壁」、右手は「扉」に変わり、右手が「開く」。またすぐに右手が「人」に戻り通過していくような表現である。ほかにも色々な方法もあり、手話言語を下敷きにして発達した映像的な表現が多くみられる。

VV（ヴィヴィ）

VVは、一九六〇年代頃に、アメリカでバーナード・ブラッグ（Bernard Bragg, 1928-2018）氏によって考案された。「Visual Vernacular」の頭文字をとった略語である。Visualは「視覚」、Vernacularは名詞では「自国語、現地語、土地言葉、日常語、俗語」であり、Visual Vernacularを直訳すると「視覚語」、「視覚日常語」となるが、「視覚的身体表現」か「視覚と身体的な言語」という感覚に近い。私から見たところ、突出した表現方法は、以下の七つの要素に重きを置いていることだ。
①ほぼ立ち位置を変えない（歩行、場所の転換などで変えることもある）
②手話は使わない、または手話単語を極少に抑える
③マイム要素
④風景・背景といった事物の状況・状態や人格、動物を細かく描写表現
⑤顔の表情や演技をオーバーリアクション、熱量が高め
⑥一人で複数の役者の切り替えのメリハリ
⑦映像・映画的要素（ロングショット、クローズアップ、早回し、スローモーション、巻き戻し、カットアウトなどといったカメラワーク）を取り入れる

②の手話はまったくないわけではないが、手話を使うといっても文章的に説明するのではなく、手話のＣＬ*表現をさらに拡張し、遊びも取り入れている。手話を知らない人にも、映画を見ている感覚にさせるように工夫もしている。動画作成ができる敷居が低くなってきたこともあり、YouTubeなどインターネットで見せられるという利便性から、身体表現と実際のカメラワークをうまく絡み合わせた映像作品が多くなってきている。

ろうの芸術表現のリズムやテンポなどについて

手話詩にも、ＶＶの要素⑥のように、木、風、犬などになり切って感情も表す擬人化になったかと思えば、また人間を演ずるといった切り替えの表現がある。また一人で違うキャラクターで一人称・二人称などいった切り替えのほかに、例えば、左手の人差し指が「子ども」役で、顔と右手が「母親」役といった同時表現などが大きな特徴である。その際にはリズム、テンポ、アクセント、メリハリをつけた表現が大事とされるだろう。

また、反復する動き、動線の緩急、形式、様式、キレなどの良さも大きく関わってくる。同じ表現でもリズム

などが違うとイメージも変わってしまう。

それらには、音楽のようなものが部分的に見えるものがある。それはある一つの行為をリズミカルに繰り返したり、ゆっくりした大きな動作の中で指先を細かく動かしたりするなど、共振や余韻などを感じさせることである。しかし、言語的に、視覚的に説明する場面や役の突然な切り替えなどがあるために、見る側は言語で解釈してしまうか、頭の中に報告的で説明的な映像が浮かぶ。それがある流れに出てきた心情的な揺れや響きを消失させてしまう。だからそれは、音楽のような、一連とした表現作品をなかなか見かけない理由の一つかもしれない。

ろう者のオンガクを探して

ろう者の舞台と映像における表現の種類を述べたが、言語を取り入れた歌ではない、また楽器の音だけなどの音楽表現のようなものはろう者にはないのだろうか。そういう感性がないのだろうか。いや、あるのだ。ろう者の芸術表現の中にそのようなものが見られる。言語的で、意味性が強い表現ではあるけれど、その中に、視覚の音楽的時間が所々、立ち現れては消え去る。

またろう者たちの間のたわいもないお喋りの中で、話者の個性的、性格的、経験の蓄積のようなものから滲み出た、言語化されにくい動作が一瞬あり、魅入られるものがある。心地よいリズム、ときめかされるようなアップテンポ調、目覚めるようなアクセントの繰り返し、こもった感情が溢れ出し、ゆっくり、またはスローな動きなどによって「歌」のように見えるときがある。視る人も視覚から身体に伝わり、共鳴するように体が動き出したくなることがあり、一瞬の音楽的なものが出ている。

しかしろう者の好みもあり、みんなが同じように感じているとは限らないのだ。日本手話でおしゃべりしているることで言語的に思考が追いついている。すなわち手話を読み取っているとき、意味を組み立て理解しながら見ている。だからその（音楽のような）動作に気づいていないか、その瞬間にハッと感じてもすぐ忘れる。それは手話には、手話特有の早いテンポや定型的に省略した形などがあるし、そのときに話の趣旨をつかもうとするからだろう。だからありふれた手話会話の中から「オンガク」的なものを取り上げ、そこにフォーカスを当てて、ろう者たちに認識してもらいたくて映画『LISTEN リッスン』を作ったのだ。

この映画の中で着目し、強烈に汲み出したかったのは、歌謡曲といった類いの音楽ではなく、言語が伴わない、また伴われないものとしての音楽と同列になるようなものであった。すなわち非言語なる音楽――例えば楽器の音だけ、交響曲、協奏曲などといった歌のない音楽、ノイズだけの音楽などの歌詞を持たない音楽のように、ろう者の生活に染み込んだ身体で表現されるものを、一瞬たりとも逃さず記録したかったのだ。

ろう者の中には、楽器の奏者、オペラ歌手、歌手などの顔の表情にも惹かれる人もいる。演技的な要素があるけれど、感情に見立てて楽しむことはできる。私がノルウェーでろう者を集めて舞踏のワークショップを行ったとき、フランスとスウェーデンから参加に来たろう者二人が、互いにオペラ歌手の表情について会話して、盛り上がっていた。そのようにろう者で興味がある人は、徹底的に顔を見ている。また顔だけでなく身のこなし、体全体の振り、身体から滲み出る雰囲気も見ている。見てどのようにイマジネーションを育むかは、もちろん人によって違うだろうが、時間の流れによって、映画のコマ送りのように変化のグラデーションを楽しんでいる気がする。

またテレビ、ネットの動画に出ているアイドルグループやダンスグループなどの振付を真似て、楽しんでいる人がいる。手・腕、体の動きが面白いとかカッコいいから真似ているか、ゲーム、スポーツ感覚で体を動かす。演歌歌手や歌い方が特徴のある歌手のモノマネが上手な人もいる。でもその聴覚の音楽を頭の中で意識しているかどうかは、人それぞれだと思う。いや、視覚情報から得た、時間の流れに沿った高低の上がり下がり、大小の収縮、緩急の動きも無意識の下でも楽しんでいるだろう。ろう者が楽しめれば、またろう者の生活に不可欠な視覚的文化へ抽出され、昇華と発展がなされるからそれでいいと思っている。

では「ろう者のオンガク」とは何か。なぜ「音楽」ではなくカタカナの「オンガク」なのか。漢字は表意文字で視覚的に強く訴え、意味を成している。それが多数である音声コミュニケーション使用者の間で長く使われ、概念ができあがっているために、聴覚的なものの方向に行ってしまう。だから私は表語文字でカタカナにしたくなる。音声にすると所詮同じという矛盾に陥っていくが、「ろう者のオンガク」に当てはまる日本語がないからだ。映画『LISTEN リッスン』が公開されて、トーク、対話で、何人かのろう者から「視楽」、「手楽」、「聾楽」、「聾魂」などの造語が提案されてきたけれど、それはどうなのだろうか。それらを手話で話してきたけれど、ほとんどがもともと日本語、漢字から借用して当てはめた表現だった。例えば「視」は「見る」、「楽」は「音楽」か「楽しい」というふうに表していた。私としては、日本語よりも日本手話で原初的に生み出したほうがしっくりとするし、そこから訳して日本語にすればいいと思っている。でも当てはまる手話の形がいまだに決まらず、探しているのだ。

それで漢字の意味を考え直してみる。「音」は、「口から出た声」を意味する会意文字である。元は篆書体の「言」であり、その漢字の口部分の中に横線一点を加えた形が「音」である。「言」は「話す・語る・口に出す」を意味する。「言」の下の口の部分は、神様へ祈りの祝詞を入れる入れ物である。そして祈りに対する神様の答えが、「口」の中に横棒で表され、音で感じ取っていたそうだ。そうして楽器や金・石・草・木から発する「おと」の意味として使われるようになった。

「楽」は象形文字である。旧字体である「樂」の成り立ちは、ドングリをつけた楽器、木に鈴をつけた楽器など諸説があるが、楽器、楽器の音を意味している。「たのしい」、「らく」は派生し、転じて新しい意味として表されている。「楽器から出た音」、「木・草・石、そして森羅万象の音」、「人や神の声」など引っくるめて「音楽」となっているのだ。だから「音楽」は単に「音を楽しむ」というものではないのだ。

「音」と「楽」を合わせた「音楽」という漢字は、紀元前二三九年に完成した『呂氏春秋』という書物で初めて出てきたとされている。そして中国から日本に輸入され、奈良時代の文献から見出されている。元々あった日本語「うたまひ」を、伝来した漢語「音楽」に当てはめたと解釈されている。当時は「おんがく」と読んだかどうかはよくわかっていないそうだ。

「うたまひ」は、ほかに「あそび」、「もののね」、「管弦」、「ふえづつみ」、「糸竹」、「音曲」など、日本には古くからの言葉が多くある。特に「うたまひ」と「あそび」は、声や楽器の音と舞踊が一体となったものを指していた。「楽」も古くからの日本の文献に漢語として出ているが、「うたまひ」「あそび」への当て字とされていた可能性が高いと言われている。江戸時代以降に、伝統的な音楽を「おんがく」として呼んだとされている。

現在の「音楽」は、明治政府によって西洋音楽が導入されて教育や普及が行われ、そのとき、「music」の訳語として「音楽」が定着した。そうして一〇〇年経ったいま、音楽は洋楽を思い浮かべ、邦楽と区別する人が多くなった。しかし、インターネットなどを通じて民族音楽、ノイズ、ミュージック・コンクレートなど、さまざまな音楽に接する機会が増えて、「音楽」の意味が変化し、広がっていきつつある。

では「music」の語源を探ってみると、ギリシア語のムシケー（mousike）が由来となっている。ムシケーの意味は、ギリシア神話の九人の女神（ムーサ）たちが行う活動（言語、詩、音楽、舞踊などを統御する）である。またムーサの技のことであり、音楽だけではなく、詩と舞踊とも一体になっていた。英語名は複数形として「muse」であり、日本語でミューズと読まれている。その英語には学問、文芸の意味も含まれ、美術館・博物館の「museum」にも通じている。「聞く」、「聴く」だけではなく「見る」、「観る」、「視る」ことも大事ではなかろうか。またさらに触覚、体感なども含まれるであろう。

現在の「音楽」は、感覚の拠り所に細分化して、「聴く」だけのものになっていったにすぎない。幾千年ものの間に、人間の営みからそういう流れになっているし、欧米、東洋などの音楽の歴史の深さ、音楽の定義は一つに収まらず多様になっていることなど、調べれば調べるほど参考になり、知識として面白い。

そうしてまとめてみると、「うたまひ」もムシケーも、舞踊と音楽が一体となっているから、ろう者に「音楽」がないとできないのではと思われるかもしれないが、否、そうではないのだ。

「音楽」の解釈次第で、ろう者にも「内なるオンガク」があるはずだ。「音」ではない。「視た」事象や思い描いた残像などを手話で話すなかで、オノマトペや抽象的な手腕の動きに、「オンガク」的な見え方がある。手・腕、顔、身体で表し、手の形の変化と緩急などで時間を引き伸ばしたり、コマ切りのようにカクカクさせたりすることなどで、「オンガク」を奏でられるはずだ。動き方だけではなく、呼吸も断固として切り離されはしない。音声で歌を歌うときや楽器を弾くときにも、呼吸が大切だと言われる。同じように筋肉の弛緩、感情の起伏と呼吸が連動しなければならない。呼吸が音楽の原初的なものの一つだと考えれば、ろう者の身体の中にも「うたまひ」があり、それが身体の肢体と顔に伝わり、身体の外側にも醸し出せる。一般的なダンス、舞踊と共通性はあるものの、日本手話から派生、抽出、転換された表現が強いほど、ろう者のオンガク性が高まってゆくだろう。

ろう者特有な感覚から産み出されるオンガクの可能性

ろう者特有のオンガクを産み出すものの一つは、音声と視覚が捉え方によって違うことから、出てくるものがある。例えば、綺麗だとか感動的だという気持ちで、「星がいっぱい」という表現があるとする。日本語では「いっぱい」と音声で言うとき、時計で言う物理的な時間ではない、間延びするような「長さ」、また下から上に向かってなだらかな山を描くような気持ちで、複数あるものを一つにまとめた現象として、言っているのではないかと思う。

日本手話ではどうだろうか。「いっぱい」の単語は前後によって表す形がいろいろあるが（同時に顔の表情に

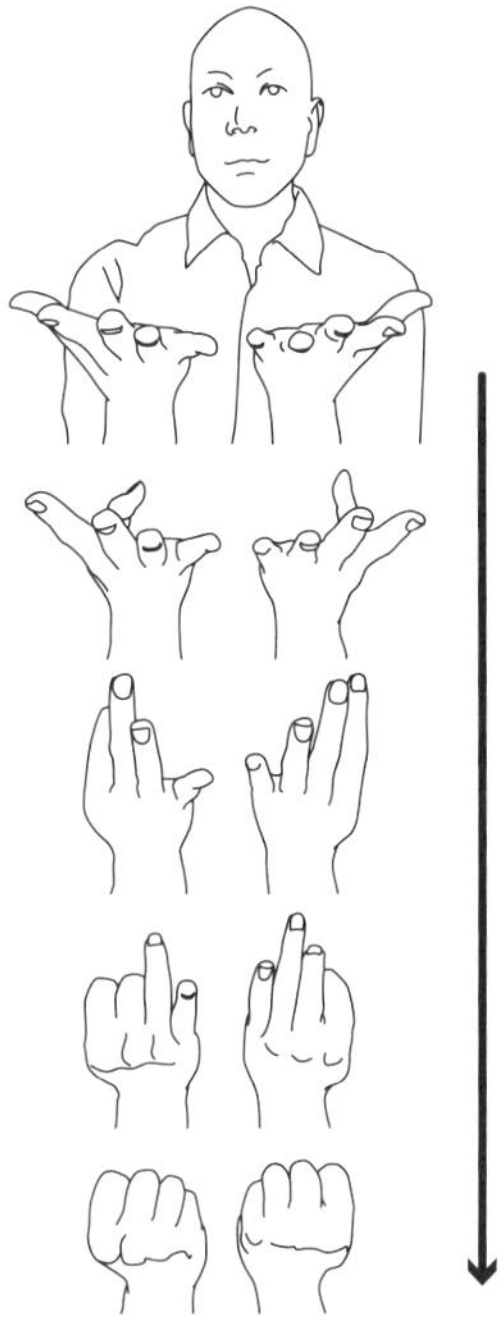

図1

図2

よって意味が変わってくる）、ここでは図1のように、両手の指を一本ずつ折っていく形を取り上げるとする。その手の動作は、見た目では「ざわめく」ようになっているし、ゆったりとしていない。逆に文ではなく、「いっぱい」を単語だけでゆっくり指を折るときもあり、それは「数えきれない」の意味が強くなる。それをふまえたうえで、「星」、「いっぱい」（図2→図1）で表すこともあるが、それは日本語寄りになっているし、「星」と「いっぱい」がつながっていなくて、間違えれば別々の意味として読み取られてしまいやすい。

　日本手話では図3のようになる。目がたくさんの星を見るように、上向くとともに額より上で、両手でぱちぱちしながら、「またたく星たち」を表す。ほかにも両手をパチパチしない表現もある。そのときはまず、両手を額上で拳からパッと少し開いて、指先の間をゆっくり開けながら、両手が互いにゆっくり

図3

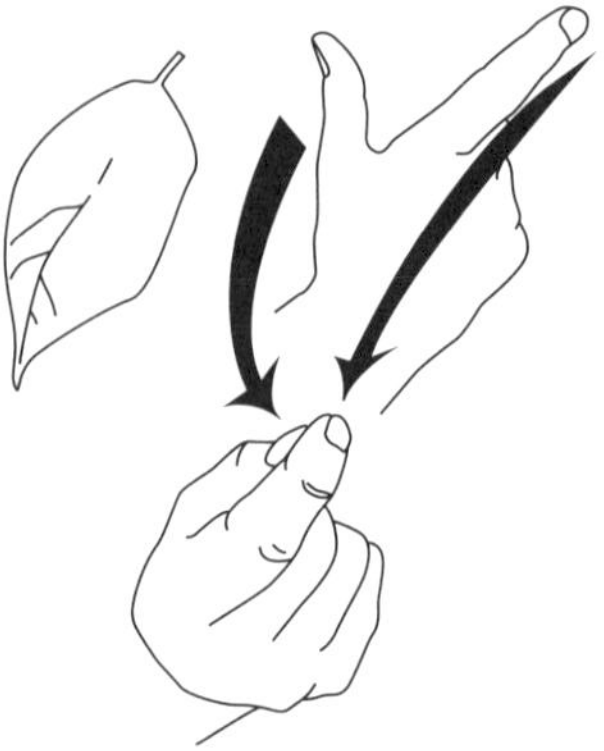

図4

離れていく。その際に大事なのは顔の表情であり、口は細め、頬が少し膨らむ。そのタイミングも大切である。それらの表現は、気持ちが込められるほど詩的になる。もちろん人によって表現が違う。手話言語という定型がありながら、その人の持つ個性的な感情、感性によってバリエーションがある。だからその変形を抽出してオンガクを作り出せるはずだ。

二〇二〇年八月から二一年三月の間に、一般社団法人エル・システマジャパン主催で「「目で生きる人」のオンガクワークショップ」を行った。聞こえない、きこえにくい、または聴者でも手話のできる六〜一八歳の子どもを対象にしたものであった。そのワークショップの中で、「木」をテーマにした表現をやってみたとき、「いっぱい」の表現で特記すべきことがあった。ある子どもが「葉っぱがたくさん」を表そうとして、両手それぞれに「葉先の尖った」部分を見立てて（図4）、素早くあちこちにパッパッパッと散らばるように表現していた。一枚一枚の葉がたくさん生えていることを早いテンポで視覚化させていた。子どもの可愛らしさという影響もあるが、リズミカルで心地よく見えたものだ。

このように物同士がくっついていなくて、たくさんあると見える事象に対しては、すばやく点々と数えるように点々を表わすことがある。そこからリズム、メロディに転換して、オンガクを奏でられる可能性をはらんでいる。また物同士がくっついていて量的に多いとき、手話単語は、前述とは別の形になりひとまとめとして表現される。そのときの動きの速度、動線の変化などで重くかさなっていることや厚くてふくらんでいるなど質感を伝えることができる。その表現から抽出してオンガクを創り出す可能性があるだろう。

ろう者のオンガクへの手がかり

「第一章　雫境編」で書いた、電車の窓から眺めていた流れる風景には、私だけでなく、共感するろう者もいる。また私もそうであったが、小さいときに下を向いて歩くときは、楽しかったという。地面から顔まで近いということも関係あると思うが、地面の、アスファルトの石粒や草と剝き出された土など、さまざまな模様が上から下に流れていくのを視ながら歩いたことだった。視るだけでなく、歩くテンポ、心臓の鼓動、呼吸などほかの要素が絡み合っているから、心地よくなったのではないかと思う。だからろう者は、時間という軸に沿った変化を汲み取って、内臓感覚にしまい込んでいるはずだから、それらをアウトプットできる機会をもっと設けたほうがいいだろう。

アウトプットとしてオンガクを表現するとき、例えば雲、霞、煙がたなびくような動きがある。手指のすべて、関節をそれぞれに滑らかに折り曲げたり伸ばしたりしながら、腕と一緒に左から右へ移動するものがある（図5）。そのとき、表現者の脳裏や胸の内には色々あっても

図5

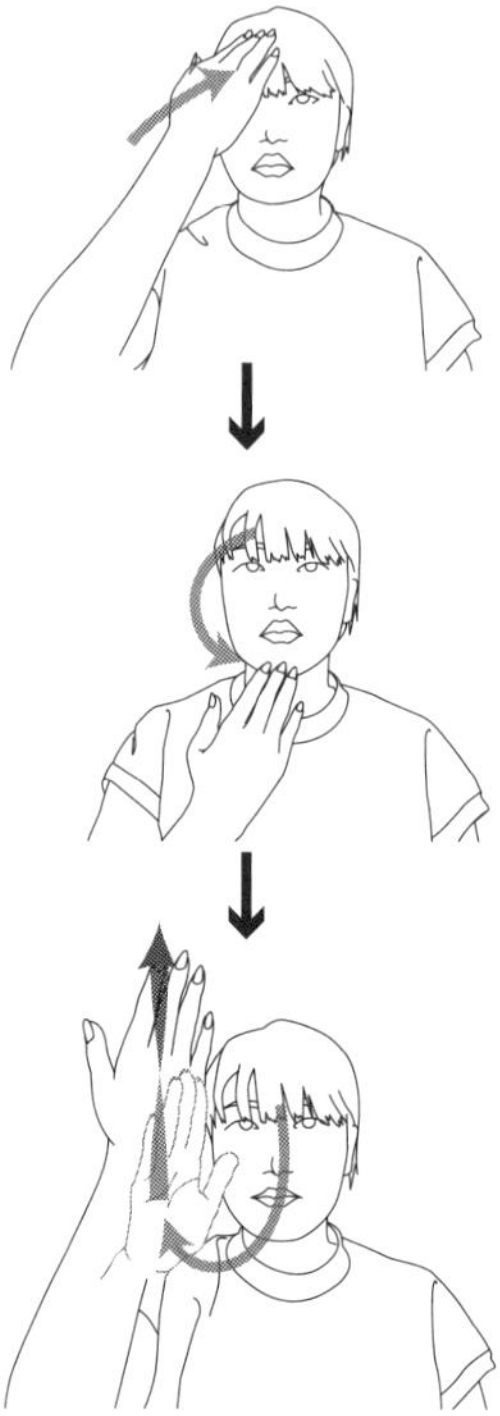

図6

いい。雲の輪郭は、はっきりしたり、ベールのようにぼやけたり色々あるなかで、表現者の主観や心情などを重ねてリズム、メロディを空間で視覚化する。ただ、具体的にわかりやすく、伝わろうという気持ちが前面に出すぎて、手話言語が多くなり、「歌」か「写実描写」になってしまう。そうではなくて、言語のない、非言語的な時間表現――音だけによる抽象性を持った聴覚的音楽（歌のない音楽）に対等となりうる表現――を意識する必要がある。そしてその表現を視たろう者は、手話に近い形から「雲、霞、煙など」などを瞬時に連想するが、時間軸に沿って変化していくのを視るにつれて、別のイメージや感情などを抱いていくだろう。また表現する人が、ある手の形から別の形に変わるときの間と連なりによっても、オンガク的に感じさせる方法を探求しなければならない。そうしていくつかつないで視覚的な「曲」ができて、オンガクができるだろう。

図6のように、①手が額に触れる、②顎に触れる、③手のひらを前に見せてから、手の甲を前にひっくり返しながら上に持っていく、といった三拍の動きがある。それを繰り返し表現すると、視ている人もその気になれば共鳴してきて、真似るようになることもある。このことは「目で生きる人」のオンガクワークショップで出てきたもので、子どもたちが楽しそうにやっていた。やっているうちに、③の動きで手の平を前に出すとともに上半身も同じ方向に傾き、手を上に持っていくときに、上半身は直立に戻るという自然な動きになっていた。それは「リズム」、「メロディ」みたいなものが身体に入り込んでいた証かもしれない。

そのように、躍動感あふれる動線の繰り返し、小刻みな動きなどのリズム感のあるものの速さによっても、気分が高揚する。またゆっくりとした動き、指先のなだらかな伸び縮みなどで、しんみりとなったりする。言語による説明的、または補足的なものなしで、心情に響くオンガクは、ろう者の生い立ちから蓄積された感覚、視覚、体感、ろう者コミュニティの中での共感などさまざまな要素から成り立ってくるものであり、さらに探究され発展されていかなければならない。

＊「Classifier」の略。意味は類別詞、類辞。形、大きさ、状態などを認識させる表現。一部に音声言語で言うオノマトペと近いものがあるが、擬音という概念はなく、形態や状態などを視覚的に表現する。

【参考文献】
『新漢語林』大修館書店、二〇一一年
石塚正英・柴田隆行監『哲学・思想翻訳語辞典【増補版】』論創社、二〇一八年
竹内敏夫監『美学事典 増補版』弘文堂、一九七五年
Wikipedia、閲覧日 2017-07-22,
https://ja.wikipedia.org/wiki/%E5%8F%82%E8%80%83%E6%96%87%E7%8C%AE

二、「目で生きる人」のオンガクワークショップの取組みから

一般社団法人エル・システマジャパン　菊川佳代、砂川巴奈歌

はじめに―ワークショップの開催にむけて

ろう者の「音楽」をテーマにした映画『LISTEN リッスン』（二〇一六年）の監督である牧原依里氏・雫境氏を講師として迎え、二〇二〇年の夏より、東京芸術劇場との共催事業として、「目で生きる人」のオンガクワークショップを開催した。きこえない・きこえにくい子どもたちや、手話を使って表現することに関心のある子どもたちを対象に、視覚的な音楽を探っていくことを目的とした表現活動である。

私たちは、希望するどんな子どもにも無償で音楽活動を行える場を作ってきた団体で、その活動のなかで、きこえない・きこえにくい子どもたちが創作に関わる「手歌」を行ってきたが、その過程で、当事者性をめぐってのさまざまな気づきを得た。既存の歌を基にする「手歌」の場合、同じ場に立つ歌い手たちとの接点の一つは、音ではなく歌詞の世界観の共有であるが、一定の尺内（長さ）で内容の深みや日本手話を犠牲にせず表現を短縮していくことに課題もあった。ろう者の問う「音楽」に心を寄せていくことは自然なことであった。

そのきっかけとなった『LISTEN リッスン』の配信と、監督のお二人とピアニストのササマユウコ氏を招いたトークセッションを、このワークショップ開催に先立つ六月に、公開のオンラインの形で行った。ワークショップは子どもが対象であるが、音楽の常識を超えていくような世界観に触れることは、だれにとっても貴重な体験だと思われたためだ。その後、計一二回のワークショップを、新型コロナウイルス感染症対策としておのおのの距離をとった形で、進めた。しかし、年が明けて二回目の緊急事態宣言が出る頃、さらに安全性を考慮して、残りの五回はすべてオンラインでの活動に変更し、二〇二一年三月にはクローズドの「小さな発表

会」をオンライン開催した。

「目で生きる人」というのは、きこえない・きこえづらいという聞こえについての否定よりも、視覚からの情報を拠りどころにする人へのまなざしが感じられる言葉である。ワークショップの現場に音は表れ出ない。手話通訳士も「目で生きる人」のサポートのためでなく、手話言語のわからない聴者スタッフや観客のために必要とした。音楽に親しんできた者には世界が反転するように映るが、身近にいる他者の言葉や表現を、これまでただ知らなかったのだ。ろう者が中心にいなければ生まれない表現の空間であり、そこで生成される世界へ継続的に立ち合えたことは、真に新しい体験であった。

「音楽」へ向き合う

「音を楽しむ」とも読めるこの日本語だが、欧米語で音楽を意味する言葉、music（英語）、Musik（独語）、musique（仏語）などは、ギリシア語のムーシケー（mousike）という言葉に語源がある。ムーシケーとは、古代ギリシアにおいては音楽、詩、舞踊などを幅広く指す言葉であり、時代をくだるにつれて「音楽」のみを意味するようになったという。語源をたどれば、音楽とは必ずしも音が必要なものではないのかもしれない。ろう者の世界に「音楽」はあり、それはどんなものなのか、聴者として感じ取ったことに触れていきたい。

「目で感じる」ということ

このワークショップで受け止めてきたのは、目で感じる、合わせる、ということ。いくつかのアプローチを通して、動きを目で見て楽しみ、反応したり、他者と共有し、合わせたりすることに毎回取り組んだ。前半の対面でのワークショップでは、次のようなワークがあった。例えば、縦一列に並び、自分の前方にいる人が動き出してから、自分に与えられた役割の動きをする。一定の長さやその半分の長さなど、異なる距離を互いの出発と到着のタイミングを合わせるように歩く。サークルになり、視野が及びにくい隣人の手の動きに反応する。規則的な拍を視覚で捉え幾何学的に楽しむツールを使い、ゲーム感覚でその動きに合わせて自分の手を動かす。こういったことを体験した。

「目で感じ、反応する」とはどんなことなのか。互いに向き合って同じ動作をするやり方、一方に他方が合わせるやり方、視覚に頼り過ぎず、同じリズムやテンポを共有してお互いに感じながら合わせるなどさまざまであり、子どもたちはそのための方法や、ぴったりと合ったときの心地よさ、合わせることの難しさなどを学び、感じ取っていったようだ。

リズムやテンポの表れ

後半のオンラインによるワークショップでは、合わせることとは別に、それぞれが心地よいと感じるテンポやリズムで表現することも尊重された。講師のお二人は、合わせることを重視し過ぎず、自分が心地よいテンポ、面白いと感じるリズムを子ども自身が見いだせるよう導いた。参加したろう児と聴児の間に見られた表現の違いで印象に残ったのは、例えば、ろう児がほかの聴児よりも動きが少し速くなるところだ。一連の流れのなかで、そのポイントで速く動くことは、本人にとっては自然なことだったのだろう。また、ろう児の表現では、手の動きに伴って上半身が傾くなどの動きが出ることがあり、それが雫境氏の動きにもっとも近いように思えた。もしかすると、そうした点に、手話に内在するリズムや体の使い方などが表れていたのかもしれない。

継続的に進めてきたワークの一つとして、一、二、三、四、〇という番号をつけた五つの手の形（かたち）を、好きなように組み合わせたり繰り返したりするものがあった。ワークショップの後半には、この五つを基に自分なりの表現を作るなど、創作的な段階にも入った。意味を持たない手の形を意味のある手話の形と関連させて表現する子、イメージを手で豊かに表すとか、手の動きに感情を込めるようになる子などが見られ、子どもたちの表現の幅が広がった様子がうかがえた。

西洋音楽は、楽譜のテンポや拍節に従って音を奏でるため、再現芸術とも呼ばれるが、それとは異なり、身体の中から湧き出るテンポやリズムから表現が生みだされる点が、興味深かった。一連の手の動きには、音がなくても、拍子のような規則的な拍節を感じとることができた。空間的に四点を移動する手の動きで、四拍を取る聴児、三拍のように取るろう児など、拍の感じ方が異なるように見えた。ろう者の音楽に拍子というものが確立されているわけではない以上、これは聴者の音楽に引きつけた見方にすぎないかもしれないが、共に通じるものや相違点など、探求の余地がありそうに思えた。

手の形、手の動き

声の強弱や高低でいろいろなニュアンスが出せるように、手話でもそうした表現ができると、さるベテランの通訳士が語っていたが、手話自体の持つ力や美しさに改めて気づかされる。ワークショップでは、造形美などの追求ではなく、日常使用している手の形を生かした表現を見つけていく。私たちは限られた単語の読み取りしかできなかったが、ある形が連続性をもって空間を移動したり、次の異なる形へ無理なく展開したりしていくところに、メッセージの伝達では見ないような（言語としてではない）リズムや波のような流れを感じた。

最後に行った「小さな発表会」では、『四季』という課題となる作品を講師が作り、参加の子どもたちがそれを体得して発表した。手話ポエムのようなストーリー性はないが、それでも特定の手の形が、ふと意味を見せる。聴者の目から見て、当初は、手話を知る者と知らない者では、その作品の楽しみ方に違いが出ることも想像した。しかし、開催の目的に応じ解説をつける方法もあるが、これもリテラシーと言えるのであれば、鑑賞者によって作品に向かうリテラシーは異なるかもしれないと認識しつつ、その場で生成するものを感じていこうとした。

『四季』は同じ動きが数回出てくるが、一連の流れを二回繰り返し、二巡目にはソロパートを入れ披露した。テーマの展開はまだいくつも可能であることが講師より示唆されており、時間が許せば、子どもたちによるもっと創作的な展開はできていたであろう。また人と人をさらにつなぐような作品や変奏曲のようなものも、生まれていく可能性はあるだろう。

作品としての『四季』から感じられたもの

子どもたちが『四季』を体得していく様子を追う過程で、私たちも意味を気にすることはなく、子どもたちが見せる手の形や動き、リズムそれ自体を楽しめていることに、次第に気づいた。見るたびに発見があり、その都度、心を動かされた。まず作品の持つ力。そして本人の技量とか他者と合わせる精度などではない何か。遊びのようでもあり、一方で、一人ひとりが表現を自分のものとしようとする一定の集中そのものから放たれる魅力が、毎回あったように思う。こうした何度かの練習と本番は、彼らが主体的に試みたいくつものセッションのように、視覚的に記憶に残った。表現活動（舞踏、演劇など）につきものの音楽も音も、必要性をまったく感じず、無音であることは想像していたより自然なことだと感じた。表現者たちへ身をゆだねることによって、こちらも共鳴する身体を持っていることを知る。

おわりに

ろう者が、自分の中の音楽を感じ、それを表したいというのは生の感覚で、自分らしく生きようとする自然な探求と感じる。新しい表現活動と思える一方、はるか昔から不変であるのに私たちが気づかずにいたことへ、誘われているようでもあった。ろう児たちが、自分がうまくいかなかったときに、笑い、身体を弾ませながら、「もう一回やりたい！」と講師のお二人に訴える場面を何度か見てきた。「自分はこれをきっとできる、できるようになりたい」という気持ちが伝わってきた。それは、培われてきた手話の動きによって、内側から表に出ていくものが心地いい、楽しいと気づいていくプロセスだったのではないか。喜びで気持ちが高揚していったのは、ごく当然のことと思えた。

この固有の音楽は、まだ多くの人々に知られていないかもしれない。しかし、子どもが経験する模倣や創造は真の喜びを生み、自らを耕していく。「目で生きる」子どもたち、そしてそこへ心を寄せる子どもや大人たちへつないでいくのに、価値あるものであることは間違いない。

第八章　論攷編

一、ろう者の感覚と音楽

宮城教育大学教授　松﨑 丈

一　はじめに

ろう者である牧原と雫境が共同監督して制作した作品『LISTEN リッスン』は、どのシーンを見ても魅力的で、「音楽的」だと感じるのはなぜだろうといつも考えさせられる。特に考えさせられるのは、「音楽的」だと感じられるろう者の表現は、ろう者のどのような感覚から生み出されたものなのだろうか、ということである。

「音楽」は、聴覚を活用して音響パターンを認知するといった「聴覚的認知」を第一義的とする傾向がある。また、「音」は聴覚的なものであるがゆえに、「音楽」もまた聴覚活用なくして成り立たないという、長年の聴者マジョリティの歴史と業績によって裏付けられた、非常に強固な特権的ディスコースがある。『LISTEN リッスン』は、そうした特権的ディスコースに対して、そもそも「音楽」とは何？という根本的な疑問を投げかけるとともに、ろう者の視点からも「音楽」とは何かを考えてみてはどうだろうか？という新たな提案をした、過去に例を見ない作品であると思う。

そこで本稿では、教育心理学と特別支援教育に関わっている立場から、この疑問と新たな提案に、私なりの見解を提供したいと思う。具体的には『LISTEN リッスン』上映後五年経ったいまも鮮明に残っている映像のうち、白い服を着た六名のろう者が集まって「歌っている」シーンを取りあげて、それがなぜ「音楽的」だと感じられるのかを分析することで見えてきたことを述べる。

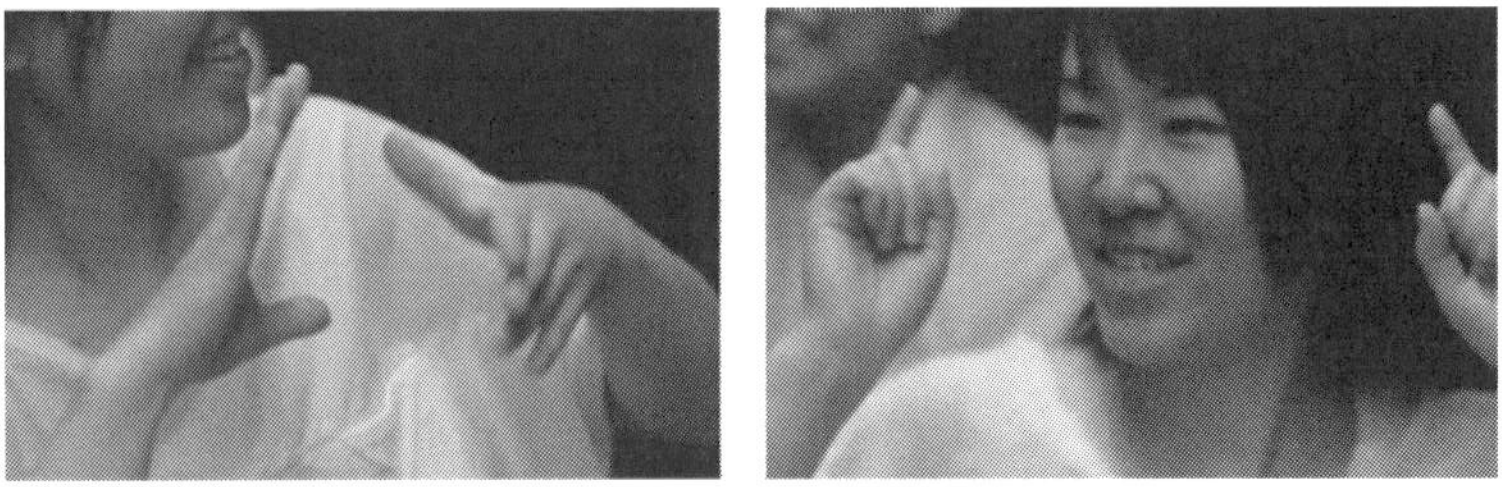

図1

二　『LISTEN リッスン』の演者はどのように「歌っている」のだろうか

六名のろう者が「歌っている」シーンは、『LISTEN リッスン』の五分五〇秒から八分一〇秒までの間で見ることができる。聴者が自身の喉頭、横隔膜、鼻腔などを、音声で歌うために必要な器官として意識を集中することと同様に、六名のろう者も、自身の手指をまさに「歌う」ために必要な器官として意識を集中しているようである。

このシーンを繰り返し見てみよう。手話に堪能でない聴者にとっては、非常に短い時間で、ろう者たちの手指の動きが早くてとらえにくいかもしれない。しかし、そのシーンをスロー再生すれば、手話学習者は気づくかもしれない。そう、彼らの手指の動きは、ある手話単語の動きから取り出しているものだ。

この一連の動きから一つの手話単語の動きを取り上げる。元々は／文化祭／を表す手話単語の動きである。音声による発信を「」で括って書くように、手話による発信は／　／で括って書く。／文化祭／は、次のように表す。／文化／は、両手の親指と人差し指の股の付け根部分を交差させるように接触させる。／祭／は、人差し指のみを立てた両手を頭と同じ高さで小刻みに動かす。一応、それぞれの表現がわかるように画像（図1）もつけておく。ただし、このシーンでは、／文化祭／という意味を持つ手話語彙として言語的に表現しているのではなく、音楽的な何かを表現しているように見受けられる。

そう感じるのは演者の動きに「リズム」があるからである。音声言語による歌もそうだろうが、一九七〇年代のブラッキング（一九七八年）による民族音楽学的研究で、次のような興味深い知見がある。

南アフリカ共和国にかつて存在したバントゥースタン（自治区）であるヴェンダで継承されている音楽システムでは、歌（u imba）と話し言葉（u amba）を分けているのはリズムであり、したがって規則的な拍子で朗唱される言葉のパターンは「歌」と呼ばれる、という。ただ、規則的な拍子といっても、例えばエンジンやポンプのような機器から出される規則正しい拍は、ヴェンダの人々は音楽とみなさない。むしろ、ヴェンダの音楽は、音の高低・長短の変化の連続した流れとしての「旋律」にではなく、歌うことがその一つの延長にすぎないような全身の「リズミカルな躍動」に基礎をおいている、というのである。

ブラッキングは、以下のように例を挙げて強調している。

それだからこそ、われわれには、太鼓の二つの拍の間に休みがあるように見えても、その演奏者にとっては、それは休みではないのだということを、よくわからなければならない。おのおの拍は総体的な身体運動の一部であって、その運動の中で、手やばちが膜面をたたくのである。（三六～三七頁）

もちろんヴェンダの人々は聴者であり、演者（演奏者）は、「リズミカルな躍動」だけでなく、その動きの一部が発する「音のリズム」も歌うことと連動していると考えられる。

今回のシーンはどうだろうか。ヴェンダの人々のように、全身の「リズミカルな躍動」に基礎をおいているように見られるが、むしろ、手話を産出するために不可欠な発音器官である、手指の「リズミカルな躍動」に基礎をおいているように思えてならない。ただ、手指の「リズミカルな躍動」とだけ表現するのは、いささか乱暴であるように感じる。後述するように、その手指のリズミカルな動きに、音楽性を感じさせる形式的な何かが含まれていると思ったからである。手指のリズミカルな躍動をより注意深く観察すると、手指の筋肉の緊張と弛緩がリズミカルに反復しているように見える。
ブラッキングも同様の視点でヴェンダの人々の音楽行動を観察しており、次のような記述をしている。

> これは弛緩―緊張―弛緩を表す音楽的進行となるかもしれない。（中略）この演奏を、指で（笛の）穴をふさぐという肉体的経験の面から考えてみると、音と音の関係は違う意味を帯びてくる。笛から指を離すという肉体的弛緩によって、和声的に緊張した音が生み出され、一方、一定の穴をふさぐという肉体的緊張によって、和声的に弛緩した音が生み出されるのである。（二三頁）

これは、弛緩（肉体）→緊張（楽器音）、あるいは緊張（肉体）→弛緩（楽器音）といった音楽的進行がなされているということなのだが、この肉体の弛緩と緊張と音楽的進行との関連に着目すると、おそらく先ほどのシーンは、ろう者の手指を中心に、どのような肉体の弛緩と緊張による音楽的進行が行われているのかを捉えることができるかもしれない。

なお、ここまで聴者の音楽について、西洋音楽ではなくアフリカ音楽を繰り返し取り上げているが、これに読者が違和感を持つとすれば、自分のまなざしを観察する必要があるだろう。それは、なんとなく西洋の音楽のほうがいかにも芸術音楽で優れている、というふうに恣意的で自文化中心的なものに依拠し、音楽と音楽でないものを区別するようなまなざしの可能性である。言い換えれば、この人たちは音楽的になれるが、あの人たちは音楽的になれないという区別をするまなざしを持っているともいえる。例えば、もし音楽は聴覚的なものであると考えるならば、聴者は「音楽的」、ろう者は「非音楽的」であると区別することになる。そこで、ブラッキングは、次のように「音楽」と対峙する人間としての科学的態度を問題提起している。

音楽と民族音楽、あるいは芸術音楽と民俗音楽といった、恣意的で自民族中心的な区分よりももっと重要なのは、さまざまな文化や社会集団が音楽と音楽でないものとの間に設けている区別である。結局は、人類にとって、西洋人の個々の音楽的業績よりももっと重要で意味があるのは、音楽の作り手としての人間の諸活動である。（中略）われわれに必要なのは、さまざまな社会が、どのような音響とどのような種類の行動を選んで、「音楽的」と呼ぶことにしているのかを知ることである。このことをもっとよく知らない限り、「人間はいかに音楽的か」という問いに答えを出せるはずもない。（三〜四頁）

筆者も今回の論考において、ブラッキングと同様の問題意識を共有する。ただし、『LISTEN リッスン』を「音楽的」と呼ぶかについては慎重に検討する必要がある。なぜなら、例えば、前述のシーンのようにろう者の「歌っている」行動を「音楽的」と呼ぶかについては、現在も、表現した人々、制作した人々と鑑賞した人々との間で、呼ぶことができる、いや呼ぶことはできない、あるいはそもそも「音楽的」と呼べるか否かを考える必要はあるのか、などさまざまな議論が出ているからである。『LISTEN リッスン』という作品をめぐるこうした議論に対する我々の態度のありかたを考えるとき、批評家スーザン・ソンタグ（一九九六年）の次の指摘は有用であると思われる。

作品を簒奪するのではなく、作品に奉仕しようとする批評は、どのようなものとなるのだろうか？　まず必要とされるのは、芸術の形式にもっと注目することである。内容に対する過度の関心がのぼせあがった解釈をよびおこすとすれば、形式へのこれまでにない詳しい注目と徹底的な描写は少なくともそののぼせあがりを冷やし、黙らせるだろう。必要なのは形式を描写するための語彙―かくあるべしと命令する用語ではなく、かくあると描写する用語だ。（三二一頁）

芸術についてのあらゆる解説と議論は、芸術作品を―そしてひろげて言えば、われわれ自身の経験を―われわれにとってもっと実在感のあるものとすることを目ざすべきである。作品と経験の確かな実在感を薄めてしまってはならない。批評の機能は、作品がいかにしてそのものであるかを、いや作品がまさにそのものであることを、明らかにすることであって、作品が何を意味しているかを示すことではない。（三二頁）

スーザン・ソンタグのいう「芸術の形式」とは、言い換えれば、その芸術作品は何であるかという「作品の事実」である。そして「われわれ自身の経験」も、おそらく作品と対峙した私たち自身の「体験の事実」といえるだろう。私たちは、この二つの事実を描写するとき、その描写は確かな実在感があるものとなっているのかを考えることが重要であるといえる。

私は、『LISTEN リッスン』の上映で今回のシーンに初めて遭遇したときは、音がないのに見ているだけで「音楽的」な何かを感じられた自分自身に驚嘆し、感動もした。しかしそのときはなぜそう感じられたのかについて、スーザン・ソンタグのいう「かくある」と描写できるほどの言語化ができていなかった。それから五年後。教育心理学と特別支援教育を専門としている私は、心理学的知識を援用して、改めてそのシーンでろう者はどのように「歌っている」のか、ろう者である私が目でどのように「聴いている」のかを注意深く観察してみた。その結果、二つの仮説が見えてきた。

一つ目の仮説は、ろう者は固有感覚に基づいて歌っているのではないかということである。聴者は、聴覚（あるいは聴覚記憶）に基づいて歌う。しかし『LISTEN リッスン』に登場するろう者は全員、日常生活で聴覚を活用しておらず、作品内でも同様に聴覚をまったく使っていない。むしろ固有感覚を活用しているようなのである。

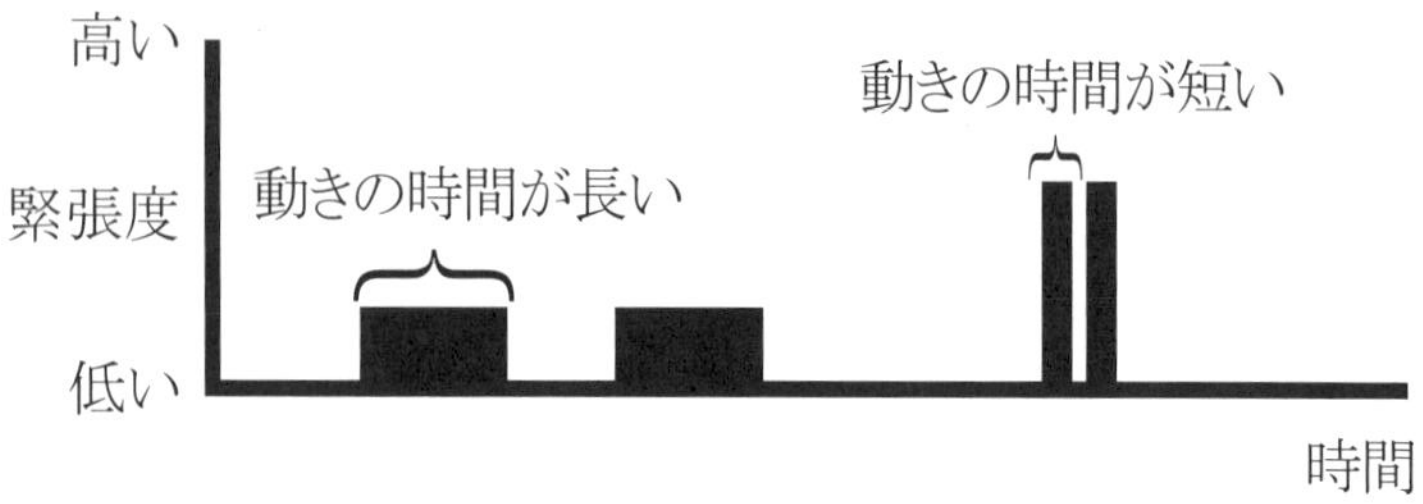

図2

固有感覚はあまり馴染みがない用語なので、説明しよう。固有感覚は、身体の深部にあり、身体の動きの速度、向き、骨格筋の緊張、平衡感覚を総称したものである。人間は、身体各部の運動、静止、位置、平衡を感知することで、自分自身の運動の調節や体位の維持を支えている。骨格筋の緊張（はり）と弛緩（ゆるみ）の調節を担う固有感覚が、ろう者の「歌っている」行動のベースになっているのではないかと考えている。

ろう者の／文化／／祭／の動きは一見リズミカルに動かしているようだが、その動き一つひとつの質を注意深く観察してほしい。／文化／の手指の動きでは、開いた両手が交差するように接触する動きは二回あり、その時間は長く、緊張の度合いも高くないように見られる。しかし、これに続く／祭／の動きの質は異なり、人差し指を立てた手型が前後する動きの時間が短く、かつ小刻みに速く二回繰り返すために、緊張の度合いを高めている。歌い手であるろう者はお互いを見たりしながら何度もそれを繰り返している。まさにブラッキングのいう「弛緩―緊張―弛緩を表す音楽的進行」が、ろう者たちの手指によって行われているようである。

手指の筋肉の緊張の度合いを縦軸に、時間を横軸に、／文化祭／の上記の手指の動きの変化パターンを図2のように表してみた。すると、また新たなことが見えてくる。手指の筋肉の緊張度が低い動きを二回繰り返してから、緊張度の高い動きを二回繰り返す。これらを組み合わせて一つのフレーズを作り出し、それを何度も繰り返す。時にはちょっとした動きのアレンジを挿入したりしている。また筋肉を動かすためには酸素が必要になるため、呼吸もしなければならない。呼吸のリズムや

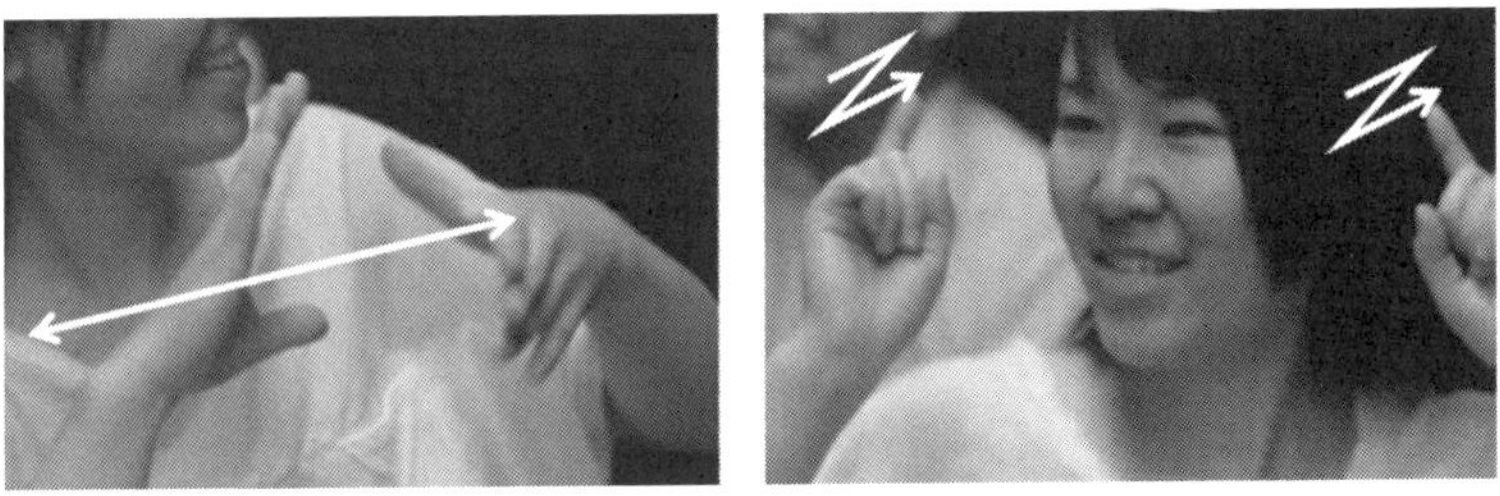

図3

そこで生まれる「間」もこのフレーズの生成に関わっているように思う。何より歌い手たちの終始穏やかで落ち着いた表情や視線の動きから、この手指の弛緩―緊張―弛緩の音楽的進行が、自分たちにとって同調できて心地いいもの、あるいは躍動を楽しく感じさせるものになっていることがうかがえる。

もう一つの仮説は、そのようにして歌うろう者の歌を目で聴くとき、眼球のサッケード（跳躍運動）に基づいて聴いているのではないかということである。サッケードは、人が見る対象を変えるときに発生する目の動きであり、ある一点から別の一点へ視線が跳ぶように動くことをいう。見たいと思う目標を高解像度で捉えたい（注視したい）ときも、その目標を視力の高い網膜中心窩で捉えられるように眼球を動かす、つまりサッケードを起こすのである。

ろう者たちが「歌っている」シーンを何度か見ていると、音楽的なものを感じる情報として、私の眼がろう者の手指のリズミカルな動き方に注目しているように思われる。／文化／は歌い手の手指の動きがそれほど速くはなく動く範囲が広いため、サッケードの範囲（つまり眼球が跳躍する範囲）は広く緩やかなものになるだろう。次に、手指の動きが一層速く、かつ動く範囲も小さくなる／祭／になると、サッケードの範囲は狭く、かつ跳躍運動も速くなるだろう。しかも／文化／の表現位置が胸の高さであり、／祭／の表現位置は頭の高さであるため、眼球で捉える目標の高さもリズミカルに繰り返される。この一つのフレーズが終わって、また同じフレーズの最初部分／文化／に戻ることで、前述のサッケードはリズミカルに繰り返されることになる。こうしたサッケードとしての眼球運動の痕跡を、大雑把ではあるが、イメージとして描写してみると、次のようになるかもしれない（図3）。サッケードは、眼球を動かす筋肉の緊張と弛緩によって起こる。おそらく私は、眼球の跳躍運動（サッケード）によって弛緩―緊張―弛緩の音楽的進行を視覚的に鑑賞しているということになるのだろう。

もう一点注目しておきたいことがある。『LISTEN リッスン』のスクリーンに映し出されるさまざまな風景は、静止画のように動かないものであるか、あるいは一直線に速く流れる河川のように、上から下へ、右から左へと一方向に流れ続けるものである。そのおかげで私たちの視覚は、演者の動き以外のものにとらわれることがない。つまり演者以外の視覚情報に引っ張られて、サッケードを不要に発生させられずにすむ。だから視覚的に落ち着いて見ていられるのかもしれない。

それから、／文化祭／のフレーズを何度も視覚的に受信しているうちに、身体全体がそのリズムにのったように動きたくなったり、心地よくなったりする。その心地よさはどこから来るのだろうか。何らかの特定の視覚的な「音響」パターンがあるからなのだろうか？　この議論は、次節以降で行うことにする。

こうしてスーザン・ソンタグの提案にあったように「作品の事実」と「体験の事実」を念頭に置いて注意深く観察し、描写を試みた結果、初めて『LISTEN リッスン』に出会ったときは見いだせなかった二つの仮説に出会うことができた。この仮説は、生理学や運動力学など身体の状態変化を直接観測することができる、科学的アプローチによって確かめられる必要があるだろう。もしそこに、音楽的な何かを示唆するリズムなりフレーズなりそうした現象が確認されれば、聴覚を前提とせずに「音楽的」と判断できる、科学的指標が得られるかもしれない。もし、ろう者が歌うときに「音楽的」に楽しめる指標が、手指における固有感覚の緊張と弛緩であるとしたら、それに着目した音楽を新たに作り出すことができるだろう。

三　五線譜への翻訳の試み

アメリカのろう者であり、芸術家でもあるクリスティーン・サン・キムは、TEDカンファレンスで、「魅力的な手話の響き（原題：The enchanting music of sign language）」プレゼンテーションをした。クリスティーンは、アーティストとしての活動を通して、自身が用いるアメリカ手話（ASL）には、音楽との間に類似する点があることに気づいた。プレゼンテーションでは、その意味を理解してもらうために、手話の手型や動きなどさまざまな要素を五線譜や音楽記号に置き換える（翻訳する）方法で説明している。

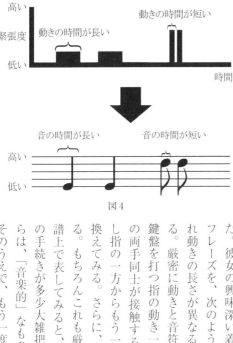

この内容からインスピレーションを得て、前述の仮説について新たな見方を作り出せるのではないかと考えた。彼女の興味深い着眼点を参考にして、仮説で示した／文化祭／のフレーズを、次のように捉え直してみた。／文化／と／祭／はそれぞれ動きの長さが異なる。これを音の長さが異なる音符と対応させてみる。厳密に動きと音符の時間の一致を図ったわけではないが、便宜上、鍵盤を打つ指の動き一回に対応する形で、動きの時間が長い／文化／の両手同士が接触する動き一つを四分音符（♩）、短い／祭／の人差し指の一方からもう一方へ移動する動き一つは八分音符（♪）に置き換えてみる。さらに、緊張の度合いの高さを音の高さに置き換えてみる。もちろんこれも厳密に一致を図ったわけではない。これらを五線譜上で表してみると、図4のようになる。こうした置き換え（翻訳）の手続きが多少大雑把であることは承知しているが、それでも図4からは、「音楽的」なものを示唆するパターンが確認できるように思う。

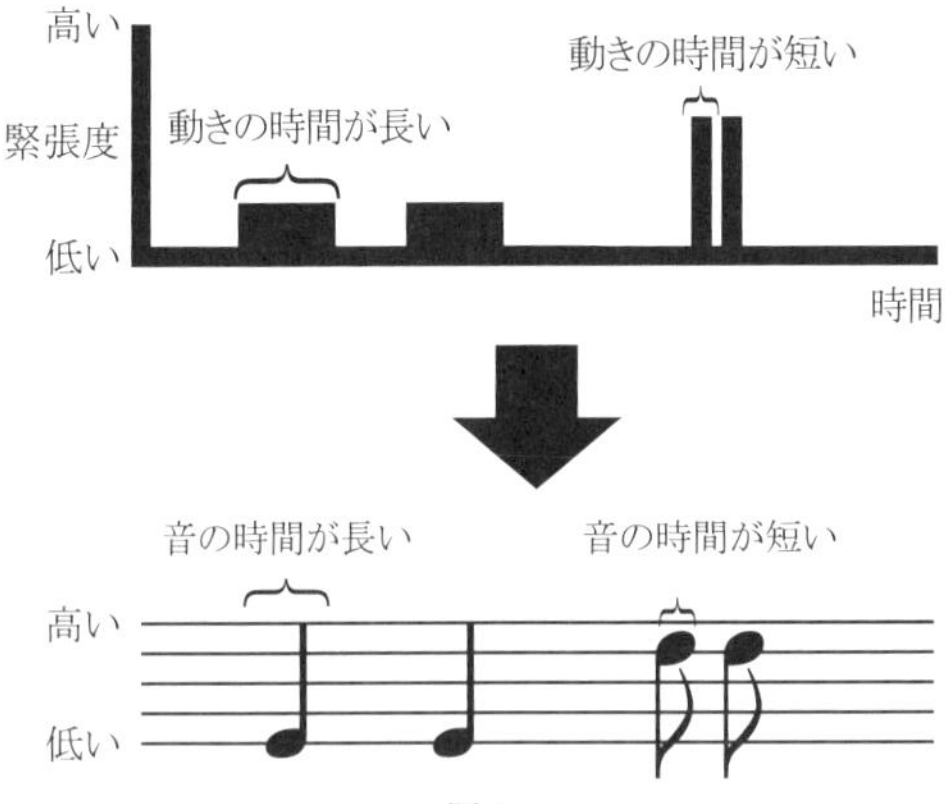

図4

そのうえで、もう一度あのシーンを見てみると、どうだろうか。だから私は、視覚的受信によって視覚的な音響パターンを認知し、身体全体がリズムにのったように動きたくなったり心地よくなったりするのかもしれない。

四　フランスにおけるろう者と聴者の先駆的な実践

ここまで述べたところで、学生時代に上映会で観賞したある作品を思い出す。日本で上映された一九九二年のフランス映画で、ニコラ・フィリベールによる『音のない世界で（Le pays des sourds）』である。作品の冒頭で図5（ユーロスペース、一九九五年）のように、四名のろう者が横一列に並んで、譜面台を見ながら手指をリズミカルに動かしているシーンがある。ちなみに、図5は映画パンフレットに掲載されていたものである。もちろん音はない。まるで手話で合唱しているようである。途中で一人のろう者だけがソロ歌手のように歌い始め、ほかのろう者はその様子を穏やかな表情で見ている。そして何か合図があったかのようにまた一斉にみんなで歌い出す。彼らは譜面台で何を見て歌っているのかと思ったらなんと五線譜だった。私は一瞬混乱し、驚嘆を覚えた。一体どうやってこの五線譜から手話に「翻訳（置き換え）」しているのだろう、と。

図5

それから約三〇年経ち、本稿の執筆依頼をきっかけに、当時のシーンに登場したろう者俳優レヴェント・ベシュカルデシュ（Levent Beskardes）と演出家ティエリー・ロイシン（Thierry Roisin）に、今回のシーンの制作についてインタビューした。[1] 結論からいえば、五線譜から手話への「翻訳（置き換え）」ではなかった。このシーンは、詩人であり、小説家でもあるガートルード・スタイン（Gertrude Stein）が制作した演劇『石（Les pierres）』の一部をもとに作ったものである。フランスの手話通訳者がこの演劇の一部をフランス手話に翻訳する。レヴェントを含むろう者俳優四人が翻訳された内容をもとに、演出家ティエリーと議論しながら、おのおのの俳優がダンスのような動きで、あるいは、音楽を奏でるような動きへと、音楽が感じられるように丁寧かつ繊細に音楽的表現を創り出していく。そして俳優たちは、それぞれの動きを忘れまいと、白い画用紙あるいは五線譜に書きとめたのだった。演出家ティエリーは実は聴者である。彼は、ろう者、聴者を問わずろう者俳優四人の「演奏」を楽しんでもらえるように、四人を横一列に並べさせ、譜面台を置き、五線譜の前で「演奏」することにより、コンサートが行われているように演出してみせたという。もちろん聴覚的な音は加えていない。レヴェントらろう者の俳優たちは、ろう者でありながら、手話にも音楽的な要素があると見出し、音楽的表現を創り出していた。演出家ティエリーも、聴者でありながら、すでにろう者一人ひとりの手指の動きに音楽性があることを見出していた。彼らの類まれな芸術感覚に基づいた、異文化間の対話と精神的交流によって、この印象的なシーンが生み出されたのである。驚くべきことは、こうした実践がすでに約三〇年前に行われていたということである。すでに彼らは、ろう者の身体における手話と音楽の可能性を探求していた。日本では、『LISTEN リッスン』の共同監督の牧原と雫境によってその探求がようやく始められたということだろうか。

五　聴者による映像作品との共通性

また、仮説を見出したことで、さらに興味深い事例に出会えた。牧原が、聴者による映像作品のなかにろう者も心地よく感じ、惹かれる作品があることを教えてくれた。

それは、ドイツのコンテンポラリーダンスの振付家であり、舞踊家でもあるピナ・バウシュの作品『Season March』である（ヴェンダース監督、二〇一九年）。この作品を収録した動画の最初に次のようなシーン（四七秒

〜一分四七秒）がある。ステージ上で多くの演者が行列を作り、手指から肩までの部分を動かしながらゆっくりと歩を進める。そのときの手指の動きは、手の甲を相手に向けた左手を左胸の前に置き、人差し指と親指でアルファベット「C」のように作った右手を大きく上にあげては下げ、また上にあげては下げる。こうしてゆっくりと大きな動きが二回繰り返される。そして、こぶしを握った両手を胸前で左右方向に震えるように小さく速く動かしている。その動きの回数は約三〜四回である。『LISTEN リッスン』の当該シーンと比べれば、その動きは全体的にゆっくりしたものである。しかしながら、演者たちのその動きを見ている私たちの目には、仮説のように／文化／／祭／の動きを見ているときのサッケードのパターンに類似するものが起こっているように感じる。だから心地良さを感じるのかもしれない。また、見ている私たちもその演者と同じような動きをしてみると、仮説で述べたような筋肉の弛緩―緊張―弛緩の音楽的進行が自分の身体で起きているようにも感じられる。

『LISTEN リッスン』と『Season March』のそれぞれの演者はろう者、聴者とまったく異なるというのに、両方の演者における手指を中心とする身体の動きのフレーズにはほぼ共通するパターンがあることは興味深い。ろう者と聴者が固有感覚と視覚を活用してともに心地良さを共有できる音楽的パターンともいえるものが隠れていることを示唆する事例だと思う。このような事例はほかにもあるのか、そこにどのように「音楽的」なものを感じるのかを分析していくと、また新たな発見があるかもしれない。[2]

六　ろう者の視覚と日常

ろう者は、聴覚よりも視覚を用いる者であり、言語としての手話で話す者である、といったイメージが定着されつつある。手話を身につける時期はまちまちだ。両親がろう者であれば生まれたときから手話を身につける環境がすでにある。両親が聴者であれば、ろう学校に入学することで手話を身につける。私は、大学に入学してからろう者に出会って手話を身につけた。自然に身につけるだけでなく、米国の手話言語学に関する英語文献を取り寄せ、どのような規則があるのか言語の仕組みにも関心を持ち、日本の手話はどのような言語なのか分析的に見ながら学習していた。そうして自分の視覚や固有感覚が手話という言語にようやく徐々に馴染むものになっていったように思う。それでも手話を使っている時期は、大学に入学してから二〇年ほど、つまりまだ人生の半分でしかない。

ところが『LISTEN リッスン』に出会ったときはなぜか懐かしさを覚えた。なぜだろうと考えをめぐらしてみた。すると、幼少期に自宅のある別府市から隣の大分市にあるろう学校幼稚部へ親の車で向かうとき、いつも窓からある風景を眺め続けていたことがふいに思い出された。それは、海沿いの延々と続く幹線道路に設置された電柱と電柱の間にある電線のたわみが、車の移動とともに一定のリズムで電線が跳ねるように見える風景だった。同時の自分にはそれを見ていると何か心地よさを覚えて、補聴器から入ってくる輪郭のつかめない音たちよりも、その風景にずっと目を奪われていた。目をつぶっても明確にその風景を思い出せるほど鮮明な記憶として残ってもいた。そういえば大学生のときに、インターネットで米国のろう者が手話ポエムで電線のたわみの連続がリズミカルに繰り返される風景を表現しているのを見たときも、懐かしさを覚えたのだった。ろう者は、生まれたときから目の前に現れる風景のリズミカルな変化に惹かれたり、手指や身体を動かして筋肉の緊張—弛緩によるリズミカルな反復を感じながら楽しんだりしていたかもしれない。『LISTEN リッスン』の共同監督の一人、雫境は、同作品上映後のトークで「電車から見える電線の動きのリズムに魅了された」と自身の経験を語っていた（吉田、二〇一八年、一八三頁）。もちろん、ろう者一人ひとりが育った環境、経験およびそこで培われた感性は異なるので、さまざまな風景に対する感じ方も一人ひとり異なるだろう。こうして培われた繊細な視覚と固有感覚に基づいた身体経験に手話という言語経験が重なることで、視覚と固有感覚はさらに研ぎ澄まされる。そうして仮説のようにろう者の身体の動きと時間との相互作用のなかで「音楽的」なものを感じさせる秩序を確立するものになったのかもしれない。聴者もそのようにして聴こえる身体と時間の相互作用にある「音楽的」な秩序を確立することでさまざまな曲や歌を作り出したはずである。

七　学校教育との対話

以上の論考は、教員養成の仕事に関わっている私として、子どもたちに対する学校教育のありかたを再考させられる。学校における「学習」とは、かつて学習者個人が頭の中に特定のまとまりをもった知識や技能を獲得するものとして考えられていた。しかし認知心理学の佐伯（一九九五年）は、文化的実践の参加としての学習であると考える必要があると指摘している。文化的実践については次のように述べている。

「文化」というのは，つねに過去の伝承とともに未来への新たな文化づくりのさまざまな実践が行われているという，未知なる世界に開かれたいとなみをさしている。こう考えると「文化」の概念には，ものごとの意味の根源に立ち返り，ものごとを再吟味し味わいなおし、「新たな文化の作り手」として世界と関わるという実践（それが文化的実践である）がいとなまれることが前提になっている。（三〇頁）

つまり、学習者は、単に知識が伝授される立場ではなく、教材の背後にある文化の、文化としての価値を、あらためて問い直し、共同的に吟味し、自分が主人公になって味わう立場にいるという。各教科は、先人が築いてきた文化を「教材」として提供されるものであり、学習者である子どもたちは、各教科での学習を通して、自分と文化とを関係づけて「自分はどうなるか」といった「自分探し」を経験する。そう考えると、授業を担う教員は、子どもたちにどのような「自分探し」をしてほしいのかといった、教員としての自分自身の価値や考えのありかたが問われる。

この文化に着目していえば、学校教育関連の法律でも次のような条文がある。

教育基本法第一章第二条では「教育の目標」について次のように規定されている。「第二条　教育は、その目的を実現するため、学問の自由を尊重しつつ、次に掲げる目標を達成するよう行われるものとする。（中略）五　伝統と文化を尊重し、それらをはぐくんできた我が国と郷土を愛するとともに、他国を尊重し、国際社会の平和と発展に寄与する態度を養うこと」。また、学校教育法第二十一条の「義務教育の目標」では、次のように規定されている。「三　我が国と郷土の現状と歴史について、正しい理解に導き、伝統と文化を尊重し、それらをはぐくんできた我が国と郷土を愛する態度を養うとともに、進んで外国の文化の理解を通じて、他国を尊重し、国際社会の平和と発展に寄与する態度を養うこと」。

この条文にある「文化」に、ろう者の文化に関する事項も含まれると考えるとすれば、音楽教育においてろう者の感覚や文化との関連で、どのような実践を考えることができるのだろうか。

しかしながら、ろう学校（聴覚支援学校）で行われている音楽科教育の検定教科書を調べてみると、すべて聴覚と音声を活用することを前提とした音楽の文化（聴者の世界で共有、継承されてきた文化的伝統ともいえる）が「教材」として提供されている。佐伯（一九九五年）の指摘をふまえれば、聴覚の活用に個人差はあっても視覚や固有感覚を活用できるろう学校の子どもたちは、結果としてその音楽の文化のみを尊重することを求められたり、自分とは異なる感覚と身体を持つ人々の文化を一方的に押し付けられて、「自分はどうなるか」といった「自分探し」で苦悩したりするのではないだろうか。

一方で、ろう学校で音楽科を担当する教員も、学習指導要領や検定教科書が聴覚と音声を活用した音楽の文化に関わるものであるため、子どもたちへの指導上の困難を感じることが多いことが確認されている。例えば、全国のろう学校小学部における音楽科指導を担当する教員の九割が、「音の聴取における困難」、「指導方法等での困難」を感じているという（志智・井坂、二〇一七年）。教員の取組みや強い熱意によってそれなりの成果を出している実践報告はみられる。そうした実践報告においても、そもそも「音楽」とは何かということの根源に子どもたちと立ち返り、再吟味し、対話するような内容は見当たらなかった。また、ろう者の視点から聴覚や音声の活用を前提とする音楽科教育の有効性や課題、そして自分の中に形成された音楽観や音楽との関わりについて研究したものも皆無である。

それでは今後、学校現場における音楽科教育の実践をどのように考えればよいのだろうか。私からは次のように提案したい。一つ目は、音楽科担当教員は、校種を問わず、「音楽」とは何かということの根源に子どもたちとともに立ち返る対話の機会を設けることである。西洋音楽だけでなく、ブラッキングの民族音楽学研究のように、聴者の世界における「音楽」をめぐる知見を多角的に把握することで、聴者の世界においても西洋音楽に支配されがちな「音楽」を再吟味する。例えば、ヴェンダの音楽のように、音の高低・長短の変化の連続した流れとしての「旋律」にではなく、全身の「リズミカルな躍動」に基礎をおいているものもあるのだと伝えることで、聴者の世界における「音楽」に関する見識を深められるだろう。音楽科担当教員は、これまで自分は子どもたちに「音楽」をどのようなものとして明確に、あるいは暗に伝えてきたのかを、いま一度再考することが求められる。

二つ目は、ろう学校で、子どもたちに、ろう者の世界における「音楽」をめぐる議論を伝え、自分たちは、視覚と固有感覚、そして言語としての手話を用いる者として、どのように「新たな文化の担い手」となっていけるのかについて対話と実践を行うことである。『LISTEN リッスン』は、そのために重要な「教材」としての役割も担っていると考える。子どもたちは、この教材との対話、教員との対話を通して、自分の視覚、固有感覚や手話の手指の動きなどを改めて吟味する。そうして自分たちも楽しめる、「音楽」とは何かを新たに探求する教育実践が実現できればと思う。

三つ目は、小学校・中学校・高等学校の音楽科授業でも、音楽の多様性を考えるものとして『LISTEN リッスン』の取り組みを紹介してみることである。これに関して私は興味深い経験をした。私が勤務している大学の音楽教育講座の授業で、聴者である受講生たちに『LISTEN リッスン』の予告動画を使いながら「ろう者と音楽」について話してみた。その結果、受講生たちからは、「演者の手指や身体の表現、手話から生まれるリズムを表現する楽しさを演者の方々から感じた」、「これまで自分が持っていた音の概念をひっくり返された」などのコメントが寄せられた。受講生たちも、従来の音楽観から抜け出し、「音楽」とは何かという新たな対話をする経験ができたことがうかがえる。聴こえる子どもたちにとっても同様に「音楽」とは何かということの根源に立ち返る対話ができるかもしれない。聴こえる自分たちがろう者とともに「音楽」をどのように探求していくかといった視点も広がるだろう。それはろう者にとっても聴者の世界との対話を新たに切り拓くことにもなる。

こうした音楽科教育の新たな実践を支えるためには、ろう児、ろう者と音楽に関わる研究も欠かせない。『LISTEN リッスン』のようにろう者が創り出した「音楽的」なものとされる作品について、美学、音楽学、心理学、生理学などさまざまな学問からアプローチし、ろう者と聴者が対等な関係で地道で丁寧な議論を重ね、お互い納得できるような知見を蓄積していく必要がある。そうして得られた知見は、音楽科教育の現場に還元されるなど、ろう者や音楽科担当教員などあらゆる人々の「音楽」に関する見識を深めてくれるだろう。

八　おわりに

「音楽」は、非常に長い間、聴者の所有物、聴者の文化的伝統として共有、継承されてきた。ろう者は、その音楽の恩恵を受ける人々から抑圧や排除を受けたり、自身の残された聴覚を活用してその音楽はどういうものかを把握しようとしたりした。しかし二〇〇〇年代に入り、共同監督の牧原と雫境の二人によって、繊細な視覚と固有感覚、手話という言語によって培われた感性を備えたろう者による「音楽」への新たなアプローチを問う作品『LISTEN リッスン』が生み出された。この勇気ある素晴らしい彼らの試みは、はたしてろう者の世界における「音楽」の文化の萌芽となりうるだろうか。それはあらゆる人々が「音楽」という世界におけるろう者の人間的価値について問い直す対話と実践次第である。

注

1　ろう者俳優レヴェントさんと聴者の演出家ティエリーさんとのメールのやりとりで日仏翻訳をしてくださった大槻フローランス（Florence Hallé-Otsuki）さんにこの場を借りて御礼を申し上げる。

2　本稿執筆後、牧原、雫境らによるろう者グループで「ろう者のオンガク」をテーマにさまざまな議論と分析を進めた結果、ろう者の視覚と固有感覚で心地よく感じる音楽的パターンについて新たな発見が得られた。この分析結果については、『国際芸術祭実施に向けてのろう者の芸術活動推進事業2021育成×手話×芸術プロジェクト報告書』の三二一〜三五頁（手話による説明動画付）で詳しく報告している。

【文献】

Blacking, J.: How music is man? Seattle, University of Washington Press, 1973.（徳丸吉彦訳『人間の音楽性』岩波現代選書、一九七八年）

佐伯胖「文化的実践への参加としての学習」佐伯胖、佐藤学、藤田英典編『シリーズ学びと文化①学びへの誘い』東京大学出版会、一九九五年、一〜四八頁

志智莉永・井坂行男「聴覚障害児に対する音楽科指導の現状と今後の在り方について」『大阪教育大学紀要第IV部門教育科学』六五巻二号、二〇一七年、一九〜二六頁

Sontag, S.: Against Interpretation, and Other Essays, New York, Farrar, Straus & Giroux. 1966（高橋康也・他訳『反解釈』ちくま学芸文庫、一九七一年）

吉田優貴『いつも躍っている子どもたち―聾・身体・ケニア―』風響社、二〇一八年

ユーロスペース『音のない世界で』（Le Pays Des Sourds. 1992）映画パンフレット、一九九五年、三十頁

Wenders, W.: Pina Bausch: Seasons, March, 2019.
https://www.nowness.com/story/pina-bausch-seasons-march-wim-wenders［2021.4.15］

二、「音のない音楽」の論理―翻訳としての『LISTEN リッスン』

東京大学大学院博士課程　西浦まどか

はじめに

映画『LISTEN リッスン』は音楽関係者に衝撃をもたらした。なぜか。それは、聴者にとっての「音楽」概念を揺るがし、再考を迫ったからだ。

音楽とは一般的に、音の芸術とみなされている。音楽配信サイトで消費されるのが音声データであるように、音楽は基本的に耳で聞くものというのが常識だ。福祉や教育の文脈での「ろう者のための音楽」なるものの多くは、この音を出す・音を聴く経験から、いかにろう者が知覚可能なものを取り出したり、ろう者が知覚可能なものへと置き換えたりするかということに腐心してきた。振動を感じる打楽器体験、歌詞を手話単語に置き換える手話ソングなどである。その発想の中心には、「音楽＝音」という大前提があった。

しかし『LISTEN リッスン』は、それとは真逆の戦略で「音楽」を描き出す。映画は完全な無音であり、聴者の観客には耳栓が配られる。この映画のインパクトは、ここだ。観客は「音のない音楽」というテーマに矛盾を直観するにもかかわらず、映画を観たあとには、確かにそこに音楽があった、と妥当性をも直観してしまうのだ。どうして我々は音のない『LISTEN リッスン』に音楽を感じてしまうのか。本論考では、この問いを学問的に検討するために、『LISTEN リッスン』を音楽概念の「翻訳」として考え、その論理的な妥当性に迫りたい。

映画『LISTEN リッスン』の監督の一人、牧原依里は、この映画の企画の原案に「音楽の翻訳」があったことをトークショーで語っている。[1]

もともと聴者のクラシック音楽を、聾者にもわかるよう視覚的に、いわゆる「翻訳」をしようと考えていました。そのためには聴者の協力も必要で、音楽のプロにアドバイスをもらったりもしよした。聴者の音楽の仕組みなどを勉強してみると実に理論的で、聾者でも曲を作ろうと思えば作れるということがわかってきたんです。そうして「聾者の音楽」として聴者の音楽理論を取り込んでみようと思ったのですが、その「翻訳」はうまくいきませんでした。聴者に聾者の音楽を理解してもらえなかったからです。私の中には聾の音楽があったのですが、周りにそれをうまく伝えられませんでした。

私は両親が聾者で、幼いころから手話で育ちました。その中で、様々な人の手話や表情から「間」のようなものを視て心地よく思ってきました。例えば「来る」という手話の動きがあります。この動き方は私にとって、心地よいものです。ただ、全ての人の動き方が心地よいわけではありません。この、心地よく感じる「来る」という動きが私にとって「音楽」のようなものだと思ったんです。確かに音楽的な何かを感じているのですが、それをうまく一般の人に伝えられないでいました。

彼女が当初取り組もうとしていた聴者のクラシック音楽のろう者への「翻訳」が、「失敗」したのはなぜだろうか。聴者の音楽理論家には伝わらなかった、牧原の中にあった「ろうの音楽」とはなんだったのだろうか。本論考はこれを明らかにするために、コミュニケーションの社会的・文化的経験全体に迫る言語人類学の知見からアプローチする。

論考は三章で構成される。まず一では翻訳についての理論を概観し、映画『LISTEN リッスン』にて試みられているまったく見た目の異なる形への翻訳がありえるということを示す。二では、『LISTEN リッスン』

での表現の根幹に手話言語があったことに着目し、ことばと歌の関係を「ことばの詩的機能」から明らかにする。最後に三で、『LISTEN リッスン』で提示された「音のない音楽」への翻訳の論理的妥当性をまとめ、知覚できることと経験の内実の大きな違いを考察する。

一　翻訳とは変換である

(1) 翻訳と三つの等価

翻訳とは通常、ある言語の文章の内容を別の言語で言い換えることを指す。例えば、「This is a pen.」という英語の文を日本語に翻訳すると、「これはペンです。」という文になる。二つの文は同じ意味だ。しかし、この「同じ意味」というのが実はやっかいである。

文学の翻訳理論において、同じ意味であることは「等価」と呼ばれている。アンソニー・ピムは、翻訳時に見いだす等価のありかを以下の三つに分類している。①形式、②指示内容、③機能である（ピム二〇一〇年）。例えば、英語の「Friday the 13th（13日の金曜日）」をスペイン語に翻訳してみよう。英語の文と同じ、①形式で②指示内容を示すのは、「el viernes trece（13日の金曜日）」となる。しかし、英語圏で「13日の金曜日」は「不吉な日」として特別な意味をもつが、スペイン語圏ではそれは火曜日である。文字どおり「el viernes trece（13日の金曜日）」と訳すと、スペイン語話者には不吉さが伝わらない。すなわち③機能まで含めた翻訳は「el martes trece（13日の火曜日）」となる。

(2) 変換翻訳

この違いをより深く論じたものとして、言語人類学者のマイケル・シルヴァスティンによる「変換（transduction）」としての翻訳というアイデアを紹介したい（Silverstein 2003）[2]。彼は「変換」翻訳を、水力発電の比喩で説明する。水力発電では、水が重力に従ってなだれ落ちるそのエネルギーが、発電装置のタービンを回し、電気というまったく別のエネルギーに変換される。同じように、翻訳においても異なるエネルギーのかたちへと変換が起こるのだ。上記の「13日の金曜日」の例で言えば、「不吉さ」を使える情報として伝えるために、「金曜日」は「火曜日」というまったく別のものに変換される。なお、水力発電において、元のエネルギーの一部が、変換器の「摩擦」として失われてしまうことも忘れてはならない（同、八三〜八四頁）。例えば「金曜日」が「火曜日」になったとき、「金曜日」がもっていたはずの「週末である」という要素は確かに失われてしまう。このような、翻訳に必ず伴う「ずれ」は、翻訳理論においては「翻訳シフト」、「剰余」などと呼ばれている（河原 二〇一七年、ピム 二〇一〇年、ヴェヌティ 二〇一一年）。

私たちはある言語から別の言語へ翻訳するとき、ただ各単語の意味を各言語の文法に則って並べればよいのではない。それは見た目上の形式や指示内容を反映しても、その内実を伝えるとは限らない。社会文化的な含意や、いまここでその言葉が使われている文脈の等価性がより重要な意味をもち、辞書の対応関係を曲げた変換が必要なことがある。機械翻訳が技術的に難しかった理由の一つは、ここにある。

（3）『LISTEN リッスン』の翻訳論理

これらの翻訳論をふまえて、もう一度映画『LISTEN リッスン』に立ち戻ろう。『LISTEN リッスン』は、聴者の「音楽」概念を『LISTEN リッスン』流の「音楽」概念へと翻訳して表現している。このときもし、見た目上の①形式や、音符構成・歌詞内容などの②指示内容の等価性を重視して音声以外へと翻訳したならば、それは音の高さを視覚的に示すなどのやり方となるだろう。冒頭で引用した、牧原が聴者の音楽理論家と共に当初試みたアプローチも、これにあたる。しかしそれではうまくいかなかった。代わりに『LISTEN リッスン』は音楽の③機能を重視した、見た目のまったく異なる（しかしほぼ同等のエネルギーを保った）変換翻訳を試みることとなった。『LISTEN リッスン』が無音の作品でありながら「音楽」をテーマにしているのは、単なる話題作りの戦略ではない。形式や指示内容よりも重要な「経験の内実」を等価にし、翻訳先の文化にとって活用できる「生きた」概念・活動にするためには、むしろ異なるかたちになる必要があったのである。水力発電の高さエネルギーが電気エネルギーとなり、「13日の金曜日」が「13日の火曜日」になるように。

一では、翻訳論における変換翻訳というアイデアを通して、音楽の翻訳結果から音がなくなる可能性、楽譜に書かれた情報からかけ離れる可能性に対する論理的妥当性を示してきた。それでは、映画『LISTEN リッスン』では聴者の音楽概念から何を等価に変換翻訳をしたのだろうか。そこで二では、冒頭に引用した牧原の発言の後半、彼女が「音楽のようなもの」を感じたのは音楽理論のシステムではなく手話であったことに着目したい。

二　ことばの詩的機能

(1) ダンスか歌か

上記の引用と同じトークショーで、もう一人の共同監督者である雫境は、『LISTEN リッスン』内での「音楽」の作り方をこう述べている。[3]

> 例えば「行く」という手話表現があります。手前から外側に出る動作です。そこで、「行く」というこの動作を最初の手前のところで止めてみます。そこから下に動かすと「下」という意味になります。でも、そのまま動かさないでいると、手話としては意味のないものになります。いま、右側に動かしたのがわかりますか？ 横や上に動かしたりと、少しずつアレンジを加えていきます。すると、もともとの言語的な要素はなくなります。遊んでみるんです。元の発想は手話ですが、手話の意味を壊す、排除して別の動き

を付加していく。そうやって、映画の中での表現にしていきます。

『LISTEN リッスン』でなされるパフォーマンスは、なめらかな手の動き、全身を使った緩急ある動きなど、聴者の語彙でいえば「ダンス」に見えるものである。しかし雫境が言うように、動きの根底には彼らの言語である手話、そしてその「遊び」があった。これをふまえると、『LISTEN リッスン』の動きは異なって見えてくる。音声言語話者が声で話し、声で歌うように、手話言語話者は身体で話し、身体で歌う。『LISTEN リッスン』のパフォーマンスは、彼らの歌である。だとすると、『LISTEN リッスン』の翻訳論理は、ことばと歌の関係性にある可能性が生じる。

そこで本章では、ことばのもつ音楽性とその社会文化的な機能に焦点を当てたい。本論考で特に着目するのは、言語人類学者ロマン・ヤコブソンが提示した「ことばの詩的機能」である（Jakobson 1960）。

（2）ロマン・ヤコブソンによる「ことばの詩的機能」

ヤコブソンは、コミュニケーションでやりとりされるメッセージが、内容を示す機能以外にも複数の機能を持ちうると考えた（同）。例えば、命令文は聞き手を動かす機能をもち、電話での「もしもし」などはコミュニケーション回路の作動自体を確認する機能をもつ[4]。これらの機能の中でもヤコブソンが特に重点的に論じたのが、詩歌や広告文句などでよく見られる「詩的機能」である。彼の詩的機能論を（無理を承知で）ごく単純に説明すると、「ことばの音を構造化することでメッセージの音そのものを日常から浮き立たせる機能」と言えるだろう。例として、言語人類学者の小山亘による解説にならい、谷川俊太郎の詩『河童』の一節「かっぱらっぱかっぱらった」で説明したい（小山 二〇一二年、一五六頁）。この一文が伝えるメッセージ内容は、おそらく「河童がラッパをひったくった」ような情景であろう。しかしこれと「かっぱらっぱかっぱらった」という表現を声に出して比べると、後者では「a-ppa」という共通の音をもち、さらに頭の子音が「k-」、「r-」、「k-」、「r-」と繰り返し交替することに気づく。このことによって、「かっぱらっぱかっぱらった」という文は「河童がラッパをひったくった」と言うのとはまったく別の機能をもつ。メッセージそのもの、ことばの音の鳴り響きそのものに人びとの注意を惹きつけ、日常のコンテクストから浮き立せるのだ。これが、ことばの詩的機能である。

詩的機能はその力ゆえ、詩歌だけではなく生活の至るところで用いられている。例えば「セブン・イレブン、いい気分」という広告コピー、「飲んだら乗るな、乗るなら飲むな」などの啓発文句、そしてアイゼンハワー大統領が選挙で用いた「I like Ike（アイ・ライク・アイク）」などはすべて、声に出した際の音を構造化し、メッセージ自体を目立たせている。詩的機能は時に人びとを動かし、空間を支配する政治的な力を持つ。それゆえ「poetics and politics（詩学と政治学）」というそれ自体詩的機能に富んだテーマは、言語コミュニケーションの社会文化的側面に着目する言語人類学において、大きな論点の一つであり続けてきた（Bauman and Briggs 1990, Kataoka 2012）。

（3）ことばから詩へ、詩から歌へ

さて、ヤコブソンのいうことばの詩的機能とは、「ことばの音を構造化することでメッセージの音そのものを日常から浮き立たせる機能」であった。すなわち「言語音の鳴り響きの質」とその「構造化」がメカニズムの基礎にある。これらをそれぞれ具体的に言うと、音の高さ・長さ・強弱・音質などの諸要素とその時間的な構造化であり、まさに聴者の音楽の構成要素・構成原理と大きく重なるのである。言語において詩的機能が最も典型的に現れるのが韻律詩であり、その韻律詩は実際に声に出して詠むこと、吟ずること、そして歌うこと、すなわち広義の「うた」（歌・唄・ウタ）の領域とかなり不可分なものであった。すなわちことばと歌のグラデ

ーションの一端は、このことばのもつ音楽的な詩的機能にある、と考えられるのだ。

ジョルジョ・バンティとフランチェスコ・ジアンナッタシオは、韻律詩が歌われるものであること、そして詩的なものと音楽的なものは区別が難しいことを論じた（Banti and Giannattasio 2006：290-295）。彼らは詩と歌が関係していることを示すために、通常の発話の音を異化する形式化手続きとして三つ挙げている。（1）声の音域・声色・強さを変えること、（2）メロディの輪郭を変化させること、そして（3）発話のリズミカルな分割、である（同、295）。このような方法で、歌は発話のサウンドを極端に異化し、それを「音階」「リズム」「拍子」「曲構造」などのようなかたちでさらに形式化するという、「二重の異化」によって成立している。メッセージそのものに注意を向けさせ独自の空間をつくることばの詩的機能は、こうして歌というかたちで強化されるのだ。だからこそ、CMソングにしろ、宗教儀礼の聖歌にしろ、気分転換の音楽再生にしろ、人は重要な場面で音楽を用いてきた。伴って流れるメッセージそのもの、音楽の時空間そのものに人びとを志向させ、日常から浮き立たせるために。このような「二重の異化」を特徴として、ことばの詩的機能をさらに強化させた詩的機能を、本論考では「音楽的詩的機能」と呼ぶこととしよう。

（4）手話詩における音楽的詩的機能

ここまで、「ことばの音を構造化することでメッセージの音そのものを日常から浮き立たせる」言語の詩的機能こそ、ことばと歌のグラデーションをつなぐ人と音楽との関わり方の一端であることを論じてきた。しかし、ここで「ことばの音」と言っているように、これらの議論が音声言語を前提にしていることは明らかである。はたして、本論考が考察したい手話言語話者の世界ではどうなのだろうか。

そこで本節では、手話詩の構造を研究した例を通して、二つの可能性を示したい。第一に、言語の詩的機能は手話言語においても成立していること、そして第二に、その延長線上に「手話話者の歌」がある可能性である。

そこでまず、エドワード・クリマとアーシュラ・ベルージによる「音のない言語の詩と歌（Poetry and song in a language without sound）」という論文を取り上げる（Klima and Bellugi 1976）。彼らは手話による詩・言葉遊び・歌を「芸術手話（art-sign）」と一括し、そこに見られる詩的構造を、三つのレベルに分類した。①内在的詩構造（Internal Poetic Structure）、②外在的詩構造（External Poetic Structure）、③上部構造（Superstructure. Imposed Structure）である。①内在的詩構造とは、どの手話記号をどのような順番で配置するかによってできる構造である。これは音声言語では押韻にあたり、手話の「音韻」パラメーター（手型、位置、動き、掌の向きなど）を規則的に反復することによる構造を指す。ことば選びの段階でこの構造は決まるので、言語に「内在」した構造ということになる。次に②外在的詩構造は、話し方による構造を指す。例えば手を連続して交替させることによってもたらされる反復感は、文法規則とは無関係に、すなわち言語から「外在して」、詩の構造を生む。

一方で言語メッセージから独立した、言語の「上部に」あるのが③上部構造である。クリマとベルージによれば、これは時間・リズム・運動ラインから成る。例えば彼らはろう者のロウ・ファントによる手話詩「夏」（ドロシー・マイルズ）を分析している。ファントの両腕はこのパフォーマンスで、通常の手話空間を大きく超えて、自身の身体を中心とした手話空間を縦横無尽に駆け巡る。最初の「GREEN」で手話者の顔の前を左端から右端へと水平にスウィープすると、そこから上方高いところまで昇り（HEIGHTS）、そしてだんだんそれぞれのサインが重く、ゆったりと降り、終盤（HEAVY ON HANDS）では体は曲がり、肩は落ち、通常よりも低い手話空間にて重々しくなされる。この降下する運動ラインがこの作品の上部構造である、とクリマとベルージは分析した（Klima and Bellugi 1976：86）。すなわち、歌詞にメロディが重ね付けられている（あるいはメロディに歌詞が乗っかっている）ように、各手話には大局的な「降下ライン」が重ね付けられている（あるいは降下ラインの中で各手話記号が乗っかっている）と彼らはとらえたのだ。この上部構造が文字通り言語の「上部」にあるのであれば、言語発話とは無関係にその動きだけを取り出すことも可能である。時空間を縦横無尽に駆け巡る運動ラインはこうして、「歌詞なき歌声」にもなりうるのである。

クリマとベルージが提示した手話詩における三つの構造の関係は、前節までで論じたヤコブソンの「ことばの詩的機能」と歌の関係と重なっている。クリマとベルージが論じた通り、手話ではその音韻（特定の手型など）を構造化することによって①内在構造をもちうる。これは、音声で韻を踏むなど、ヤコブソンが想定していた詩的構造と（少なくとも構造化のメカニズム自体は）まったく同じである。続く②外在構造、③上部構造は、それぞれ②言語の語り方、③非言語要素の構造化であり、言語への依存性が低く工夫した構造になればなるほど、「音楽的」詩的機能は強くはたらく。

もっとも、ことばと歌の関係性は詩的機能のみで説明することはできない。声を発すること自体の身体的な心地よさ、他人と共に声を合わせ、ずらし、かけ合うことの現象学的な経験など、音声だからこその結びつきや、構造ではない観点からの論点も無数に存在する。また、現代手話言語学から見れば、本稿で紹介したクリマとベルージの論文はかなり「古い」。近年では手話言語の豊かさを音声言語の枠組み内に矮小化してしまう危険から、音声言語との対応関係よりも、映像性（四次元性）や肉体性など手話の独自性に迫るアプローチが興隆している（cf. Bauman 2006など）。しかし、詩的機能というアイデアは音声の性質ではなくその構造と社会文化的な機能に焦点を当てており、音声以外への応用可能性は十分にあるとすると、少なくとも以下のことは言えるのではないだろうか。手話においては、手話の音韻パラメーターによってことばの詩的機能があらわれえるのに加えて、空間的・身体的な発現リズムと運動ラインによって「音楽的」詩的機能を働かせ、日常のコンテクストから浮き立った芸術手話空間を生成することができる、と。

ここまでの議論をふまえれば、「ろう者の音楽」をテーマとした『LISTEN リッスン』において、身体表現の根幹に手話があったことは至って自然なことである。すなわちこの映画は、「音楽的」詩的機能を通したことばと歌との関係性をもって等価を見出し、変換翻訳を行っていたのである。

三　知覚できること／「音楽」であること

（1）振動と音楽

本論考の冒頭で、音楽は基本的に音声であり聞かれるものだと述べた。しかし、音楽は音声のみで成り立っているのではない[5]。音楽の現場、特に演奏ライブにおいては、音声だけでなく衣装、照明、身体運動、熱気、振動など、複合的な要素で成り立っている（cf. 諏訪二〇一二、山田二〇一七、野澤二〇一三など）。なかでも振動は、リズムという音楽の一要素を正確にろう者と共有できるツールとして、しばしば福祉的な「ろう者のための音楽」に取り入れられてきた。しかし、『LISTEN リッスン』の共同監督者である牧原と雫境は、別のインタビューにてこう述べている[6]。

牧原「みんなが受けてきた音楽の教育で、例えば太鼓を例にとると、これまでの方法では聴者に『はい、こういうリズムね』という風にやり方を教わって太鼓を叩かされる。それでは嫌になるというか。私たちにも自分の心地よいリズムがあるので、それを引き出すというのが大事だと思うんです。太鼓を叩いたところで、もちろんそれが響くのはわかりますけど、それがどういう響きなのかというのはピンとこない。感想としては『まぁ響くな』ってくらいなんですね、私の場合。その響き＝音楽だというのは、ちょっと違うと思うんです。」

雫境「振動＝音楽ではないですよね。例えばいま座っているこの椅子を引っ張るとギギギ……となりますよね。これも振動です。でも、音楽とは思わないですよね。ドアをバタンと閉めたときに、空気が動くのはわかりますが、これを音楽といいますか？　違いますよね。ですから音楽＝振動とは限らないです。」

この「振動＝音楽ではない」という語りは重要である。振動は音楽へとアクセスする情報源の一つにはなりえても、それ自体では和太鼓の響く音であれ、椅子を引っ張った音であれ、同じ価値しかもたない。振動を知覚することと、それが経験の内実として音楽であるかどうかは大きく異なるのだ。それでは、「音楽経験の内実」とは何か。これまで論じてきたように、映画『LISTEN リッスン』においてそれは、ことばと歌の関係性に求められたといいえよう。そしてここでのことばが音声言語と手話言語とでモダリティを異にする以上、こうした社会文化的な機能の側面を重視した翻訳は、姿形を変える変換翻訳にならざるを得ない。こうして音楽は音の中心性を手放すことになる。これが、『LISTEN リッスン』における「音のない音楽」の論理なのである。

もちろん何をもって「これが音楽で、これは音楽ではない」と言うかは究極的にはその定義次第である。映画『LISTEN リッスン』とそれにまつわる制作者たちの「音楽」観は、変換翻訳の一つの事例にすぎず、主観による本質論は避けなくてはならない。しかし、本稿の冒頭で引用した牧原のエピソードのように、音楽理論を視覚化するような翻訳アプローチ、あるいはろう者にも知覚可能な振動情報、それだけでは、「うまくいかなかった」事実は無視できない。形式や指示内容だけの翻訳ではうまくいかないのはなぜか。その答えを端的に言えば、それでは「楽しくない」のだ。聴者は音楽で、あんなに楽しそうにしているのに。

（2）生命の通った振動

ろう者のダンサーであるシャニー・マウは、自身が踊る際の振動による音楽との関わりを、こう述べる。

私は文章を書くよりも、踊る方が得意です。私がダンスフロアーにいるのをみて、聴者は、音楽なしでよく踊ることができるね、といつも尋ねてきます。実は私は、音楽なしに踊ることができません。でも、その人たちの言うことはわかります。だから、振動です、と答えることにしています。ある晩、私はいままでの答えが間違っていることに気がつきました。正しい答えは、生命の通った振動なのです。（マウ 2006：60）

「生命の通った振動」がないと踊れない、というマウのことばは、映画『LISTEN リッスン』の理念と大きく重なるものである。ここで詩的機能の持ちうる社会文化的影響力を思い出したい。詩的機能は構造化によって、メッセージそのものに注目させる。日常から浮き立たせる。重要なのは、しばしばここに「楽しさ」「面白さ」を伴うことである。多くの音声言語話者にとって、「かっぱらっぱかっぱらった」と唱えることは、それだけでなんだか楽しく感じられるだろう。そして楽しさゆえに、唱えること自体に意識が向く。だれかと、あるいは一人で、活動しているいまここの時空間に意識が向く。それは、自身がいまを生きていることの証明でもある。音楽はこのメカニズムそのものであり、それを発展させたものだ。「No Music, No Life」という文句は、その意味であながち誇張ではない。

映画『LISTEN リッスン』は、音楽関係者にこそ衝撃をもたらした。それは、「音のない音楽」というラディカルな翻訳が論理的に妥当性をもつから、だけではない。観客もまた、映画の内容を自身の理解として翻訳しなおす。そして思い出すのだ。人と音楽の間にあったはずの、「生命の通った振動」を。自分が（だれかと）いまここを生きている、ということを。

謝辞

本論考は、二〇一八年三月に東京大学に提出された修士論文『手話で歌うということ—翻訳としての手話歌をめぐる語用・メタ語用論的試論』の抜粋を、大幅に加筆修正したものです。修士論文執筆時に鋭いご指摘で導いてくださった指導教官の名和克郎先生、東大文化人類学研究室のみなさま、そして私が「ろう者と音楽」という面白く深いテーマに入っていくきっかけをくださった、映画『LISTEN リッスン』制作陣のみなさまに、心から感謝申し上げます。

注

1　web サイト『webDICE』(編集長：浅井隆) 公開記事「聾者が奏でる無音の音楽映画『LISTEN リッスン』聾者の共同監督が語る制作背景——聴くとは、音楽とは、身体とは——ふたりの監督が伝える『聾者の音楽』」(二〇一六年五月九日掲載) より。二〇一六年四月一五日にNPO法人インフォメーションギャップバスターの主催で開催されたトークショー「音のない世界から視る音楽について」での発言。

2　厳密には、シルヴァスティンはこの論文で「変換 (transduction)」だけでなく「変形 (transformation)」というもう一段階先の翻訳のあり方を提示している (Silverstein 2003)。両者の違いは、「変換」が言語の翻訳を表すのに対して「変形」は言語以外の翻訳——例えば「ロミオとジュリエット」の設定が「ウェストサイドストーリー」に変わるなど——を指すことである。しかし彼の主眼は、社会文化的な内実の等価性を保つためにまったく異なる姿形に変化するような翻訳のあり方を評価することであり、その点では「変換」も「変形」も同じ発想に基づいている。そのため、本文では論点をシンプルにするために「変換」のみを取り上げた。

3　注1参照

4　ヤコブソンは、ことばの機能を全部で六つに分類している。本文で紹介した①言及指示機能、③動能的機能、④交話的機能のほかに、「おお!」、「まあ!」などの間投詞などによって話し手の感情を印象づける②主情的機能、「会話とは人と話すという意味です」など言語について言語で語る⑤メタ言語機能、そして本論考で着目する⑥詩的機能がある。なお、この分類はコミュニケーションの構成する要素のうち、どれに注意・関心が向いているかに基づいており、例えば②主情的機能はメッセージの送り手を志向しているし、④交話的機能は参加者の接触を志向している。

5　特に日本語は「音楽」という言葉に「音」という字が含まれているがために、「音楽＝音」という印象が根強い。一般にしばしば「音楽の語源は「音」を「楽しむ」こと」と考えられがちであるが、少なくとも語源学的にはそれは誤りである。日本では明治期に「music」の訳語として「音楽」がつくられるまで、現在我々が「音楽」という言葉で表す概念は古代中国由来の「楽」ということばで呼んでいたという (吉川 一九七六)。だからこそ「楽器」という言葉は「楽しい道具」ではなく「楽＝音楽の道具」という意味なのだ。なお、欧米の music (英) Musik (独) musique (仏) musica (伊) などの語源はラテン語の musica、さらにはギリシア語の「ムーシケー μουσικη」に遡るが、それは「太陽神アポロンに仕える女神「ムーサ」(Mousa) たちのつかさどる技芸」といったような意味であり、

「『ムーシケー』の語は、少なくとも詩（歌詞）、音楽（旋律やリズム）、舞踏（中略）そしてのちには演劇や文芸、さらに天文学、医学、教育学をも含む、きわめて広い概念」であった（田村・鳴海 一九九八年、七頁）。それがルネサンス頃から耳で聞こえるもののみを指す認識が徐々に浸透していったと言われており、これら music 系統の語においても、語源的にみれば音楽は「音」との結びつきがそれほど強くない（同一四頁）。

6 映画『LISTEN リッスン』パンフレット、二八頁（牧原依里・雫境発行、飯野江美・大久保渉・宮本匡崇編集）二〇一六年。

【引用文献】

Banti, Giorgio and Francesco Giannattasio : Poetry, In *A Companion to Linguistic Anthropology*, Alessandro Duranti(ed.),pp.290-320, Blackwell,2006.

Bauman, Dirksen : Getting out of Line : Toward a Visual and Cinematic Poetics of ASL, In *Signing the Body Poetic : Essays on American Sign Language Literature*, Dirksen Bauman, Jennifer Nelson, and Heidi Rose (eds.), pp.21-50,University of California Press,2006.

Bauman, Richard and Briggs, Charles.L. : Poetics and Performance as Critical Perspectives on Language and Social Life, *Annual Review of Anthropology*, 19, pp.59-88,1990.

Jakobson, Roman. Closing Statement : Linguistics and Poetics. In *Style in Language*, Thomas Sebeok (ed.) MIT Press, pp. 350-377,1960.

Kataoka, Kuniyoshi : Toward Multimodal Ethnopoetics, *Applied Linguistics Review*, 3(1), pp. 101-130,2012.

河原清志『翻訳等価再考――翻訳の言語・社会・思想』晃洋書房、二〇一七年

Klima, Edward S. and Ursula Bellugi : Poetry and Song in a Language without Sound, *Cognition* 4(1),pp.45-97,1976.

小山亘『コミュニケーション論のまなざし』三元社、二〇一二年

牧原依里・雫境『LISTEN リッスン』（パンフレット）、聾の鳥プロダクション、二〇一六年

マウ、シャニー「五 音楽がなくても踊ることができるのですか」『アメリカのろう文化』シャーマン・ウィルコックス編、鈴木清史・酒井信雄・太田憲男訳、明石書店、二〇〇六年、五九〜七七頁

野澤豊一「身体をシンクロさせ、感情を共有する――参加型音楽では、サウンドはいかに機能するのか？」神谷浩夫・浅井暁子・野澤豊一編『文化資源学研究 第10号 音楽とアイデンティティ形成』金沢大学国際文化資源学研究センター、二〇一三年、一一〇〜一五三頁

ピム・アンソニー『翻訳理論の探求』みすず書房、二〇一〇年

Silverstein, Michael : Translation, Transduction, Transformation : Skating 'Glossando' on the Thin Semiotic Ice, In *Translating Cultures : Perspectives on Translation and Anthropology*, Paula G. Rubel and Abraham Roseman (eds.), pp. 75-105, Berg, 2003.

諏訪淳一郎『パフォーマンスの音楽人類学』勁草書房、二〇一二年

田村和紀夫・鳴海史生『音楽と思想・芸術・社会を解く　音楽史17の視座――古代ギリシャから小室哲哉まで』音楽之友社、一九九八年
ヴェスティ、ローレンス「ユーモアを訳す――等価・補償・ディスコース」鳥飼玖美子訳、『異文化コミュニケーション学への招待』鳥飼玖美子・野田研一・平賀正子・小山亘編、みすず書房、二〇一一年
山田陽一『響きあう身体――音楽・グルーヴ・憑依』春秋社、二〇一七年
吉川英史「『音楽』という用語とその周辺」『日本音楽の美的研究』音楽之友社、一九七六年、一五～四八頁

【参照URL】

『webDICE』編集部（編集長：浅井隆）「聾者が奏でる無音の音楽映画『LISTEN リッスン』ろう者の共同監督が語る制作背景――聴くとは、音楽とは、身体とは―ふたりの監督が伝える「聾者の音楽」」二〇一六年。http://www.webdice.jp/dice/detail/5_14/（二〇二三年二月六日最終アクセス）

おわりに——痕跡から未来へ思いをめぐらして　雫境

映画『LISTEN リッスン』を観た方々からの感想や意見、そしてその映画にまつわるトーク、ディスカッションを通して、私は何を得たのだろうか？　名もなき湖に一石を投じて水紋を広げてゆくように、この映画に対しての賛否両論という痕跡を残した。それから五年の間に、本書に寄稿してくださった方々や色々なところで対談に登壇してくださった方々、本書には触れていない方々との出会いは、私の視野をもっと広くしてくれて、音楽に対する思い込みや勘違いなどを知り、新たな発見、着想を得つつある。霞がかった遠くの視野が少しずつ見えてくるようだ。

またろう者の音楽に関するワークショップも、少しではあるが行う機会を与えていただいている。さらなる考察と試みと挑戦という新たな道が敷かれている。その奥、そう遠くはないところにあるという希望、願望、期待が、確かな拠り所になってきていると感じている。ろう者は音楽的な感覚と身体性を、生まれながらにして持っているはずだ。ろう者も聴者も人間だし、呼吸、心臓の鼓動もあるわけだから、根源的に音楽なるものは同じではなかろうか。そこからいろんな音楽表現に枝分かれて、広げている。その中に、ろう者自身のアイデンティティが伴うオンガク表現がなければならない。いつしかその枝から開花していくだろう。そしてその枝から、また新しき枝が芽生えることを願う。

「目で生きる人」——ろう者に限定するのではなく——のオンガクは、目に見えているのみならず、見えない背後からやってくるもの——空間、空気、光、影などが感じ取れるようなものも含まれている。言語といった言葉にとらわれず、言葉にならない感情、情念、波動が繰り出される人間的な行為と印（しるし）は、消されることなく、長旅のように続いていくことを信じている。

謝辞

トークに登壇していただいた方々、寄稿してくださった方々に私の拙い交渉、六年前のことにも関わらず快諾していただいたこと、また、トークの文字起こしの作業を行ってくださった大久保渉氏、宮本匡崇氏に厚く謝意を表します。

そしてその「オンガク」がもっと豊穣な文化に昇華されていくことを願いました。だから本という媒体で形を残し、きっかけとなり、考え、議論してもらい、新たな創造へ導かれていってほしい、そう考えた私は、ちょうど志賀信夫さんに声をかけていただきました。そのときは、六年前でした。日本語、文章にする作業がなかなか進まず、志賀さんにずいぶん迷惑をかけたと思っています。それでも待ってくださったこと、発行するきっかけをくださったことに、謹んで謝意を表します。

堪能で魅力的な日本手話とそれに基づいた表現を披露し、舞台や美術、映画などの芸術表現を横断し、そして日本におけるろう文化の確立、ろう者の誇りへ導いた米内山明宏さんが、二〇二三年一月二九日に逝去されました。映画『LISTEN リッスン』で重要な役を果たし、本書にもトークを掲載、多くの方が彼に言及されています。心よりご冥福をお祈りいたします。

映画『LISTEN リッスン』
共同監督・撮影・制作：牧原依里、雫境（DAKEI）
出演：米内山明宏、横尾友美、佐沢静枝、野崎誠、今井彰人、岡本彩、矢代卓樹、雫境、
佐野和海、佐野美保、本間智恵美、小泉文子、山本のぞみ、池田華凜、池田大輔
配給：アップリンク
製作・宣伝：聾の鳥プロダクション
協賛：モルデックスジャパン
58分/DCP/サイレント/日本/2016年

佐藤慶子（さとう・けいこ）　作曲家、ピアニスト、ヴォイスアーティスト。音楽観「五感の音楽」を提唱、通常の音楽活動に加えVisual Music映像、音オブジェを創作。ろう者と享受可能な音楽活動を長年続け「サインソング」を米内山明宏氏とともに創作。音楽手話劇、サインマイムオペラ、サインミュージカル公演を多数開催。「響きの歌 -- 耳の聴こえないこどもとともに」の活動と合わせてNHKテレビ、全国紙はじめ多くに取材掲載。著書『てではなそう』全5巻（柏書房）『響きの歌を聴く』『五感の音楽』（ヤマハミュージックメディア）。

門 秀彦（かど・ひでひこ）　絵描き、クリエイター。手話をモチーフにした作品や、手話をする動物のポップなイラストが特徴的。「TALKING HANDS」をコンセプトにさまざまな絵を描いている。ろう者の両親をもつコーダであり、音声言語や手話では伝えきれない思いを表現するため幼少期から絵を描き始める。全国で講演会やライブペインティングのイベントを行うことで子どもたちに描く楽しさを伝え、聴者とろう者をつなぐことを目指している。

佐藤譲二（さとう・じょうじ）　画家。1972年埼玉県生まれ。美大卒業後、絵画制作発表の活動を始める。個展の開催、グループ展の参加多数。現在休筆中。2017年の東京ろう映画祭（現在は東京国際ろう映画祭）以降、同映画祭パンフレットのレビュー執筆を担当する。ブログ「JJ's eyes」にて、自身がろう者であることを起点として映画や美術などへの思考を探っている。

小野寺修二（おのでら・しゅうじ）　演出家。日本マイム研究所を経て、パフォーマンスシアター水と油で活動。その後、文化庁新進芸術家海外研修制度研修員としてフランスに滞在。帰国後カンパニーデラシネラを設立する。2015年度文化庁文化交流使。第18回読売演劇大賞最優秀スタッフ賞受賞。マイムの特性を活かし、ろう者との共同創作にも取り組む。あうるすぽっとプロデュース 小野寺修二演出『鑑賞者』（2013年初演、2015年NYジャパン・ソサエティ）、日本ろう者劇団×デフ・パペットシアター・ひとみ×カンパニーデラシネラ共同創作『野鴨』ワークインプログレス（2020年）など。

雨宮真由美（あめみや・まゆみ）　2011年より10年間北欧映画祭のスタッフをつとめながら、2015年にスウェーデン映画『シンプル・シモン』、2019年にデンマーク映画『アダムズ・アップル』の配給に携わる。全国小津安二郎ネットワーク、日本映画ペンクラブ、音声ガイド上映団体・ヨコハマらいぶシネマ会員。

ほんまなほ　大阪大学COデザインセンター教授。音楽家。臨床哲学をはじめとして、哲学プラクティス、対話、こどもの哲学、フェミニズム哲学、マイノリティ・スタディーズ、さまざまなひとびとが参加することば・おと・からだによる表現活動をおこなう。著書『ドキュメント臨床哲学』、『哲学カフェのつくりかた』『こどものてつがく』（共編著）ほか、『受容と回復のアート』など、アートミーツケア叢書を監修。

菊川佳代（きくがわ・かよ）　筑波大学比較文化学類卒。シンクタンク勤務後、途上国でJICA青年海外協力隊や国連ボランティアとしてコミュニティ開発に携わる。日本ユニセフ協会『世界子供白書』の出版事業、生活協同組合での子育て関連ワークショップのファリシリテーション、特別支援学級勤務なども経ながら、子どもの権利と尊厳を尊重すべく、一般社団法人エル・システマジャパンの設立に関わり、共創の音楽活動を進める。

砂川巴奈歌（すなかわ・はなか）　東京藝術大学大学院修士課程修了、同博士課程で、音楽と言葉のかかわりについて研鑽を続ける。一般社団法人エル・システマジャパン、プログラムオフィサー。エル・システマジャパンは、「誰もが自由で創造性を発揮できる共生社会」をビジョンに掲げ、国内6拠点で、家庭の事情にかかわりなくどんな子どもも音楽に触れられ、自己表現の場や居場所となるオーケストラやコーラスの教室、ワークショップなどを実施している。

西浦まどか（にしうら・まどか）　文化人類学。東京大学大学院総合文化研究科超域文化科学専攻文化人類学分野博士後期課程在籍中。専門は文化人類学（音楽人類学・言語人類学）。東京藝術大学音楽学部楽理科卒業。在学時に安宅賞受賞。日本学術振興会特別研究員DC1、ハーバード・イェンチン研究所客員研究員を経て、現在博士論文を執筆中。主要論文は「響きあい満ちる聾の身体――バリ島「聾の村」ブンカラにおける音楽参与・孤独・自己充足」（『文化人類学』87巻3号）。

菱山久美（ひしやま・くみ）1979年東京都出身。会社員。2003年、宣伝会議「編集・ライター講座」卒業制作としてアツキヨを取材。2016年、ラジオ局勤務時代に青山学院大学大学院総合文化政策学部の科目等履修生として、『LISTEN リッスン』トークイベントを企画開催。ダイバーシティ関係のNPOである「ユニバーサルイベント協会」元個人会員。会社員のかたわら、文化・学び・社会課題などをテーマに、ワークショップやイベントなどを企画運営している。

吉増剛造（よします・ごうぞう）1932年、東京阿佐ヶ谷に生まれ、福生市に育つ。詩人、紫綬褒章・旭日小綬章受章、文化功労者。日本藝術院賞・恩賜賞、日本藝術院会員、三田文学会理事長。詩の朗読パフォーマンスの先駆者としても知られ、国内外で朗読ライブを行う。パノラマカメラや多重露光による写真、銅板を用いたオブジェ、映像作品など多様な表現活動を展開。国内外の大学で教鞭をとる。妻はブラジル生まれの歌手マリリア。主な著作『黄金詩篇』『熱風 a thousand steps』『オシリス、石ノ神』『螺旋歌』『「雪の島」あるいは「エミリーの幽霊」』『表紙』『王國』『わが悪魔祓い』『熱風 ad steps』『花火の家の入口で』『The Other Voice』、『裸のメモ』『怪物君』『キセキ -gozoCine』『GOZOノート』（全3巻）など多数。

ササマユウコ。音楽家。4歳からピアノを学び、1990年より作曲・演奏活動。2011年の東日本大震災を機に、カナダの作曲家R・M・シェーファーが提示した「音楽、サウンドスケープ、社会福祉」の実践研究、対話の場を展開中。2021年に シェーファーが逝去し視覚障害が公表された現在は、「知覚の境界」としてのサウンド（聴覚）スケープ（視覚）に も注目している。
https://yukosasama-web.jimdosite.com/

大橋ひろえ（おおはし・ひろえ）音のない世界の住人。俳優、演出家、プロデューサー。1999年、俳優座劇場プロデュース『小さき神の作りし子ら』で日本初となるろうの主役・サラを演じて読売演劇大賞優秀女優賞を受賞。その後、渡米して演劇やダンスの勉強をする。 帰国後、公演プロデュース兼劇団「サイン アート プロジェクト・アジアン」を創立。聞こえない人と聞こえる人とともに、ミュージカルから始まり、ストレートプレイ、朗読など幅広く手話を通して演劇活動を行った（〜2020年）。日本だけではなく、イギリスやバングラデシュと共演して舞台作りに関わる。

田口ランディ（たぐち・らんでぃ）作家。2000年に「ひきこもり」を題材にした小説「コンセント」（幻冬舎）を発表しベストセラーに。その後も社会問題を通して人間の心の闇をテーマに広く執筆活動を展開。作品は英語、イタリア語など多言語に翻訳されている。フィクションとノンフィクションを往還しながら独自の作品世界を構築。地元湯河原で発達障害の親子会を立ち上げ、障害をもった子どもたちとのアートワークショップを定期的に続けている。近著は『水俣　天地への祈り』（河出書房新社）

丸山正樹（まるやま・まさき）作家。1961年東京生まれ、早稲田大学演劇科卒。2011年『デフ・ヴォイス』（文庫『デフ・ヴォイス 法廷の手話通訳士』と改題）で小説家デビュー。本作はシリーズ化され『龍の耳を君に』『慟哭は聴こえない』『わたしのいないテーブルで』が出ている。スピンオフとして『刑事何森　孤高の相貌』、初の児童書である『水まきジイサンと図書館の王女さま』がある。『ワンダフル・ライフ』で「読書メーター OF THE YEAR 2021」を受賞。ほかに『漂う子』『キッズ・アー・オールライト』など。

ウォン・ウィンツァン。ピアニスト、インプロヴァイザー、作曲家。超越意識で透明な音色を奏でる「瞑想のピアニスト」。1949年神戸で、香港出身の父、日本と中国のハーフの母との間に生まれ、東京で育つ。19歳よりプロとしてジャズ、フュージョンなどを演奏。1987年、瞑想の体験を通して自己の音楽の在り方を確信し、1990年、ピアノソロ活動開始。インディーズレーベル、サトワミュージックを発足し30作近いCDをリリース。NHK Eテレ「こころの時代」テーマ曲でも知られる。YouTubeチャンネル も好評。

米内山明宏（よないやま・あきひろ）1952〜2023年。俳優、演出家、映画監督、手話弁士。東京教育大学（現筑波大学）附属ろう学校美術科卒、日展、光風会など入選多数。1980年、日本ろう者劇団の設立に関わる。National Theater of the Deafの契約俳優として84カ所ツアー公演。手話狂言で文化庁芸術祭賞受賞。池袋演劇祭アゼリア大賞など劇団代表として受賞多数。演劇、映画、TVなどの手話指導、手話監修も多く、『プライド』『手話は語る』など著書多数。

【プロフィール】

木村晴美（きむら・はるみ）　国立障害者リハビリテーションセンター学院手話通訳学科教官、NHK手話ニュース845キャスター。一橋大学大学院言語社会研究科博士課程単位取得退学。米国研修先で言語教育やろう文化の先導的な人たちに出会い、帰国後、ろう文化や日本手話の普及・啓発に努める。「ろう文化宣言」を市田泰弘と発表（1995年）。現在は、ろう通訳者と、ろう通訳者と協働する聴通訳者の育成に力を入れている。

松﨑 丈（まつざき・じょう）　ろう者。宮城教育大学教授。東北大学大学院教育学研究科博士課程修了、東北大学総長賞、博士（教育学）。中学校･高校教諭一種免許状（美術）、聾学校教諭専修免許状。専門は教育心理学、特別支援教育、障害学生支援。大学院ではろう児の手話に関する言語やコミュニケーションの発達について調査研究。現在は、ろう・難聴・ろう重複障害の子どもの教育支援や特別支援教育における学校コンサルテーションなど実践研究にも取り組んでいる。

齋藤 徹（さいとう･てつ）　1955～2019年。コントラバス奏者。ダンス、舞踏、演劇、美術、映像、詩、書、邦楽、雅楽、能楽、西洋クラシック音楽、現代音楽、タンゴ、ジャズ、即興音楽、アジアのシャーマニズムなど様々なジャンルと積極的に交流、演奏・作曲・ワークショップを行う。自主レーベル Travessia 主宰。http://travessiart.com

松原正樹（まつばら・まさき）　筑波大学図書館情報メディア系准教授。博士（工学）。シアターワーク認定プラクティショナー。オーケストラやタンゴバンドでの演奏経験を活かして、聴覚障害と音楽認知の研究に従事。近年は身体性認知科学の観点から芸術を通じた身体知の学びを研究している。芸術の場に身体を委ね感興の赴くままに表現することで、自身のあり方や他者への思いやりが変容していく過程に興味を持ち、SEEラーニング、シアターワークの実践的研究を行う。

横尾友美（よこお・ともみ）　1986年長崎県出身、ろう家族、高校までろう学校、大学で初めて聴者世界に入る。『LISTEN リッスン』出演がきっかけで、身体表現に目覚める。映像、写真、舞台などでろう者としての感性、アイデンティティと結ぶ身体表現の活動を行う。「踊る」「創る」を並行して、身体によるオンガク作曲提供や、ろう者と聴者ダンサーとのコンタクトなどのテーマで写真撮影も行っている。おもなテーマは「オンガク」「境界線」「感情」「解放」「身体の線」現在、京都府在住。Instagram:@tomomiphoto_10

佐沢静枝（さざわ・しずえ）　北海道釧路市生まれ。手話講師。日本ろう者劇団に入団し、舞台や映画、NHK「みんなの手話」のアシスタントなど。2007年特定非営利活動法人しゅわえもんを仲間と設立し、手話による絵本読み聞かせ普及のために奮闘中。現在は、立教大学日本手話兼任講師、ろう学校非常勤講師、TA-net 舞台手話通訳養成講師、「手話で楽しむみんなのテレビ」（NHK「ハートネットTV」）に出演、手話監修に携わる。

ヴィヴィアン佐藤（ヴィヴィアン・さとう）　美術家、文筆家、非建築家、ドラァグクイーン。ジャンルを横断して独自の見解で分析。作品制作だけでなく、「同時代性」を軸に映画、演劇、都市など独自の芸術論で批評展開。全国で町興しコンサルタント。尾道観光大使。サンミュージック提携タレント。大正大学客員教授。

吉田優貴（よしだ・ゆたか）　フィールドワーカー。かれこれ30年近く前に文化人類学と出会い、ちょうど20年前にケニアのろう児たちと出会った。この『LISTEN リッスン』に出会ってから5年以上の月日が経ち、世界はずいぶんと変化したように思う。ずっと学問の世界にいることにこだわってきたが、「もうひとまわり」したら還暦。もう、そのこだわりから自分を解放しようと思っている。子どもを通してどんどん視野が広がって、楽しい毎日を過ごしている。

アツキヨ　手話と歌の融合ユニット。アツキヨとは、ギター＆ボーカル担当のアツシと、聴覚障害（障害者手帳1種2級）を持ち、独特の手話表現をするサインボーカル担当のキヨの2人組のユニット。小さいお子さんからお年寄りまでがみんなで楽しく歌って踊って学べるようなファミリーミュージックをモットーに、「あきらめなければなんだってできるよ」というメッセージを教育現場等で伝え続けている。

雫境（だけい）
ろうの舞踏家。1997年、故・鶴山欣也の誘いを受け、舞踏を始める。2000年にユニットグループ「雫」を旗揚げ、国内外で公演とワークショップを行っている。2013年、アニエス・トゥルブレ監督の映画『わたしの名前は…』に出演。2016年、牧原依里と共同監督として映画『LISTEN リッスン』を製作。ほかに元藤燁子や小野寺修二の演出作品にも出演。2019年、舞踏をベースにした身体表現を模索するためにユニットグループ「濃淡（NOUTAN）」を結成。

牧原依里（まきはら・えり）
映画作家。ろう者の「音楽」をテーマにしたアート・ドキュメンタリー映画『LISTEN リッスン』（2016年）を雫境と共同監督、第20回文化庁メディア芸術祭アート部門審査員推薦作品、第71回毎日映画コンクールドキュメンタリー映画賞ノミネートなど。最新作は『田中家』（2021年）。仏映画『ヴァンサンへの手紙』の配給宣伝を担うほか、東京国際ろう映画祭ディレクターなど、ろう・難聴当事者の人材育成とろう者と聴者が集う場のコミュニティづくりに努めている。既存の映画が聴者による「聴文化」における受容を前提としていることから、ろう者当事者としての「ろう文化」の視点から問い返す映画表現を実践。

『LISTEN リッスン』の彼方に

2023年5月15日　初版第1刷印刷
2023年5月25日　初版第1刷発行

編著者　雫境
発行人　森下紀夫
発行所　論 創 社
〒101-0051 東京都千代田区神田神保町2-23　北井ビル2F
TEL：03-3264-5254　FAX：03-3264-5232　振替口座　00160-1-155266
装幀／雫境・野村浩
印刷・製本／中央精版印刷
組版／加藤靖司
ISBN978-4-8460-2275-4